KB202006

킨슬러 선교사의
한국선교 기록

1947~1970

킨슬러 선교사의
한국선교 기록
1947~1970

마은지 편역

보고사
BOGOSA

간행사

　숭실대학교 한국기독교문화연구원은 1967년 설립된, 명실공히 숭
실대학교를 대표하는 인문학 연구원으로 발전하여 오늘에 이르렀다.
반세기가 넘는 역사 동안 다양한 학술행사 개최, 학술지『기독교와
문화』(구『한국기독문화연구』)와 '불휘총서' 30권 발간, 한국기독교박물
관 소장 자료의 연구에 주력하면서, 인문학 연구원으로서의 내실을
다져왔다. 2018년에는 한국연구재단의 인문한국플러스(HK+) 사업 수
행기관으로 선정되어 또 다른 도약의 발판을 마련하였다.

　본 HK+사업단은 "근대전환공간의 인문학 – 문화의 메타모포시스"
라는 아젠다로 문학과 역사와 철학을 아우르는 다양한 인문학 연구
자들이 학제간 연구를 진행하고 있다. 개항 이래 식민화와 분단이라
는 역사적 격변 속에서 한국의 근대(성)가 형성되어온 과정을 문화의
층위에서 살펴보는 것이 본 사업단의 목표이다. '문화의 메타모포시
스'란 한국의 근대(성)가 외래문화의 일방적 수용으로도, 순수한 고유
문화의 내재적 발현으로도 환원되지 않는, 이문화들의 접촉과 충돌,
융합과 절합, 굴절과 변용의 역동적 상호작용을 통해 형성되었음을
강조하려는 연구 시각이다.

　본 HK+사업단은 아젠다 연구 성과를 집적하고 대외적 확산과 소
통을 도모하기 위해 총 네 분야의 기획 총서를 발간하고 있다. 〈메타
모포시스 인문학총서〉는 아젠다와 관련된 연구 성과를 종합한 공저

나 단독 저서로 이뤄진다. 〈메타모포시스 번역총서〉는 아젠다와 관련하여 자료적 가치를 지닌 외국어 문헌이나 이론서들을 번역하여 소개한다. 〈메타모포시스 자료총서〉는 숭실대 한국기독교박물관에 소장된 한국 근대 관련 귀중 자료들을 영인하고, 해제나 현대어 번역을 덧붙여 출간한다. 〈메타모포시스 교양문고〉는 아젠다 연구 성과의 대중적 확산을 위해 기획한 것으로 대중 독자들을 위한 인문학 교양서이다.

이 책 『킨슬러 선교사의 한국선교 기록 1947~1970』은 1928년부터 1970년까지 42년간 한국에서 선교사 활동을 했던 프랜시스 킨슬러(Francis Kinsler, 1904~1992)가 남긴 문헌 자료를 마은지 HK연구교수가 선별하여 번역한 것이다. 〈메타모포시스 번역총서〉 7권으로 기획된 이 책은 킨슬러가 1947년부터 1970년까지 작성한 선교활동 보고서인데, 미국 북장로교와 연합장로교의 해외선교부 및 관계 기관에 보낸 보고서들이다. 이 책이 내한선교사들의 한국선교에 관한 연구 자료로 활용되기를 기대하며, 일곱 번째 번역총서 간행에 애써 주신 마은지 교수님께 감사드린다.

동양과 서양, 전통과 근대, 아카데미즘 안팎의 장벽을 횡단하는 다채로운 자료와 연구 성과를 집약한 메타모포시스 총서가 인문학의 지평을 넓히고 사유의 폭을 확장하는 데 기여할 수 있기를 기대한다.

2024년 4월
숭실대학교 한국기독교문화연구원 HK+사업단장
장경남

프랜시스 킨슬러(Francis Kinsler, 1904~1992)는 1928년 미국 북장로
교 한국선교회 선교사로 파송을 받아 내한하였고, 초기에 평양선교지
부를 중심으로, 분단 이후로는 남한에서 활발한 선교사업을 펼친 미국
선교사이다.

초기에 평양에서 선교활동이 한창 무르익을 무렵, 1938년 3월에
내려진 일제의 제3차 조선교육령 시행으로 인해 조선 내 선교사들의
활동은 심각한 제약을 받게 되었다. 특히 사립학교, 그중에서도 기독
교계 교육기관에 대한 강도 높은 통제와 더불어, 일제가 신사참배를
강요하자 평양선교지부의 선교사들은 이에 강하게 반발하며 거부하
였다. 그러나 중일전쟁과 태평양 전쟁의 발발로 인해 선교본부는 한
반도에서 선교활동을 지속하는 것이 불가능하다고 판단하였고, 이에
따라 선교활동의 중단과 선교지부 철수 방침을 내렸다. 이 결정에
따라 킨슬러는 1941년 4월 부득이하게 미국으로 돌아갔다.

귀국 후 미국에서 그의 행적을 따라가 보면, 킨슬러는 1942년부터
1948년까지 뉴욕주의 유서 깊은 이스트 햄프턴의 제일장로교회에서
담임목사로 목회 활동을 하였다. 일찍이 훌륭한 역사적 인물을 많이
배출한 전통 있는 이 교회에서 편안하고 안정된 목회 활동을 하며
일생을 보낼 수도 있었지만, 그의 마음은 그가 두고 온 한국인들과
선교사업에 대한 미련을 버릴 수 없었다. 그가 남긴 문헌자료에서

그의 슬프고 애잔한 한국과 한국인들에 대한 깊은 사랑과 연민, 헌신을 느낄 수 있다. 한국이 일제 식민지 지배에서 벗어나 해방을 맞이하자 1948년 9월, 그는 한국으로 돌아왔고, 이후 1970년까지 남한에서 선교활동을 전개하며 한국 사회의 재건과 성장에 상당한 영향을 끼쳤다.

킨슬러의 일생을 살펴보면, 1928년부터 1970년까지 무려 42년을 한국에서 선교사로서의 삶을 살았다. 42년의 시간은 한 개인의 인생 주기에서 청춘과 장년기를 온전히 한국과 한국인들을 위해 헌신한 시간이라 할 수 있다. 그는 은퇴 이후에도 미국 내 한인 사회를 위한 다양한 활동을 이어갔고, 간혹 한국 교계에서 주최하는 중대한 행사에 초청되어 몇 차례 한국을 방문하며 한국과의 긴밀한 유대감을 지속해 나갔다. 그의 아들 아서(Arthur Kinsler, 권오덕, 1934~2024) 또한 선교사 자녀로 평양에서 태어나 일생을 한국선교를 위해 살았다. 현재 아서 킨슬러의 부인 수 킨슬러(Sue Kinsler) 선교사와 킨슬러 3세인 권요한 교수가 한국에서 선교사업을 활발하게 이어가고 있다.

• 이 책의 구성

『킨슬러 선교사의 한국선교 기록 1947~1970』은 킨슬러 가족이 제공해준 자료들 가운데 킨슬러의 남한에서의 선교활동 문헌 자료들을 선별하여 번역·해제집으로 엮었다. 이 책에서 선별한 자료들은 시기를 대략 1947~1970년으로 한정하였다. 그리고 킨슬러의 선교활동 보고서 가운데 한국 관련 내용들이 수록된 자료들을 연대순으로 정리하였다. 선교 보고서들은 킨슬러가 주로 미국 북장로교 및 연합장로교 해외선교부, 그리고 관계기관에 보낸 보고서들이다. 1부, 3부, 4부는 킨슬러 가족이 제공해준 자료들을 연대순으로 정리하여 번역하였다. 다만 킨슬러 가족이 제공해 준 자료들에 한국전쟁기인 1950~ 1952년 문서들은 빠져 있어 프린스턴 신학교의 마펫 한국 컬렉션 (Moffett Korea Collection) 소장 자료들 가운데 킨슬러 자료를 추출하여 제2부의 번역자료로 엮었다. 그리고 한국기독교역사연구소에서 미국 북장로교 해외선교부 한국선교 관련 문서들을 마이크로필름으로 편집하여 소장하고 있는데, 미국 북장로회 해외선교부 한국선교 보고서 (Korea Mission Materials of PCUSA)도 참조하였다.

책의 제1부는 미국으로 돌아간 킨슬러의 미국 생활을 살펴보았다. 킨슬러는 1942년부터 1948년 9월까지 미국 뉴욕주 이스트 햄프턴 제일장로교회 담임목사로 시무하였다. 본서에 실린 네 편의 편지는 유서 깊은 이스트 햄프턴 제일장로교회에서의 목회 활동이 나타난 다. 킨슬러는 이 교회에서 목회를 충분히 잘했고, 그곳에서 안정된 삶을 누릴 수 있었지만, 한국 소식에 대한 궁금증과 한국으로 돌아가 고 싶은 그의 마음을 나타내고 있다.

제2부에 수록된 문헌자료는 프린스턴 신학교의 마펫 한국 컬렉션 (Moffett Korea Collection) 소장 자료들을 중심으로 구성하였다. 1950년 대 초반 한국전쟁기의 자료는 주로 미국 장로교 해외선교 및 초교파 단체인 교회간 해외봉사회에 보낸 문서들이다. 그리고 1953년부터 1950년대 후반의 자료들은 미국 장로교 선교부에 보낸 문서들이다. 1960년대는 미국 연합장로교 국제선교 위원회에 보낸 문서이다. 이 시기의 보고서들은 한국전쟁의 발발로 발생한 전재민의 피해 상황들, 구호물자와 구호 자금의 필요성, 선교사들의 구호 활동 그리고 미국교 회의 후원에 대해 상세히 기록하고 있다.

제3부는 1953년부터 1970년까지 킨슬러가 미국 장로교 선교부에 보낸 연례 보고서 및 개인 보고서들로 구성하였다. 본문에 수록된

자료들은 전쟁 직후 선교사들의 구호 활동, 장로회신학교의 복구 활동, 성경구락부 활동, 군목 활동, 한국교회의 재건과 성장에 관한 내용을 담고 있다.

마지막 제4부는 킨슬러가 남긴 문서들 가운데 한국에 관한 글이나 자료들을 중심으로 구성하였다. 문서의 년도는 명확히 기록하고 있지는 않지만, 내용상 1950년대부터 1960년대로 추정된다. 문서의 내용들은 한국에서 활동하면서 킨슬러가 보고 느낀 한국 사회의 여러 실상들을 기록하고 있다.

• 이 책의 의의

내한선교사 연구는 근대전환기 한국의 사회변동과 문화의 메타모포시스를 해석할 수 있는 중요한 재료이기도 하다. 무엇보다 19세기 말 개항과 함께 서양과의 접촉과 만남이 본격적으로 시작되었을 때 푸른 눈의 선교사들은 극동에 위치한 한국의 문화에 낯설고 놀라워했다. 선교사들은 이 이질적인 문화를 본격적으로 탐구하고 연구하기 시작했는데, 이를 통해 근대 한국학의 정초를 마련하였다.

또한 내한선교사들은 한국 땅에서 교육, 의료, 사회사업 등을 접목한 복음전도 활동을 전개했다. 그 과정에서 한국사회에 문화의 메타모포시스가 다양한 방식으로 일어나게 되었다. 따라서 내한선교사 연구는 한국사회의 문화의 변동을 이해할 수 있는 중요한 연구 주제라 할 수 있다.

이 책은 20세기에 한반도의 남북을 횡단하며 활동했던 킨슬러 선교사의 한국 선교활동 기록을 담은 자료집이다. 그동안 킨슬러 선교사에 관한 연구논문과 몇 권의 단행본들은 발표되었지만, 1차 사료인 그의 선교 보고서들과 편지, 다양한 글들의 원문을 직접 접하기는 쉽지 않았다. 그런 면에서 이 번역해제자료집을 통해 선교자료의 학술적 가치를 발견하고 후속 연구에 기여하기를 기대한다. 이 책에서 혹시 있을지 모를 오류는 전적으로 역자의 책임이다. 독자 제현의 넓은 아량과 함께 질책을 바란다.

이 책이 나오기까지 많은 분들의 도움을 기억하고 싶다. 쉽지 않은 정리와 번역 과정을 묵묵히 지켜봐 분 킨슬러 가족들, 연구원의 단장님과 동료 교수님들, 자료에 관한 조언을 해주신 서울장신대의 정병준 교수님, 응원해 준 여러 손길들, 그리고 무엇보다 보고사 편집진의 수고에 깊은 감사를 드린다.

2025년 4월
마은지

차례

간행사…5
역자 서문…7

제1부 **미국에서의 생활**

1. 뉴욕 이스트 햄프턴 제일장로교회 공식 청빙서 ·····························19
2. 뉴욕 이스트 햄프턴 (1947년 7월 1일) ··································21
3. 뉴욕 이스트 햄프턴 제일장로교회 (1948년 2월 20일) ·············23
4. 뉴욕 이스트 햄프턴 제일장로교회 (1948년 5월 16일) ···········24

제2부 **미국 장로교 해외선교 관계 기관에 보낸 보고서**

1. 장로교 해외선교와 교회간 해외봉사회 (1950년 10월 5일)
   ··29
2. 장로교 해외선교와 교회간 해외봉사회 (1950년 10월 22일)
   ··32
3. 무제 (1951년 2월 15일) ···35
4. 장로교 해외선교와 교회간 해외봉사회 (1951년 3월 20일) ·········38
5. 무제 (1951년 3월 29일) ···41
6. 장로교 해외선교와 교회간 해외봉사회 (1951년 6월 16일) ·········45
7. 장로교 해외선교와 교회간 해외봉사회 (1951년 11월 7일) ·········47
8. 무제 (1951년 11월 7일) ···50
9. 무제 (1951년 11월 7일) ···53
10. 무제 (1952년 7월 21일) ··56

11. 미국 장로교 한국선교회 (1952년 9월 30일) ·············· 58

12. 미국 장로교 한국선교회 (1952년 11월 10일) ·············· 60

13. 미국 장로교 한국선교회 (1953년 2월 10일) ·············· 62

14. 미국 장로교 한국선교회 (1953년 5월 22일) ·············· 64

15. 미국 장로교 한국선교회 (1954년 11월 21일) ·············· 66

16. 미국 장로교 해외선교와 교회간 해외봉사회

 (1955년 3월 21일) ·············· 68

17. 무제 (1956년 2월 8일) ·············· 71

18. 무제 (1957년 12월) ·············· 74

19. 무제 (1959년 6월 10일) ·············· 76

20. 무제 (1959년 7월 13일) ·············· 78

21. 무제 (1960년 1월 20일) ·············· 80

22. 무제 (1960년 12월) ·············· 82

23. 무제 (1962년 9월 5일) ·············· 85

24. 무제 (1963년 9월 15일) ·············· 88

25. 미국 장로교 한국선교회 (1964년 5월 28일) ·············· 91

26. 미국 연합장로교 에큐메니칼 선교 관계 위원회

 (1964년 6월 25일) ·············· 93

27. 무제 (1964년 10월 1일) ·············· 95

28. 미국 연합장로교 에큐메니칼 선교 관계 위원회

 (1965년 4월 23일) ·············· 97

29. 무제 (1965년 7월 15일) ·············· 99

30. 무제 (1967년 1월 15일) ·············· 101

31. 무제 (1967년 여름) ·············· 103

32. 무제 (1967년 성탄절) ·············· 105

33. 무제 (1969년 성탄절) ·············· 107

34. 무제 (1970년 7월) ·············· 109

35. 무제 (1970년 9월) ·············· 112

제3부 킨슬러의 연례 보고서 및 개인 보고서(1950~1970)

1950년대 ··· 117

1. 연례 보고서, 1953년 7월 17일 ·· 117
2. 연례 보고서, 1954~1955 ··· 120
3. 개인 보고서, 1955~1956 ··· 123
4. 개인 보고서, 1956~1957 ··· 127
5. 개인 보고서, 1957, 1958 ·· 132
6. 개인 보고서, 1959 ··· 136

1960~1970년대 ··· 141

1. 개인 보고서, 1960~1961 ··· 141
2. 개인 보고서, 1961~1962 ··· 145
3. 개인 보고서, 1962~1963 ··· 147
4. 개인 보고서, 1963~1964 ··· 150
5. 개인 보고서, 1964~1965 ··· 152
6. 미국 장로교 한국선교회, 개인 보고서, 1966~1967 ····················· 155
7. 연례 보고서, 1968년 5월 ·· 158
8. 개인 보고서, 1968~1969 ··· 160
9. 개인 보고서, 1969~1970 ··· 163

제4부 **기타**

1. 한국을 향한 선교 ·· 169
2. 우리의 기독교 선교 ·· 175
3. 나의 복음 전도사역 1962년 ····································· 180
4. 한국의 대구 지역 고아원들 ····································· 182
5. 대구 지역 선교 관련 구호 프로젝트 ····················· 188
6. 무제-1956년 연례회의 ··· 191
7. (……), 한국선교, 1956년 ··· 193
8. 한국 교회의 성장 ·· 199
9. 성명서 ··· 204
10. 무제 ··· 207
11. 성경구락부 운동 - 1968년 ····································· 211
12. "한국-고래 싸움에 새우 등 터진다" ······················ 215

제5부 **부록 - 원문 자료**

미국에서의 생활 ·· 221
미국 장로교 해외선교 관계 기관에 보낸 보고서 ············ 225
킨슬러의 연례 보고서 및 개인 보고서(1950~1970) ········ 261
기타 ·· 286

제1부

미국에서의 생활

| 해제 |

　　1928년부터 미국 북장로교 한국선교회 내한선교사로 입국하여 평양선교지부에서 선교활동을 하고 있었던 킨슬러는 1938년 3월 일제가 내린 제3차 조선교육령 조치로 인해 더 이상 활동을 할 수 없게 되었다. 더욱이 중일전쟁과 태평양전쟁으로 인해 한반도에서 선교활동이 더 이상 불가능하다고 판단한 선교본부는 선교활동의 중단과 철회 결정을 내렸다. 1941년 4월, 킨슬러는 미국으로 귀국할 수밖에 없었다.

　　미국으로 돌아간 킨슬러의 공식적인 활동은 다음의 문헌자료들에서 나타난다. 1942년 2월 15일자 편지에 의하면, 킨슬러는 미국 뉴욕주 이스트 햄프턴(EAST HAMTON) 제일장로교회로부터 목사 청빙을 받게 된다. 이스트 햄프턴 제일장로교회의 교인 12명의 서명이 담긴 편지는 이전에 그의 한국에서의 선교활동과 사역을 높이 평가하여 본 교회에서 1년 동안 목회 사역을 맡아주기를 요청하고 있다. 1년 동안의 목회활동이 서로 만족스러우면 본 교회에서 정식 위임목사로 임명한다는 내용이다. 킨슬러는 1942년부터 1948년 9월까지 이 교회에서 담임목사로 시무하였다.

　　아래의 자료들은 유서 깊은 이스트 햄프턴 제일장로교회에서의 목회 활동, 한국 소식에 대한 궁금증과 한국으로 돌아가고 싶은 킨슬러의 심정을 잘 보여주고 있다.

1

뉴욕 이스트 햄프턴 제일장로교회 공식 청빙서

프랜시스 킨슬러 목사님께,

뉴욕주 이스트 햄프턴 제일장로교회 회중은 프랜시스 킨슬러 목사님의 목회자로서의 자질에 충분한 만족을 표하며, 과거 목사님의 사역 경험에 비추어 볼 때 목사님의 복음 사역이 저희의 영적 유익에 도움이 될 것이라는 확신을 가지고 본 교회의 목사직을 맡아주시기를 간절히 요청합니다. 또한, 목사님의 사역을 감당하는 동안 주 안에서 모든 적절한 지원, 격려, 그리고 순종을 약속드립니다. 그리고 목사님이 세상적인 걱정이나 직업으로부터 자유로울 수 있도록, 본 교회는 목사님이 담임목사로 재직하는 동안 매년 2,700달러의 정기적인 월급과 목사관 무료 사용, 매년 1개월의 휴가를 제공할 것을 약속하며, 의무를 다할 것입니다. 그리고 저희는 연금 위원회에 상기 급여의 7.5%에 해당하는 금액을 매월 또는 분기별로 선불로 지불하거나 계속 지불하는 데 동의합니다.

이에 대한 증거로 저희는 1942년 11월 22일, 요청에 따라 회중을 대신하여 아래에 각자의 이름을 서명했습니다.

C. Louis Edwards - C. 루이스 에드워즈

Ralph H. Dayton - 랄프 H. 데이튼

Charles O. Gerald - 찰스 O. 제럴드

L. Stanley Talmage – L. 스탠리 탤미지

Eugene L. Suter – 유진 L. 수터

Gilbert E. Miller – 길버트 E. 밀러

Ernest Miller – 어니스트 밀러

Frank B. Eldredge – 프랭크 B. 엘드레지

Frank H. Tillinghast – 프랭크 H. 틸링하스트

John H. Dayton – 존 H. 데이튼

Stanley S. Miller – 스탠리 S. 밀러

William H. Strong – 윌리엄 H. 스트롱

2

뉴욕 이스트 햄프턴

1947년 7월 1일

친애하는 로즈 박사님께,

요청하신 양식을 작성하여 동봉합니다. 우리 세 자녀는 아직 결혼하지 않았지만, 확실히 많이 자랐습니다. 헬렌은 이제 어머니보다 키가 크고, 이번 여름에는 시간당 1달러를 받는 일을 하고 있습니다(그리 많은 시간은 아닙니다). 우리 모두는 이스트 햄프턴에서 바쁘고 행복하게 지내고 있습니다. 여름에는 해변에 자주 가고, 청년 그룹들과 함께 야외 활동도 많이 합니다.

한국에서 일어나는 일들과는 다소 거리가 느껴집니다. 지난 겨울 집행위원회 위원장으로서 당신이 보내주신 편지에 답장한 이후, 플레처 박사님으로부터 한국에서의 사역 기회에 대해 설명하는 또 다른 편지를 받았습니다. 우리는 그분께 기회가 열리면 다시 한국에 가고 싶다는 뜻을 전했지만, 그 이후로는 박사님이나 다른 분들로부터 아무런 연락이 없습니다.

블레어 박사의 북쪽 지역 여행에 관한 편지는 이 나라에서 큰 반향을 일으켰습니다. 레버 박사는 그 편지를 자신이 읽은 최고의 선교 편지라고 평했습니다. 그리고 지난달 애틀랜틱시티에서 열린 지역 회의에서 우리는 그 편지를 장로회의 모든 위원장들에게 보내기로 결의했습니다.

다른 한편, 최근 미국과 러시아 사이의 협상이 한국에서 시작된 이후로, 이에 관한 소식은 신문에서 전혀 볼 수가 없습니다. 뭔가 좋은 일이 진행 중이길 바라지만, 러시아는 세계 다른 지역에서는 전혀 긴장 완화의 태도를 보이지 않고 있습니다.

오토는 이번 가을 가족과 함께 출국할 계획이라고 합니다. 라이샤워 박사님은 우리가 선교위원회에서 사임했더라도 한국으로 돌아가는 데 아무런 문제가 되지 않는다고 말합니다. 그분은 같은 말을 라이브세이에게도 전하고 있지만, 라이브세이는 여전히 설득되지 않은 것 같습니다.

주님께서 박사님의 사역에 풍성한 축복을 내려주시기를 기도합니다.

진심을 담아,
프랜시스 킨슬러 드림.

3

뉴욕 이스트 햄프턴 제일장로교회

1948년 2월 20일

친애하는 부모님께,

여러분의 아들이나 딸은 가까운 시일 내에 주일학교에서 완전히 새로운 학습 과정을 배우게 될 것입니다. 저희 장로교회 기독교교육 위원회는 기독교 생활과 신앙 훈련을 위한 새롭고 매력적인 교재 시리즈를 개발했습니다. 이 새로운 주일학교 프로그램은 오늘날 우리 시대에 맞춰 간소화되었으며, 우리는 우리 자녀들이 오늘날에 적합한 기독교적 경험과 지식을 습득하도록 돕고자 합니다.

여러분의 도움과 협조가 필요합니다. 이 새로운 학습과 교재 프로그램은 학부모님 모두에게 도움이 될 것입니다. 학부모-교사 잡지와 아이들을 위한 몇 가지 숙제도 제공될 것입니다.

다음 주 수요일 저녁, 저희 회의장으로 오셔서 새로운 프로그램에 대한 설명을 들으시기 바랍니다. 새 교재가 전시되고, 주일학교 운영 계획을 담은 영상도 상영될 예정입니다. 많이 참석해 주시기 바랍니다. 회의는 7시 30분에 시작합니다.

진심을 담아,

감독관

프랜시스 킨슬러 목사 드림.

4

뉴욕 이스트 햄프턴 제일장로교회

1948년 5월 16일

친애하는 여러분께,

우리 교회와 지역사회의 300주년 기념일을 앞두고, 저는 최근 교회의 길고 찬란한 역사를 되돌아보며 느낀 감동을 여러분과 함께 나누고자 합니다.

우리는 이 역사 속에서 등장하는 위대한 이름들을 감사한 마음으로 떠올립니다. 토마스 제임스, 나다나엘 헌팅, 새뮤얼 뷰엘은 모두 탁월한 인격과 기독교적 섬김을 실천한 인물들이었습니다. 이곳에 정착한 그들과 사람들은 하나님에 대한 믿음과 기독교 신념을 무엇보다 소중히 여겼습니다. 그렇지 않았다면 그들이 이 먼 곳까지 오지는 않았을 것입니다. 그들의 선한 영향력은 오늘날 이곳 우리에게까지 이어지고 있습니다.

이 교회와 관련된 또 다른 이름들도 있습니다. 18세기 영국을 감동시킨 웅변가 조지 화이트필드는 이 교회에서 설교하며 놀라운 부흥의 길을 닦았습니다. 초기 미국의 가장 위대한 신학자요 신앙인이었던 조나단 에드워즈는 친구 새뮤얼 뷰엘의 위임식 때 이곳에서 설교했습니다. 교회 역사상 가장 고귀한 영혼 중 한 명인 데이비드 브레이너드는 한때 이 교회로부터 청빙받을 뻔 했습니다. 우리는 이 교회의 목사였던 전국적인 명성을 지닌 설교자 라이먼 비처와, 그의 자녀로 미국 최고의 설교자로 평가받는 헨리 워드 비처, 그리고 『톰 아저씨의 오두막』의 저자인 해리엇 비처 스토우의 이름도 잘 알고 있습니다. 이들은 그 시대에 그리스도를 위한 강한 영향을 끼쳤습니다.

이 외에도 잘 알려지지 않은 이름들이 많습니다. 아버지들, 어머니들, 장로들, 주일학교 교사들, 겸손한 사역자들과 교회 안의 많은 이들, 그들은 앞서가며 우리에게 풍부하고 영광스러운 유산을 남겨주었습니다.

하지만 저는 지금 또 다른 설교를 시작하려는 것도 아니고, 헌금을 요청하려는 것도 아닙니다. 저는 단지 우리 교회의 300주년을 맞이하여 올바른 마음가짐으로 이 기념을 여러분과 함께 시작하고 싶을 뿐입니다. 우리가 속한 교회를 통해 이어온 기독교적 이상과 염원을 생각하며 말입니다.

여러분의 목사이자 친구,
프랜시스 킨슬러 드림.

제2부

미국 장로교
해외선교 관계 기관에
보낸 보고서

| 해제 |

1948년 9월, 킨슬러는 한국으로 되돌아왔고, 남한에서 선교활동을 재개하였다. 제2부에 수록된 문헌자료는 주로 미국 장로교 한국선교 관련 보고서들을 중심으로 구성하였다. 시기는 1950~1970년까지 다루고 있다. 문서의 발신은 킨슬러 선교사이다. 그리고 문서의 수신은 시기에 따라 달리한다. 1950년대 초반 한국전쟁기의 자료는 주로 미국 장로교 해외선교와 초교파 협력단체인 교회간 해외봉사회에 보낸 보고서들이다. 전후의 1950년대 자료들은 미국 장로교 선교부에 보낸 보고서들이다. 그리고 1960년대는 미국 연합장로교 국제선교 위원회에 보낸 보고서들이다. 전체적인 내용은 한국전쟁의 발발로 발생한 전재민의 피해 상황들, 구호 물자와 구호 자금의 필요성, 선교사들의 구호 활동, 미국 교회들의 후원에 관해 상세히 기록하고 있다.

1

장로교 해외선교와 교회간 해외봉사회
1950년 10월 5일

프랜시스 킨슬러 목사
서울, 한국

친애하는 여러분들께,

한국에서 전쟁이 발발했을 때, 나는 곧 부산과 그 주변 지역에서 구호 활동을 하게 되었습니다. 우리 선교회의 다른 일원들은 대구와 그 인근 지역에서 활동하고 있었습니다. 하나님의 섭리로 기독교세계봉사회(CWS)의 대규모 구호 물자(거의 2,000포대의 밀, 콩, 보리, 완두콩과 수백 뭉치의 헌 옷, 1,000개가 넘는 라드 통조림, 50여 뭉치의 솜, 90드럼에 달하는 탈지분유, 그리고 약간의 비누, 신발, 실 등)가 서울로 옮겨지지 않고 부산의 창고에 남아 있었습니다. 서울 선교지부의 운전기사는 대형 선교 트럭도 부산까지 가지고 내려왔습니다. 저는 감리교의 좋은 지프차 한 대를 빌릴 수 있었습니다. 플레처 박사의 경험 많은 구호 담당자와 그의 조수도 부산으로 와서 우리와 함께 구호 활동을 이어갔습니다.

당시 많은 기독교 피난민들이 자연스럽게 교회로 모여들었습니다. 그들은 그곳의 바닥이나 벤치, 탁자 등 어디에서든 자리를 잡고 잠을 자고 있었습니다. 정부는 임시 피난소에 등록된 피난민들에게는 하루 한 줌의 보리쌀을 배급했지만, 그 외에는 아무런 지원이 없었습니다.

우리는 부산의 큰 교회 중 하나에 구호 본부를 설치하고, 가장 절실히 도움이 필요한 이들에게 최대한 공정하고 효과적으로 구호물자를 배분하기 위해 석 달 동안 힘써 일했습니다. 6만 명이 넘는 사람들에게 어떤 형태로든 구호를 제공했고, 특히 교회 구호 센터에는 추가적인 도움을 주었습니다. 우리는 가능한 한 공정성을 유지하기 위해 직접 감독하고 점검하려고 노력했습니다. 날씨가 쌀쌀해지자, 우리는 이불이 없는 아이들이 있는 가정을 위해 보유하고 있던 솜으로 천 장이 넘는 한국식 이불을 마련할 수 있었습니다. 이 이불만 해도 오늘날 한국 돈으로 약 3천만 원(약 15,000달러)에 달하는 가치였습니다. 때로는 마치 오병이어의 기적처럼 느껴졌고, 더 많은 도움을 줄 수 없는 현실에 가슴 아픈 순간들도 있었습니다. 많은 한국인들이 미국 교회의 이러한 기독교적 사랑 표현에 깊은 감사를 전했습니다.

우리는 또한 구호물자를 가득 실은 트럭을 타고 시골 지역 교회의 구호 센터들을 찾아가기도 했습니다. 어느 날 포항으로 가던 중 미군 탱크 부대에 의해 도시 근처에서 멈춰야 했습니다. 그날은 공산군이 기습적으로 포항을 점령한 날이었습니다. 또 다른 날에는 마산으로 향했는데, 시민들이 부산 쪽으로 피난길에 오르고 있는 모습을 보았습니다. 다음 날 우리는 공산군이 마산에서 불과 5마일 지점까지 진격해 거의 부산까지 돌파할 뻔했다는 사실을 알게 되었습니다. 진영으로 가는 길에는 목사님과 많은 사람들이 대포 소리가 너무 커서 이미 짐을 싸고 피난 갈 준비를 하고 있었습니다. 내가 구호 자금을 대전에 전달하기 위해 군용 열차를 탔던 밤에는 심지어 대령들조차도 우리가 하려는 일이 무의미하다고 느끼고 있을 정도였습니다. 그러나 지금 우리는 한국에서 새로운 날이 열리고 있다고 믿고 있으며, 그 어느 때보다도 건설적인 기독교 선교활동의 기회를 바라보고 있습니다.

진심을 담아,
프랜시스 킨슬러 드림.

2

장로교 해외선교와 교회간 해외봉사회

1950년 10월 22일

프랜시스 킨슬러 목사

(서울, 한국)

장로교 선교부

샌프란시스코 소재, 군 우편국 301호

친애하는 여러분께,

오늘 서울은 서늘한 10월의 일요일 아침이었습니다. 저는 시 외곽 언덕 위에 있는 한 피난민 교회에 설교하러 갔습니다. 지난 5월에 방문했을 때는 약 천 명의 사람들이 그 교회를 가득 채우고 있었습니다. 그러나 오늘 아침에는 약 이백 명만이 모여, 불에 타 무너진 교회 터에 널린 널빤지와 벽돌 위에 앉아 있었습니다. 공산군이 퇴각하기 전에 교회와 그 주변의 많은 집들이 파괴되었습니다. 이 사람들은 전쟁 이전 북쪽에서 공산주의를 피해 내려온 이들이었고, 이번에는 다시 남쪽으로 도망쳐야 했습니다. 이제 겨우 조금씩 돌아오기 시작한 상황입니다. 몇몇은 목숨을 잃었습니다. 젊은 목사님은 공산군에게 끌려가 소식이 끊긴 상태입니다. 사람들은 조용히, 깊은 슬픔 속에서 예배를 드렸지만, 그들의 주된 말은 끔찍한 재앙에서 구원해주신 하나님께 대한 감사였습니다.

오늘날의 서울은 그런 모습입니다. 집으로 돌아오는 길에 또 다른 교회를 들렀더니, 몇몇 여성들이 아직도 그곳에서 울고 있었습니다. 그들은 목사님의 소식을 듣지 못했다고 말했습니다. 한 용감한 목사님은 해방 2주 전까지 교회를 지켰지만, 결국 빨갱이 경찰이 자신을 잡으러 오자 목숨을 구하기 위해 도망쳐야 했습니다. 젊은 유호준 목사님은 공산당원들이 들이닥치기 불과 30초 전에 사무실을 떠나 탈출했습니다. 지금까지 약 20명의 장로교 목사님들이 사라졌고, 우리는 그들이 생존해 있는지조차 알지 못합니다.

많은 집과 건물이 전투로 인해 파괴되었지만, 더 많은 피해는 퇴각하는 공산군이 건물에 휘발유를 붓고 불을 지르면서 발생했습니다. 멀쩡한 집들도 옷과 음식이 약탈당했습니다. 우리는 선교 단지에 있는 선교사들의 사택이 아직 무사하다는 사실에 감사하고 있지만 (빨갱이들이 퇴각하면서 그 집들을 불태울 시간은 없었던 것 같습니다), 우리가 평생 모은 책과 기록, 노트 같은 소중한 모든 것들은 사라졌습니다. 저는 믿음을 잃은 그리스도인을 단 한 명도 만나지 못했습니다. 그들이 처음 내뱉는 말은 살아남은 것에 대한 감사였고, 다음은 이러한 재앙을 가져온 한국의 죄에 대한 회개였습니다. 그리고 마지막으로는 한국의 새로운 날에 대한 희망을 말합니다. 많은 이들이 "나는 죽었지만, 다시 살아났다"고 고백합니다. 그들은 공산주의에 대해 완전히 눈을 떴다고 말합니다. 오늘 오후 한 목사님이 찾아와서 이제는 북한 사람들 모두가 교회로 몰려올지도 모릅니다. 그들이 의지할 곳은 교회밖에 없다고 말했습니다.

이것은 구호 요청 편지가 아닙니다. 현재 군 당국은 위에 기재된 APO 주소를 구호물품 수령에 사용할 수 없도록 하고 있습니다. 그러나 곧 민간 행정이 회복될 것이며, 이 나라는 그 어느 때보다 그리스도의 이름으로 이루어지는 교회의 사역을 필요로 하게 될 것입니다.

진심을 담아,
프랜시스 킨슬러 드림.

3

무제

1951년 2월 15일

프랜시스 킨슬러 목사

장로교 선교부

주한 미 영사관 사서함 59번,

PM, 샌프란시스코 경유

친애하는 여러분께,

　현재 진행 중인 전쟁 속에서 고통받는 한국인들의 이야기는 아직 끝나지 않았지만, 부산에 있는 이곳 기독교인 피난민들로부터 전해지는 이야기만으로도 매우 가슴 아픕니다. 교회 사역자들이 수집한 교회 피해 상황은 아직 완전한 수치는 아니지만 다음과 같습니다. 남한에서 살해되었거나 실종된 기독교 목회자는 장로교 136명, 감리교 24명이고, 북한에서는 장로교 111명, 감리교 31명입니다. 전체 한국에서는 성결교 6명, 구세군 4명, 성공회 6명, 천주교 80명, 외국 선교사 32명, YMCA 지도자 7명, YWCA 직원 1명이 사망 또는 실종되었습니다. 남한 민간인 피해자 수는 약 47만 명으로 추산됩니다.

　현재 저희가 알고 있는 기독교 피난민은 제주도에 12,000명, 목회자 가족만 해도 약 1,700명입니다. 거제도에도 이 수의 3분의 1 정도 되는 피난민이 있고, 그 외에도 남한 곳곳에 수많은 피난민들이 흩어져 있지만, 정확한 수는 파악하기 어렵습니다.

하지만 대규모 통계보다, 개인적으로 알고 지내던 한국인들의 사연이 더욱 가슴 아프게 다가옵니다. 그들은 하루하루 우리를 찾아와 자신의 이야기를 들려줍니다. 박 목사님은 몇 년 전 평양의 성경학교에서 함께 교편을 잡았던 분입니다. 그는 평양 북쪽 선천 노회에서 목회자 11명 중 유일하게 살아남아 부산에 도착했다고 말했습니다. 허 목사는 서노회에서 지도자였고, 12년 만에 여기서 다시 만났습니다. 그는 진남포에서 대형 제일교회를 맡고 있었는데, UN군이 보트를 제공해 가족과 함께 탈출할 수 있었지만, 그 지역의 다른 교회 목회자들은 그런 기회를 얻지 못했고 모두 뒤에 남겨졌다고 했습니다. 한 젊은 여성은 우리에게 들려서 그녀가 어떻게 세 아이와 함께 인천에서 탈출했는지를 전해주었지만, 그러나 남편은 공산군에게 붙잡혔다고 합니다. 조용한 한 남성은 동해안에서 왔다고 말했습니다. 그는 12년 동안 그 지역 교회를 섬겼지만, 일본과 공산당의 방해를 피하고자 정식 안수를 받지 않았습니다. 어느 날 저녁 기도를 하러 일찍 교회에 갔는데, 친구들이 경찰이 그를 잡으러 집에 왔다는 소식을 전했습니다. 그는 곧바로 도망쳐야 했고, 집에도 들르지 못한 채 아내와 어린 자녀들을 남겨두고 50마일을 걸어 UN군 진영까지 도달했습니다. 흥남 철수 작전에 포함되어 부산까지 온 후 지금은 거제도에 머물고 있습니다. 신앙은 여전히 굳건하지만, 가족 생각에 마음이 무겁습니다.

조 목사는 오늘 아침 저희를 방문했습니다. 우리는 제2차 세계대전 이전 평양신학교에서 그를 알았습니다. 그는 함흥에서 사역을 했지만, 중공군의 침공 당시 생명을 지키기 위해 도망쳐야 했고, 가족도 지키지 못했다고 합니다. 공산당의 수사를 피하려면 가족과 함께 있는 것이 더 위험했기 때문입니다. 그는 매우 낡은 외투와 바지를 입고 있었지만, 곧 통역 일을 구했고, 일요일에는 군에서 한국인 병사들에게 설교할 수 있도록 허가도 받았습니다. 소지품은 아무것도 남지 않았지만, 우리는 성서공회의 도움으로 신약성경 한 권을 주었고, 기독교세계봉사회의 지원으로 더 나은 옷을 제공했습니다. 그리고 우리는 설교 허가를 위한 추천서도 써 주었습니다. 또한 그에게 피난민 목회자 긴급 지원금으로 5만 원(약 20달러)을 전달했습니다.

전반적으로 기독교 피난민들은 섬에서 정부의 배급, 토착 기독교인들의 도움, 그리고 여러 가지 일자리를 통해 생계를 이어가고 있습니다. 목회자들은 스스로 조직을 구성해 자신들의 신도들을 돌보고, 비신자들에게는 복음을 전하고 있습니다. 공산당의 침략으로 인한 고난이 오히려 많은 이들의 신앙을 더욱 깊게 만든 듯합니다.

진심을 담아,
프랜시스 킨슬러 드림.

4

장로교 해외선교와 교회간 해외봉사회

1951년 3월 20일

프랜시스 킨슬러 목사

(서울, 한국)

장로교 선교부

주한 미영사관

샌프란시스코 소재, 군 우편국 59호

친애하는 여러분께,

한국의 제주도(Quelpart)는 오래전 어떤 프랑스 선원이 바다에서 그 섬을 보고 "이게 어느 지역이지(Quel part)?"라고 말한 데서 이름이 유래되었다고 합니다. 이 섬은 현재는 휴화산인 해발 약 1마일의 화산으로 형성되어 있고, 한국의 본토 항구 부산에서 약 200마일 떨어져 있습니다. 섬 주민들은 오랫동안 평화롭고 미신적인 삶을 살아왔지만, 최근의 사건들로 인해 그 평화가 깨졌습니다. 몇 해 전 공산주의자들의 반란으로 인해 약 30만 인구 중 7만 명이 학살된 것으로 전해지고 있습니다. 그래서 원주민은 여성의 비율이 높습니다. 그러나 우리의 관심은 최근 3개월 사이에 제주도로 피난 온 수만 명의 피난민들, 그중 1만 명 이상의 기독교인들과 400명 이상의 개신교 목회자들에게 집중되어 있습니다.

2주 전, 장로교 선교부의 레이 프로보스트, 짐 필립스와 저, 그리고

감리교 선교부의 찰스 스토크스, 성결교 선교부의 킬보른*은 일본인
이 유인하는 미군 상륙정을 타고 제주도를 방문해 우리의 기독교인
친구들을 찾았습니다. 우리는 기독교인들로부터 따뜻한 환영을 받았
습니다. 첫날, 우리는 제주 남쪽 항구 마을인 서귀포의 교회를 찾았고,
그곳에서는 한 한국인 목회자의 임직식이 열리고 있었습니다. 교회는
가득 찼고, 양쪽 마당에도 사람들이 모여 창문을 통해 예배에 함께했
습니다. 그 자리에만도 목회자들이 40~50명은 모였던 것 같습니다.
잘 훈련된 성가대는 아름다운 찬양을 불렀습니다. 그 목회자는 과거에
한국 교회가 선교사로 파송했던 인물이었고, 이제는 그 지역 교회가
자체적으로 그 목회자를 지원할 수 있을 정도로 성장했음을 보여주었
습니다. 지금은 수백 명의 기독교 목회자들이 제주도에 파송되어 사
람들에게 복음을 전하고 있습니다. 그날 밤에도 교회는 다시 사람들
로 가득 찼습니다.

그다음 날에는 새벽부터 밤까지 예배와 성경공부, 그리고 선교사
들을 환영하는 행사가 아름다운 폭포가 있는 공원에서 열렸습니다.
한국인들은 한국을 위해 선교사들과 그 뒤에 있는 교회들이 해준 일
들에 대해 깊이 감사했습니다. 오후에는 제주도에서의 복음 전파 사

---

* 역주: 킬보른(Edwin Williams Kilbourne, 1917~2015), 미국동양선교회 선교사, 목사,
  원래 1947년 북경 선교사로 도착했으나 공산군을 피해 광저우로 갔고, 3개월 뒤에
  1949년 1월 동양선교회 선교사로 내한, 3대째 한국에 주재하는 동양선교회 선교사이
  다. 1950년 6월 한국전쟁 발발로 일본지부에 체류하면서 주기적으로 한국을 방문,
  1951년 5월 부산 수정동교회에서 열린 기독교대한성결교회 총회에 방문, 1952년부터
  는 선교부 대의원으로 총회에 공식 참여, 피난민들을 방문하여 한국성결교회와 함께
  집회와 전도를 인도하였고, 1954년 6월 29일부터 서울신학교 교수로 재직, 1959년부
  터 아버지 킬보른이 맡고 있던 동양선교회 한국지부 대표를 맡았다. 부인 에드나 마틴
  은(Edna K. Martin) 캐나다장로회 의료선교사이자 세브란스병원 교수로 재직하던 스탠
  리 마틴(Stanley H. Martin)의 딸이다.

역을 더 체계적으로 계획하기 위한 모임이 열렸습니다. 이미 많은 새 교회 공동체들이 형성되었으며, 젊은이들은 전쟁으로 학교가 문을 닫고 군대에 점령당한 상황에서 아이들을 성경구락부로 조직해, 적어도 앞으로 몇 달 동안은 그들에게 충실한 기독교 교육을 제공하기로 했습니다. 현재 40~60개의 성경구락부 모임이 이미 시작되었거나 계획 중입니다.

우리는 제주도의 수도인 제주시로 향했습니다. 그곳에는 장로교회 두 곳이 있으며, 도시 내에서 가장 웅장한 건물들 중 하나입니다. 3일 밤 연속으로 집회가 열렸고, 아이들에게는 따로 이야기를 들려준 뒤 집으로 돌려보냈음에도, 수많은 사람들이 밖에 서서 들어가지 못한 채 집회에 참석했습니다. 그곳에서도 가장 큰 관심은, 피난민들이 본토로 돌아가기 전에 이 섬에서 기독교 사역을 적극적으로 수행하는 일이었습니다.

성산포에서는 50명 이상의 목회자들이 우리를 환영했습니다. 우리는 푸른 산비탈 위에서 푸른 바다를 내려다보며 오후 3시부터 6시가 넘도록 함께 예배드리고 이야기하며 계획을 나눴습니다. 그리고 다음 날 새벽에는 간절한 기도회로 하루를 열었습니다. 제주도의 곳곳이 모두 이와 같았습니다. 우리는 "한국 교회는 지금 살아 있다"는 인상을 강하게 받고 돌아왔습니다. 지금 한국 교회는 전례 없는 기회를 맞이하고 있습니다. 이를 위해 기도해 주십시오.

진심을 담아,
프랜시스 킨슬러 드림.

5

무제

1951년 3월 29일

장로교 선교부

주한 미영사관 전교(轉交)

샌프란시스코 소재, 군 우편국 59호

친애하는 여러분께,

1951년 금년에 서울에서의 부활절, 이것이야말로 부활 이야기의 무대가 아니겠습니까! 우리는 성금요일 저녁, 트럭을 타고 서울에 도착했습니다. 그곳은 한마디로 죽은 도시였습니다. 도시의 많은 구역이 북한군과 중공군의 점령 동안 파괴된 것도 사실이지만, 더 충격적인 것은 이렇게 큰 도시에 사람이 거의 없다는 기이한 풍경이었습니다. 가끔 교차로에 홀로 서 있는 한국 경찰관, 스쳐 지나가는 미군 트럭, 북쪽과 동쪽에서 들려오는 포성만이 정적을 깨뜨릴 뿐, 도시 전역은 죽음의 정적에 잠겨 있었습니다. 길가에 나이 많은 아주머니들과 어린 아이 몇 명이 여기저기 눈에 띄긴 했지만, 징병 연령인 대부분의 청년 남녀는 후퇴하는 빨갱이에게 강제로 끌려갔다고 전해집니다.

놀랍게도, 서울이 재점령된 동안에도 대부분의 교회와 선교회 소유 건물은 거의 손상되지 않았습니다. 일부 지역은 겨울 동안 파괴되었지만, 대부분의 교회 건물과 선교사 주택은 작년 가을 우리가 떠났을 때 그대로 남아 있었고, 약간의 창문 파손이나 벽의 석고가 떨어진 것 외에는 큰 피해가 없었습니다. 우리는 한국 교회들 안으로 들어가 보고 적군이 두 번째 점령 기간 중에 이들 교회에 들어오지도 않았다는 사실에 매우 놀랐습니다. 서대문교회 강단 위에는 찬송가와 선교회 회계장부가 교인들이 서울을 떠날 때 그대로 놓여 있었습니다. 성서공회 사무실과 피어선 성서학원 교실에도 성경 교재들과 복음서들이 전혀 손대지 않은 채로 남아 있었습니다. 도심 한복판에 위치한 승동교회는 아직도 문이 잠겨 있었고, 남아 있던 노인 분들의 말에 따르면 군인들이 관심 가졌던 유일한 것은 식량이었으며, 집집마다 수색해 곡식을 찾아갔다고 합니다. 식량 부족과 맹렬한 공습이 결국 공산군의 철수를 야기한 것으로 보입니다.

하지만 부활절 아침, 우리는 서울에서 그리스도의 부활을 기념했습니다. 우리는 남산에서 새벽예배를 드렸습니다. 참석자 하워드 마펫 대위와 찰스 번하이슬 대위(이 두 사람 모두 한국장로교 선교사들의 아들), 우리 선교부 소속인 존 언더우드, 레이 프로보스트, 제임스 필립스 이렇게 미국인 6명, 그리고 한국인 8명 정도였습니다. 비가 오는 가운데, 장로교 신학교 건물은 심하게 파괴되었고, 도시 아래는 폐허가 된 상태였지만, 우리는 함께 일하고 계시는 부활하신 그리스도의 능력을 한국 땅에서 생각했습니다. 우리는 또한 서울 시민 전체를 위한 부활절 예배를 베다니 교회의 새 고딕양식 건물에서 드렸습니다. 전쟁 전에는 이 교회에 3천여 명이 모였지만, 이날은 도시 전역에서 모인 사람들이 고작 마흔 명 정도였고, 대부분이 노년의 여성들과 어린아이들이었습니다. 그러나 그 자리에서도 우리는 부활 신앙의 약속과 소망이 얼마나 현실적인지를 다시금 느꼈습니다.

서울에서 부산으로 돌아오는 길에 우리는 길가의 모든 큰 도시들에 들러 교회들이 어떤 상황인지 살펴보았습니다. 대부분의 사람들,

특히 기독교인들은 남쪽으로 피난을 갔고 아직 돌아오지 않은 상태였습니다. 많은 곳에서 교회 건물은 완전히 파괴되었습니다. 남쪽에서 대전까지 이어지는 고속도로는 "비탄의 고속도로"로 알려지게 되었고, 교회 사람들에게는 정말로 가슴 아픈 길이 되었습니다. 그들은 빈손으로, 배고프고 지친 몸으로, 파괴된 집들과 폐허가 된 마을들, 그리고 불타버린 교회들로 돌아가야 할 것입니다.

하지만 우리가 관찰한 한국 교회는 살아있는 믿음과 기독교 복음의 부활 능력에 대한 진정한 체험을 가지고 있다는 것이었습니다. 수원에서는 장로교회를 방문했는데, 어떤 한국 군인들에게서 들은 이야기로는 나이 많은 몇몇 여성들이 매일 한 번씩 사람이 없는 교회에 와서 조용히, 홀로 기도하곤 했다고 합니다. 교회 직원 한 명도 자신을 소개하며, 이곳으로 돌아와서 남아 있는 몇몇 교인들과 교회 건물을 돌보고 있고, 목사님과 성도들이 돌아올 때까지 그렇게 하겠다고 말했습니다.

대전에서는 제일장로교회 건물에서 하룻밤을 묵어야 했습니다. 이 교회는 아직 남아 있었지만, 그 주위는 파괴된 건물들로 가득한 잔해뿐이었습니다. 우리가 도착한 시간은 어두워진 뒤였고, 교회 안에는 몇몇 피난민들이 살고 있었습니다. 그들은 매우 친절하게 맞아주었고, 자신들이 북한 신의주에서 어떻게 도망쳐 나왔는지, 공산군의 무자비한 박해로부터 피신하게 된 경험을 들려주었습니다. 이후 우리는 간이침대에서 잠이 들었고, 새벽 다섯 시 반쯤 어떤 이들의 기도 소리에 깨어났습니다. 여섯 시가 되자 적지 않은 사람들이 조용히 모였고, 공식적인 새벽기도회가 시작되었습니다. 찬송과 성경 봉독, 인도자의 간단한 말씀 이후, 모두가 소리 내어 함께 기도하기 시작했습니다. 그 기도는 진지했고, 심지어 절절하기까지 했습니다. 나는 그들의 말을 들으며, 이 한국 사람들의 신앙의 확신과 한국 민족의 필요에 대한 인식, 그리고 이번 전쟁이 그들의 과거 죄에 대한 하나님의 심판이라는 것에 깊은 인상을 받았습니다. 한 남성은 기도 중에 "오 하나님, 우리를 깨우소서, 오 하나님, 우리를 깨우소서"라고 부르짖었습니다. 이 사람들은 일 년 내내 매일 새벽마다 이렇게 기도회를 열고 있었고, 어떤 위임 목사도 없이, 가난과 고통 속에서 이 일을 해나가고 있었습니다.

금촌에서는 교회가 피난민들로 가득 차 있었습니다. 목사님이 계셨고, 그분은 매일 아침 새벽기도회를 인도하고, 저녁에는 예배와 성경공부 모임을 갖고 있다고 말했습니다. 그는 이 피난민들이 교회 공동체 속에서 새로운 믿음과 용기를 얻고 있다고 했습니다. 한 여성은 다섯 자녀와 함께 서울에서 걸어서 피난해야 했고, 도중에 다섯 번이나 고통을 피해 자살을 결심했지만, 지금은 이 모임의 교제 속에서 새로운 소망과 믿음을 찾았다고 합니다.

폐허가 된 옛 한국 속에서, 아마도 우리는 이제 다가올 새로운 한국의 부활을 보고 있는 것인지도 모릅니다. 고난을 통해 겸손해진 백성, 정결해진 교회, 그리고 하나님의 도우심으로 온 땅이 기독교화될 새로운 한국이 일어날 것입니다. 이 한국의 부활의 소망을 위해 기도해 주시기 바랍니다.

진심을 담아,
프랜시스 킨슬러 드림.

6

장로교 해외선교와 교회간 해외봉사회
1951년 6월 16일

프랜시스 킨슬러 목사
장로교 선교부
미국 영사관 전교(轉交)
샌프란시스코 소재, 군 우편국 59호

친애하는 여러분께,

지난 주일 아침, 저는 부산의 영락교회에서 설교할 특권을 가졌습니다. 이 교회는 서울에서 모이던 유명한 피난민 교회였는데, 이제는 피난 온 피난민 교회로서 담임 목사를 지원하고, 주일학교와 청년회 등도 계속 운영하며 계속해서 회중의 삶을 이어가고 있습니다. 주일 아침 예배에는 500~1000명 사이의 교인이 모였던 것 같습니다. 서울에 있던 여러 다른 교회들도 재조직되어 이 분주한 전쟁의 한복판에서 교회 생활을 계속하고 있습니다. 이처럼 한국 교회는 어느 곳에서나 활기를 띠고 있습니다.

제주도의 피난민 목회자들도 보고서를 보내왔는데, 그곳에 있는 모든 목회자들은 각자 자신의 기독교 사역을 맡고 있다고 합니다. 어떤 이는 교회를 섬기고, 어떤 이는 주일학교를 운영하며, 어떤 이는 복음이 전해진 적 없는 지역에서 선교 개척을 하고 있습니다. 많은 교회 일꾼들이 아동 성경구락부를 조직하여 현재 섬에서 약 25개의 성경구락부가 매일 2,500명 정도의 아이들에게 그리스도인의 삶에 대해 가르치고 있습니다.

장로교 신학교도 5월 초부터 부산진에서 피난민 임시체제로 다시 개교하였습니다. 처음에는 약 100명 정도가 올 것으로 예상했으나, 현재는 275명 이상이 등록했습니다. 이는 대부분의 신학생이 전쟁에 참전한 상황에서도 이루어진 일입니다. 어느 날 아침, 저는 그들의 새벽기도회에 참석한 적이 있습니다. 이 기도회는 학생들이 자발적으로 매일 아침 열었는데, 교수들은 자주 참석하지 않습니다. 그들은 찬송하고, 성경을 읽고, 짧은 말씀을 나눈 후에 함께 기도합니다. 그들은 30분 넘게 함께 통성기도를 했고, 많은 이들이 눈물을 흘리며 기도했습니다. 그들은 단지 음식이나 집, 혹은 조국을 위한 기도(그들에겐 절실한 것들이지만)를 드린 것이 아니라, 거의 모두가 자신들의 삶, 한국 교회, 그리고 한국 민족 전체를 위한 더 나은, 더 진실한 그리스도인의 삶을 위해 기도하고 있었습니다. 서양에서는 이러한 간절한 헌신과 주님을 향한 사랑을 이곳에서처럼 보기 어렵습니다.

한국 군대 안의 기독교 군목들에 대한 놀라운 이야기, 그리고 한국 군 병원으로 들어가 그 안에서 큰 역할을 하고 있는 많은 목회자들의 이야기들도 들려드리고 싶지만, 자세히 전할 시간은 부족합니다. 다만 한 가지 분명히 전하고 싶은 것은, 가난하고 전쟁으로 폐허가 된 한국에서 오늘날 예수 그리스도의 교회는 가장 생생하고, 활발하며, 승리하고 있는 사역이라는 사실입니다.

진심을 담아,
프랜시스 킨슬러 드림.

7

장로교 해외선교와 교회간 해외봉사회

1951년 11월 7일

프랜시스 킨슬러 목사
장로교 선교부
샌프란시스코 소재, 군 우편국 20호

친애하는 본국의 여러분께,

한국 선교부와 우리의 한국인 형제자매들은 한국이 가장 큰 고통을 겪던 시기에 미국 교회로부터 보내주신 관대한 긴급 구호 헌금에 대해 깊은 감사를 드립니다. 이 감사의 마음을 가장 잘 전할 수 있는 방법은, 특히 "한 시간의 위대한 나눔(One Great Hour of Sharing)"*을 통해 전달된 여러분의 선물이 어떻게 한국 장로교회의 전시 사역을 가능케 했는지를 알려드리는 것이라 생각합니다.

우리의 많은 기독교 지도자들은 여전히 전쟁을 피해 한국 연안의

---

* 역주: One Great Hour of Sharing은 미국의 여러 교단(장로교, 감리교, 침례교 등)이 공동으로 주최하는 기독교 자선 캠페인이다. 이 운동은 긴급 구호, 개발 지원, 피난민 구호 등을 위해 모금을 하며, 전 세계의 위기 상황에 처한 이웃들을 돕기 위해 사용된다. 전쟁, 자연재해, 기근 등으로 고통 받는 이들을 위해 식량, 물, 의료 지원, 주거, 교육 등 다양한 형태의 지원이 이 기금을 통해 이루어졌다. 1949년부터 시작된 이 캠페인은 특히 사순절 기간 중에 교회들을 중심으로 펼쳐지며, 많은 교인들이 이때 특별 헌금을 드린다. 1950년대 한국전쟁 당시에도 이 기금이 한국 선교와 구호 활동에 큰 역할을 했으며, 피난민 구호, 아이들 성경 교육, 신학교 운영, 군목 및 교도소 사역 지원 등에 실제로 사용되었다.

섬들에서 피민으로 생활하고 있습니다. 그러나 여러분의 도움으로 이들은 예수 그리스도의 이름으로 다른 피난민들과 섬 주민들을 섬기기 위해 일어섰습니다. 이들은 제주도에 40개의 새로운 교회를 세웠고, 거제도 등 다른 섬들에도 더 많은 교회를 설립했습니다. 그들은 성경학교, 중등학교(남녀), 성인교육기관 등을 운영하고 있으며, 학교에 다니지 못하는 3,000명 이상의 아이들을 대상으로 매일 성경구락부를 통해 전인적인 기독교 교육을 하고 있습니다. 심지어 어떤 그리스도인들은 하루 배급량이 매우 적음에도 불구하고 그 중 일부를 십일조로 드려 이 사역을 지원하고 있습니다. 각 기독교 사역자는 맡은 사명이 있으며 그것을 책임 있게 감당하고 있습니다.

여러분의 특별 헌금 덕분에 한국군 안에서 기독교 군목 제도도 유지되고 있습니다. 현재 약 40명의 한국장로교 군목이 있고, 이들 중에는 군종감도 포함되어 있습니다. 이들은 전선에서 후방 병원까지 전방위적으로 복무하고 있습니다. 한국 해군도 선교부의 도움 없이 자체적으로 기독교 군목을 임명했습니다. 또 약 50명의 장로교 목회자와 전도부인 사역자들이 민간 자격으로 부상병이 있는 모든 군 병원에서 사역하고 있고, 14명의 장로교 목회자들은 전국의 모든 교도소에서 군목으로 활동하고 있습니다. 이러한 일들은 동아시아 역사상 매우 이례적인 일이었고, 이 모두 것이 미국 교회 여러분의 전시 지원이 있었기에 가능했습니다.

많은 한국 피난민들이 전쟁으로 폐허가 된 고향으로 되돌아가고 있습니다. 이들은 맨몸으로, 파괴와 잿더미뿐인 마을로 돌아갑니다. 하지만 그들과 함께 교회도 돌아갑니다. 장로교회는 재건 사업의 일환으로 70명이 넘는 목회자들과 전도부인을 이 지역들에 파송했습니다. 이들은 교회를 다시 세우고, 예배와 주일학교를 재개하며, 고아원을 돌보고, 성경구락부를 운영해 아이들을 가르치고, 다양한 방식으로 지역 주민들을 섬기고 있습니다. 이러한 일들은 본국 교회의 특별한 도움이 없이는 불가능했을 것입니다.

대구에서는 새로운 장로교 신학교가 개강하였고, 현재 약 500명의 학생이 수업 중입니다. 이들 중 절반 이상은 북한에서 내려온 이들로, 아버지나 형제가 순교하거나 가족이 뿔뿔이 흩어진 경우가 많습니다. 이들은 교회 건물을 교실과 기숙사로 사용하는 임시 시설에서 공부하고 있습니다. 이들은 수업 외에도 교수진의 지도 아래 거리 전도, 심방 사역, 병원과 교도소 방문, 새 교회 개척, 성경구락부 교사 등 다양한 실천적 기독교 사역에 참여하고 있습니다. 이 모든 것이 바로 여러분의 헌금 덕분에 가능했습니다.

진심을 담아,
프랜시스 킨슬러 드림.

8

무제

1951년 11월 7일

장로교 선교부

샌프란시스코 소재, 군 우편국 20호

친애하는 여러분께,

이 편지는 그저 감사의 마음을 전하기 위해 쓰는 편지입니다. 한국에서 우리의 모든 기독교 선교 사역을 가능하게 해주는 본국 교회의 헌금에 대해 늘 감사드리지만, 지금 이 시기에는 특히 긴급 구호 기금, 특히 '한 시간의 위대한 나눔'(One Great Hour of Sharing)을 통한 도움에 깊이 감사드립니다. 이 기금 덕분에 우리는 한국에서의 특별한 전시 기독교 사역과 봉사를 계속해 나갈 수 있었습니다. 아마도 우리의 감사를 표현하는 가장 좋은 방법은, 여러분의 특별한 헌금으로 가능해진 한국 기독교인들의 전시 활동을 전해드리는 것일 것입니다.

대다수의 한국 전쟁 피난민들은 여전히 해안의 섬들에서 전쟁이 끝나기를 기다리고 있습니다. 이들 가운데서 우리 기독교 일꾼들이 일어섰고, 여러분의 후원으로 위대한 기독교 사역을 감당하고 있습니다. 그들은 제주도에서만 40개의 새로운 교회를 설립했고, 거제도에서도 더 많은 교회들을 세웠습니다. 이 두 섬에서만 학교가 없는 3,000명 이상의 아동들이 매일 성경구락부에서 기독교 교육을 받고 있습니다. 이것 또한 여러분의 긴급 구호 헌금 덕분입니다. 교회 지도자들은 성경학교, 남녀 고등학교, 성인 교육학교 등을 설립하고 운영하고 있으며, 많은 이들이 극히 적은 그들의 배급량에서 십일조를 하여 이 사역을 지원하고 있습니다. 모든 피난민 교회 일꾼에게는 각자의 사역이 맡겨져 있으며, 그것을 성실히 감당해야 합니다.

또다시 본국 교회의 특별 헌금 덕분에 한국군 내 기독교 군목사역도 지원할 수 있었습니다. 현재 40여 명의 장로교 한국인 군목이 있고, 그중에는 군목단장도 포함되어 있습니다. 이들은 전선부터 후방 병원에 이르기까지 한국군 병사들을 섬기고 있습니다. 한국 해군에도 군목이 몇 명 있지만, 이들은 우리의 선교부의 지원 없이 임명되었기에 정확한 통계는 가지고 있지 않습니다. 이런 일은 극동의 나라들에서는 역사상 처음 있는 일입니다.

또한 50명 이상의 한국장로교 목사와 전도부인들이 한국군 병원들에서 민간 자격으로 사역하고 있으며, 정식 군목들의 지도하에 병문안, 설교, 예배 인도 등 기독교 봉사가 필요한 모든 일을 감당하고 있습니다.

현재 한국 정부의 모든 교도소에서 상근으로 사역하는 목회자들에게도 도움이 절실하며, 실제로 도움을 주는 것이 가능해졌습니다. 지금은 14명의 장로교 목사들이 이 사역에 전념하고 있으며, 이들이 일상적인 필요를 충당하며 사역할 수 있도록 지원한 것도 장로교 선교부를 통한 여러분의 재정적 도움 덕분입니다.

한국에서 새로운 장로교 신학교를 개교할 수 있었던 것도 본국 교회의 지원 없이는 불가능했을 것입니다. 현재 500명의 학생들이 재학 중이며, 그 중 절반 이상은 북한 출신입니다. 그들의 아버지, 형제, 친구들은 그리스도를 믿는 신앙으로 순교당했습니다. 이 신학생들은 매주 노방 전도, 개인 전도, 주일학교 교사, 성경구락부 지도,

병원과 교도소의 복음 전도, 새로운 교회 개척 등 다양한 실천적 사역에 참여하고 있습니다. 믿어주십시오. 오늘날 한국에 풍성히 뿌리는 자는 반드시 풍성히 거두게 될 것입니다.

진심을 담아,

9

무제

1951년 11월 7일

장로교 선교부

샌프란시스코 소재, 군 우편국 20호

존 스미스 박사님께

장로교 해외선교위원회

뉴욕 제5번가 156번지

친애하는 존 박사님께,

박사님의 10월 17일자 편지와 구호 활동 예산에 관한 정보를 보내주셔서 감사합니다. 우리는 총 20만 달러가 지원된 사실은 대략 알고 있었지만, 기독교세계봉사회(C.W.S.)가 그 중 얼마나 받는지, 그리고 그 지원금이 얼마나 오래 지속되어야 하는지는 알지 못하고 있었습니다.

추후에 보다 정확하고 최신의 예산안을 보내드리도록 하겠습니다만, 현재 우리가 매달 운영하고 있는 예산은 아래와 같습니다.

교회 사역자 가족 구호

제주도	$3,200
거제도	1,250

백령도	600
부산 지역 (현직 사역자의 가족)	900
장로교 군목	
한국군 군목	600
한국군(민간) 군목	320
한국 교도소 군목	130
장로교회 재건 사역	900
	$8,000

이 수치들은 정규 예산 항목이나, 다른 출처에서 받은 자금으로 지원되는 항목들은 포함하지 않은 것입니다. 또한, 매달 조금씩 변동이 있습니다. 위 금액 중 군목 항목에는 가족에 대한 구호금도 포함된 경우가 있습니다. 피난민 학교들에 대한 지원은 정규 예산에서 지출되고 있습니다. 이 예산은 전체 승인된 금액을 소진한 것은 아니며, 현재 원화 대비 달러 가치가 하락하고 있어, 다음 달이나 그 이후엔 동일한 금액을 지급하려 해도 더 많은 달러가 필요할 가능성이 있습니다. 예산은 가능할 경우 매달 늘어나는 경향이 있지만, 동시에 불필요한 지출을 막기 위한 노력도 함께 하고 있습니다. 위에 언급한 예산은 매월 정기적으로 집행되는 항목이며, 특별 구호금은 포함되어 있지 않습니다. 이번 주에는 오토(Otto)가 트럭을 타고 서울 전역을 돌며 우리 교회들을 방문하게 되는데, 식량 및 침구류 구입을 위해 최대 2천 달러까지 사용할 가능성이 있습니다. 현재의 이 프로그램은, 상황이 크게 달라지지 않는 한, 내년에도 동일하게 필요할 것입니다.

한국이 겪고 있는 이 어려운 시기에 본국 위원회와 교회의 크나큰 관대함에 깊이 감사드립니다. 저는 이 축복을 최선으로 활용하고자 하는 우리의 감사와 책임감을 전할 수 있도록 편지를 한 통 써 보았습니다. 그 편지를 동봉하오니, 본국 교회에 전달할 수 있는 용도로 사용해 주신다면 감사하겠습니다. (그렇지 않으면 그 편지를 등사해서 제 파일에 있는 우편 발송 목록대로 보내주시겠습니까?)

진심을 담아,

10

무제

1952년 7월 21일

장로교 선교부
한국 대구시 남산동 1번지

친애하는 여러분께,

지난 몇 달 동안 저희 한국장로교 선교부로 보내주신 풍성한 구호 물품에 깊은 감사를 드립니다. 대구와 부산에서 약 1,000개의 식량과 의류 꾸러미를 수령하였고, 그것들이 어떻게 사용되었는지를 여러분께 알려드리고자 합니다.

저희 신학교의 500여 명의 학생들 가운데 많은 이들이 생계를 꾸리기 어려운 가정이어서 이 구호 꾸러미들을 통해 일부 도움을 주고 있습니다. 어느 날, 제가 한 학생에게 식량 꾸러미 하나를 받겠냐고 물었을 때, 그는 웃을지 울지를 모를 정도로 감격스러워했습니다.

피난민으로 섬에 머물고 있는 많은 한국 교회 사역자들도 선교부로부터 약간의 재정적 지원을 받고 있지만 여전히 매우 열악한 환경에서 생활하고 있습니다. 그럼에도 불구하고 그들은 새로운 교회와 주일학교를 세우고, 성경학원, 고등학교, 성경구락부 등을 통해 청소년 교육을 이어가며 열정적으로 사역하고 있습니다. 그래서 구호 물품이 여유 있을 때면 그들에게도 나눠주고 있고, 그들은 진심으로 감사해하고 있습니다.

대구와 부산 등지의 피난민촌에도 여전히 많은 이들이 거주하고 있습니다. 신학교를 졸업한 이들이 대구의 두 주요 피난민촌에 들어가 교회를 세우고, 매일같이 성경구락부를 통해 아이들을 교육하며, 어린이를 위한 보육시설도 운영하고 있습니다. (이 보육시설에서는 매일 거의 100명의 어린이에게 식사를 제공하고 있습니다.) 전쟁미망인과 아이들이 함께 사는 집, 심지어는 고아원도 있습니다. 가능한 한 자주 미망인 가족들에게 구호 물품을 전달하고 있으나, 현재 한국 전역의 20곳 이상의 고아원을 지원하고 있기 때문에 모든 곳에 충분히 나누기는 어렵습니다. 많은 꾸러미가 서울, 천안, 경주, 대구 등의 미망인 사택으로 보내지고 있습니다.

성경구락부를 이끄는 용감한 전쟁미망인 여성들에게도 이 물품들이 전달됩니다. 이들은 한국 전역의 교회 건물에서 수천 명의 아이들에게 기독교적 삶을 교육하고 있고, 그들 또한 자신들의 자녀를 키워야 하면서도 아주 적은 보상만을 받고 있습니다. 여러분의 꾸러미는 참으로 귀한 곳에 쓰이고 있으며, 많은 이들에게 큰 의미와 희망이 되고 있습니다. 여러분의 관대함에 하나님께 감사를 드리며, 다시 한 번 진심으로 감사드립니다.

진심을 담아,
프랜시스 킨슬러 드림.

11

미국 장로교 한국선교회

1952년 9월 30일

샌프란시스코 소재, 군 우편국 234호

한국을 사랑하는 여러분께,

지난 2년 동안 저희 한국 친구들을 위해 보내주신 수많은 의류와 식량 꾸러미는 시의적절하게 잘 도착하였고, 저희는 여러분의 귀한 선물에 깊이 감사드립니다. 우리의 한국 형제자매들도 진심으로 고마워하고 있습니다. 하지만 한국전쟁은 여전히 계속되고 있고, 상황은 나아지지 않고 있습니다. 또다시 겨울이 다가오고 있습니다. 그래서 저희는 다시 한번, 많은 한국 친구들이 겪고 있는 필요를 여러분께 알리고자 이 편지를 씁니다.

대구에 있는 신학교에는 현재 약 500명의 신학생이 있습니다. 이들 대부분은 공산주의를 피해 북쪽에서 피난 온 학생들입니다. 가족과 생계의 기반을 모두 잃었습니다. 그들의 가장 큰 희망은 한국에서 그리스도의 교회를 섬기는 일이지만, 때로는 생계를 유지할 최소한의 음식과 의복조차 부족한 상황에 놓여 있습니다.

저희 선교부는 대구 및 인근 지역의 전쟁 고아원 20곳을 돕고자 노력하고 있습니다. 그러나 이들 고아원은 정부로부터 충분한 배급을 받지 못하며, 그나마도 대부분 보리쌀뿐입니다. 많은 고아들이 성경구락부 프로그램을 통해 성경 교육을 받고 있지만, 일부는 늘 의식

주가 부족한 상태입니다. 전쟁미망인과 자녀들이 함께 지내는 가정들 또한 비슷한 어려움을 겪고 있습니다.

한국 전역의 교회에서 매일 운영되고 있는 성경구락부 프로그램을 통해 24,000명이 넘는 아동들이 유일한 교육을 받고 있습니다. 이 아이들은 공부하고, 기도하고, 찬양하며, 놀이와 특별 활동에도 참여하지만, 여전히 먹을 것과 입을 것이 부족합니다. 의류, 식품, 값싼 공책과 연필 등 모든 구호물자가 절실히 필요합니다.

대구와 같은 도시들의 피난민센터는 올겨울에도 변함없이 붐비고 춥습니다. 수많은 가족들이 조그마한 오두막, 판잣집, 천막, 임시 가설 주택에서 살아가며, 기아와 궁핍에 지쳐 있고, 끝없는 기다림에 피로해져 있습니다. 그 안에서도 교회 모임이 형성되고, 기독교 사역자들이 그들과 함께하며 들어오는 모든 구호 물품을 최대한 가치 있게 사용하고 있습니다. 한국이 가장 힘든 시기를 보내고 있는 이때, 여러분이 그리스도의 이름으로 베푸시는 모든 사랑과 도움에 깊이 감사드립니다.

항공우편은 아래 주소로 보내주시면 됩니다:

Rev. Francis Kinsler, PRESBYTERIAN MISSION, APO 234, SAN FRANCISCO.

하지만 구호 물품은 반드시 국제 소포로 아래 한국 주소로 보내주십시오:

REV. FRANCIS KINSLER, PRESBYTERIAN MISSION, 1 NAM SAN DONG, TAEGU, KOREA

진심을 담아,

12

미국 장로교 한국선교회

1952년 11월 10일

샌프란시스코 소재, 군 우편국 234호

친애하는 여러분께,

올가을 한국의 여러 도시에서 열린 성경구락부 연합대회에서 수백, 수천 명의 어린이들이 모인 모습을 여러분도 보셨으면 좋았을 것입니다. 충주 500명, 상주 500명, 대전 중앙교회 500명, 인천 1,400명, 대구 1,200명, 그리고 서울 운동장에서는 무려 5,300명의 아이들이 모였습니다!

한국에서 열리는 성경구락부 연합대회는 예배 의식으로 시작합니다. 아이들이 사회를 보고 프로그램 전체에 직접 참여합니다. 먼저 모두 함께 "십자가 군병들아(Onward Christian Soldiers)"을 부르고, 이어 약 20명의 아이들이 조목기도를 인도하며, 또 다른 20명 정도가 성경구절을 암송합니다. 그리고 모두 함께 성경구락부 모토인 누가복음 2장 52절을 암송합니다. "예수는 지혜와 키가 자라고 하나님과 사람에게 더욱 사랑스러워 가시더라." 이 구절을 외치며 네 손가락 경례를 하는데, 이는 기독교인의 네 가지 삶을 상징합니다. 그리고 모두 함께 성경구락부 노래[*]를 부릅니다. 그 후 기독교 삶의 의미에 대한 짧은 메시지

---

[*] 역주: 참고로 1970년 연합졸업예배 자료에 수록된 성경구락부 노래의 가사는 다음과

가 이어지고, 마지막으로 미스바 축도로 예배식을 마칩니다.

예배 의식이 끝나면 다양한 프로그램이 이어집니다. 아이들은 운동장에 줄지어 서서 구락부 체조를 함께 하고, 그다음에는 성경구락부 간의 육상 경기가 펼쳐지기도 하며, 또는 노래, 연극, 암송, 인형극 등으로 구성된 특별 순서가 진행되기도 합니다. 어떤 대회는 준비에 어려움이 있었는데, 무려 세 팀이 산상수훈 전체를 암송하겠다고 나섰기 때문이었습니다! 각 구락부는 적극적으로 참여하며, 다른 아이들은 박수로 응원해 줍니다.

이 성경구락부는 대부분 학교에 다니지 못하는 한국의 어린이들로 구성되어 있습니다. 아이들은 매일 3시간 이상씩 교회에서 열리는 성경구락부에 나와 공부하고, 기도하고, 운동하고, 놀이를 즐깁니다. 일주일에 하루는 "구락부의 날"로 정해 특별한 예배 의식과 음악, 체조, 프로그램이 진행됩니다. 이 모든 활동은 누가복음 2장 52절의 말씀에 따라, 예수님의 성장에 나타난 삶의 네 가지 영역을 기반으로 한 전인적 훈련입니다. 즉 지적인 삶 (지혜가 자라고), 신체적인 삶 (키가 자라며), 영적인 삶 (하나님께 사랑을 받고), 사회적인 삶 (사람들에게도 사랑을 받으며)이 그것입니다. 이것은 단지 학문적인 교육이 아니라, 그리스도인의 삶을 위한 훈련입니다. 이 한국 아이들이 믿음 위에 균형 잡힌 삶으로 성장할 수 있도록 돕는 귀중한 사역입니다.

같다:
"무궁화원 삼천리 금수강산에
씩씩하게 자라나는 대한의 자손
예수님의 사랑 안에 뭉쳐 모이는
중등성경 구락부·만세 만세·성경구락부
예수님의 본을 받들어 종교·지육·체육·봉사
하나로 배워 새나라의 일꾼이 되자"

13

미국 장로교 한국선교회

1953년 2월 10일

샌프란시스코 소재, 군 우편국 234호

친애하는 여러분들께,

한국에서의 사역을 위해 여러분이 보내주신 많은 선물과 구호품에 대해 항상 감사를 드리고 있으며, 이 사역에 대해 계속 알려드리고 싶습니다. 이번에는 대구 대명동 피난민센터에서 일어나고 있는 그리스도인의 활동에 대해 말씀드리고자 합니다. 1년 전만 해도 그곳은 대구 외곽의 그저 불에 탄 언덕이었지만, 이제는 전쟁으로 집을 잃은 수천 명의 피난민들을 위한 임시 주거지들이 줄지어 세워졌습니다. 이곳에서 일어나는 놀라운 기독교 사역 이야기를 나누고자 합니다.

우리의 이야기는 최찬영 목사님이라는 젊은 목회자에서 시작됩니다. 그는 서울에서 이미 3년간 아동 사역을 경험했고, 작년에 장로회신학교를 졸업한 뒤 이 피난민센터에서 일하기로 결심했습니다. 임시 교회 건물이 세워졌고, 매일 아이들이 모여 성경구락부에서 기독교 훈련을 받게 되었습니다.

동시에 거리에서 떠돌던 거지 아이들을 모아 고아원을 시작했습니다. 본국에서 온 선물들과 미군들의 도움 덕분에 나중에는 50명의 아이들을 위한 한국식 주택을 지을 수 있었고, 그 아이들은 지금 기독교적 가정환경에서 매일 신앙 교육을 받으며 살고 있습니다. 이 사역이 성공을 거두자, 두 번째 고아원도 시작해 추가로 50명의 소년들을 돌보고 있습니다.

45가구의 전쟁미망인 가족이 함께 임시주택에 살고 있고, 저희는 그들에게 주택 자재, 침구, 의복, 때때로 식량을 지원하고 있습니다. 3~6세 사이의 어린이들을 위한 탁아소도 시작하여 지금은 약 100명의 아이들이 매일 와서 보호를 받고, 먹고, 기도와 찬송가, 성경 말씀을 배우고 있습니다. 성경구락부도 성장하여 지금은 약 200명의 어린이들이 매일 와서 기독교 훈련을 받고 있습니다. 교회도 성장하여 지금은 매 주일 300명이 넘는 성인 신자들이 예배를 드리고 있습니다. 그들은 스스로 교회를 확장하고, 종탑을 세우고, 오르간을 구입했고, 젊은 목사님의 가족을 후원하고 있습니다. 이 교회를 통해 더 가난한 가정들에게 구호 의류도 배포하고 있습니다. 이것이 바로 오늘날 한국의 한 피난민센터에서 이뤄지고 있는 기독교 사역의 이야기입니다. 다른 이야기들은 다음 기회에 전하겠습니다. 주님의 축복이 여러분과 함께 하시길 바랍니다.

진심을 담아,

구호품 보내실 주소:

Rev. and Mrs. Francis Kinsler

Presbyterian Mission

1 Nam San Dong

Taegu, Korea

14

미국 장로교 한국선교회

1953년 5월 22일

한국, 대구

친애하는 여러분께,

다시 한 번, 한국의 친구들을 위해 보내주신 수많은 선물들에 대해 깊은 감사를 드립니다. 지난 한 해 동안 저희가 받은 구호 물품과 선물의 홍수는 거의 감당이 안 될 정도였습니다. 저희는 5,000여 개의 구호물품 꾸러미를 처리하여 수많은 고아원, 전쟁 미망인들의 집, 피난민센터, 빈곤한 교회, 양로원, 학교 학생들 등에게 전달했습니다. 또한, 많은 헌금은 새로운 구호 프로젝트를 시작하거나 기존 사역을 이어가는 데 사용되었습니다. 미국에서 보내주신 이 엄청난 응답에 저희는 놀랍고도 감사할 따름입니다.

우리는 대구 지역의 고아원 20여 곳과 긴밀하게 협력해 왔으며, 그 중 일부는 오직 저희의 지원으로만 운영되고 있습니다. 미군 부대들 또한 저희를 통해 몇몇 고아원에 도움을 주었습니다. 세 곳의 탁아소에서는 매일 미망인들과 극빈한 어머니들의 어린 자녀들을 돌보며 식사를 제공하고 있습니다. 양로원 네 곳도 지원하고 있는데, 그 중 한 곳은 부지를 확보하는 데까지 도왔습니다. 이 외에도 전쟁미망인들을 위한 약 3,000개의 자활 프로젝트가 이곳에서 추진되고 있습니다. 또한 대구 지역의 가난한 어린이 약 3,000명이 성경구락부에서 유일한 교육을 받고 있습니다.

　아동 성경구락부 프로그램은 믿기 어려울 정도로 성장했습니다. 최근 보고에 따르면, 서울 지역에 10,000명 이상, 안동 지역에 7,000명, 제주도에는 3,000명 이상의 아이들이 매일 구락부에 참석하고 있습니다. 저희는 2주 전 서울에서 4,000명 이상이 모인 성경구락부 연합대회에 참석했고, 지난주에는 안동에서 1,000명 이상의 아이들을 만났습니다. 내일은 경주 아동 연합대회에 참석할 예정입니다. 아이들은 하루 종일 함께 예배하고, 체조하며, 도시락을 먹고, 오후에는 게임과 달리기를 합니다. 요즘 한국의 주요 도시에서는 연 1~2회 규모 있는 아동 성경구락부 연합대회가 열리고 있습니다.

　장로회신학교도 지난 해 동안 크게 발전했습니다. 올해만 해도 200명 이상의 한국 청년들이 입학을 지원했습니다. 기숙사 2개가 건축되었고, 교수 사택도 공사 중이며, 도서관도 정비되고 있습니다. 현재 450명 이상의 학생이 등록되어 있어, 저희는 매일 이들을 가르치고 돌보느라 매우 분주합니다. 또한 한국군 군목단이 성장하여 현재는 약 150명의 장로교 군목이 활동하고 있음에 기쁘게 생각합니다.

　이러한 거대한 그리스도인 운동에 함께할 수 있었던 것은 정말 큰 축복이었습니다. 이제 저희는 안식년을 맞아 7월에 미국으로 돌아갈 계획입니다. 미국에 있는 많은 여러분을 직접 만나 뵙고, 주님께서 오늘 한국에서 행하고 계신 일들을 직접 보고 드릴 수 있기를 희망합니다.

진심을 담아,

장로교 선교부
샌프란시스코 소재, 군 우편국 234호.

15

미국 장로교 한국선교회

1954년 11월 21일

장로교 선교부

샌프란시스코 소재, 군 우편국 72호

친애하는 여러분께,

우리는 지난 9월에 다시 한국으로 돌아왔고, 지금은 서울의 장로교 선교사 숙소에 살고 있습니다. 신학교에서 가르치고, 교회에서 설교하며, 한국 어린이들을 위한 성경구락부 운동을 감독하는 일로 매우 바쁘게 지내고 있습니다.

금년 가을에 매 주말마다 한국의 어딘가에서 열리는 성경구락부 연합대회에 참석해왔습니다. 수천 명의 한국 어린이들이 큰 도시의 공원이나 운동장에서 하루 종일 예배와 찬양, 게임과 달리기 등을 함께하는 모습은 정말로 감동적이고 흥분되는 광경입니다. 서울 6,000명, 경주 1,500명, 충주 1,500명, 상주(비 오는 날) 300명, 안동 1,000명, 대구 4,000명, 부산 2,350명, 온양 700명 등입니다. 거의 모든 도시가 해마다 한두 번씩 성경구락부 연합대회를 여는 것이 하나의 전통이 되었습니다.

성경구락부는 학교에 다니지 못하는 한국의 소년소녀들로 구성되어 있습니다. (한국에는 전국 어린이의 절반 정도만 수용할 수 있는 학교가 있을 뿐입니다.) 이 가난한 어린이들은 도시와 시골의 교회 건물에서 매일 모여, 한국인 기독교 지도자들이 인도하는 성경구락부의 기독교 교육 프로그램을 따르고 있습니다. 그들은 정기적으로 예배 시간, 읽기·쓰기·산수·지리·역사·성경 공부 시간, 음악 및 체육 활동 시간을 갖습니다.

매주 하루는 '구락부의 날'로 알려져 있습니다. 이 날은 어린이들이 주관하는 예배 의식으로 시작합니다. 아이들은 성경구락부 찬송가를 부르고, 짧은 기도를 드리며, 성경 구절을 암송하고, 구락부의 표어(누가복음 2:52)를 외우며, 구락부의 노래를 부릅니다. 그리고 지도자 중 한 명이 기독교 신앙과 삶에 대해 이야기해준 뒤, 미스바 축복기도로 마칩니다. 이어서 노래, 게임, 체육활동이 이어지고, 그 주만의 특별한 프로그램이 진행됩니다. 이 프로그램에는 노래와 이야기 대회, 토론회, 청소의 날, 언덕으로의 등산, 그리고 아이들의 네 가지 그리스도인 생활을 점검하는 '점검의 날' 등이 있습니다. 그리고 가장 중요한 날은 결심의 날로, 이 날에 아이들은 예수 그리스도를 믿기로 결심하거나 이미 기독교인이라면 자신의 삶을 주님께 봉헌하고, 앞으로 하나님의 부르심에 따라 섬기기로 서약합니다. 모든 성경구락부는 이와 같은 주간 구락부의 날을 가지며, 모든 도시는 해마다 열리는 성경구락부 연합대회를 통해 아이들이 신앙 안에서 성장하는 모습을 극적으로 보여줍니다.

현재 70,000명이 넘는 어린이들이 성경구락부를 통해 기독교 신앙 안에서 자라고 있습니다. 시골의 작은 교회에는 30명 정도, 대도시의 경우 1,000명이 넘는 구락부도 있습니다. 이 운동은 계속 성장하고 있으며, 앞으로의 큰 가능성을 보여주고 있습니다. 한국의 성경구락부들을 위해 기도해 주세요.

진심을 담아,

16

미국 장로교 해외선교와 교회간 해외봉사회

1955년 3월 21일

프랜시스 킨슬러 목사
서울, 한국
광화문 우체국 사서함 256번

친애하는 여러분께,

불안한 휴전 상태가 계속되고 있지만, 38선으로 분단되고 전쟁으로 황폐해진 이 땅, 피난민들로 가득하고 가난에 짓눌린 이 나라에서, 무지와 가난과 죄에 맞서 싸우는 그리스도인의 투쟁은 결코 멈추지 않습니다. 게다가 언제 다시 공산군의 침략이 닥칠지 모르는 위기 속에서도, 그리스도의 교회는 이 땅에서 승리를 향해 전진하고 있고, 지옥의 문도 이 교회를 이기지 못할 것이라는 증거들이 곳곳에서 나타나고 있습니다.

지난주에는 장로교 신학교 졸업식에서 84명의 젊은 한국인 남녀에게 격려사를 전하는 감격스러운 순간이 있었습니다. 영락교회 안에는 3,000명의 사람들이 자리를 가득 채웠고, 2,000명은 밖에 서서 그 감동적인 졸업식을 함께했습니다. 신입생으로 130명이 새롭게 입학하여, 현재 신학교 전체 재학생 수는 약 570명에 달하고 있습니다.

한국의 성경구락부도 점점 성장하고 있고, 교육을 받을 기회가 없는 수많은 한국 소년 소녀들에게 참된 기독교적 삶의 훈련을 제공하고 있습니다. 수백 명의 아이들이 초등학교 및 고등학교 과정에 해당하는 교육을 마치고 졸업장을 받았고, 이제는 새 학년도에 들어서며 수백 명이 새롭게 입학하고 있습니다. 머지않아 매일 약 10만 명의 한국 어린이들이 교회를 통해 성장하며, 예수 그리스도를 믿는 믿음의 삶을 배우는 시대가 될 것입니다.

한국에는 기독교 정신에 바탕을 둔 표준 초중고교들이 다수 존재하며, 매년 3월—동양의 졸업 시즌—마다 수많은 기독교 청소년들이 졸업하고 있습니다. 북한에서 한때 번영했던 기독교 학교들도 피난민 기반으로 재편되어, 기독교 피난민 자녀들을 백 단위로 교육하고 있는 것을 보면 놀랍기만 합니다. 숭실학원은 한국 근대사에서 유서 깊은 학교로, 지금은 임시 조립 건물과 천막에서 다시 운영되고 있으며, 오는 학년도에는 1,000명의 학생들에게 기독교 교육을 제공하기 위해 헌신하고 있습니다.

저희는 또한 서울 지역 목회자들의 월례 모임에 함께하며 교제를 나눌 수 있어 기쁩니다. 최근에는 저희 사택 부지에 미군이 남기고 간 퀀셋 막사에서 이 모임들이 열리고 있으며, 지난 달에는 저희 선교사 부인들이 80명 이상의 목사님들께 용감하게 점심을 대접하기도 했습니다. 이제는 한국군 군목단도 매달 영적 및 친교 모임을 요청해 왔고, 수십 명의 충성된 군목들이 이 모임에 참석할 것으로 기대하고 있습니다.

한 가지 알려드릴 중요한 소식은 더 이상 APO 주소를 사용할 수 없게 되었다는 점입니다. 앞으로는 모든 편지와 연락을 국제 우편을 통해 아래의 새 주소로 보내주셔야 합니다:

REV. AND MRS. FRANCIS KINSLER

PRESBYTERIAN MISSION

Box 256, Kwang Wa Moon P.O., Seoul, Korea

빠른 시일 내에 이 새 주소로 편지를 보내주시기 바랍니다. 여러분
의 편지, 관심, 그리고 이 땅에서의 우리의 공동 선교 사역에 대한
지속적인 지원에 진심으로 감사드립니다. 주님의 은혜가 여러분 모
두에게 함께하시길 빕니다.

진심을 담아,

프랜시스 킨슬러 목사 드림.

17

무제

1956년 2월 8일

미국 장로교 해외선교회

샌프란시스코 소재, 군 우편국 301호

고국의 친애하는 여러분께,

한국의 성경구락부에서 일어나고 있는 일을 보여주는 한 이야기를 여러분과 나누고 싶다는 생각을 했는데, 이 성경구락부 운동은 진정한 독립적인 기독교 교육 운동이라 할 수 있습니다.

한국 남부의 제주도에서 떨어진 바다 위에 작은 외딴 섬 비양도가 있습니다. 그 섬은 바다에서 솟아오른 하나의 산과도 같은 작은 섬입니다. 불과 6년 전만 해도 이 섬에는 기독교인이 단 한 명도 없었습니다. 사람들은 오래전부터 불교도였고, 불교 사원, 승려, 그리고 불교적 신앙과 관습을 가지고 있었습니다. 외부 세계와 단절된 그 작은 섬의 주민들은 깊은 가난과 무지 속에 살아가며, 아주 원시적인 방식의 농사와 고기잡이로 생계를 이어가고 있었습니다. 아이들은 신발을 신어본 적조차 없었고, 우물을 갖고 있지 않아 빗물을 식수와 세탁용으로 사용해야 했습니다.

그러던 중 한국 전쟁이 일어나고, 많은 기독교인 피난민들이 제주도로 피신해 오게 되었습니다. 이 피난민들은 복음을 전하기 시작했고, 주일학교와 교회, 성경구락부들을 조직하기 시작했습니다. (오늘날도 이 지역의 어린이 3,000명 이상이 매일 성경구락부에 참석하고 있습니다.) 그러던 중 한 젊은 신학생 하세현 씨가 비양도에 도착하게 되었습니다. 그는 섬 주민들의 필요를 보고 예수님의 이름으로 섬에 머물며 사역하기로 결심했습니다. 지금도 그는 그곳에 있습니다.

그가 제일 처음 한 일은 섬 아이들을 위한 성경구락부를 조직하는 것이었습니다. 아이들은 처음엔 수줍고 경계하며 참여했지만, 수업, 찬양, 기도, 놀이, 운동 등이 포함된 성경구락부 활동을 곧 사랑하게 되었습니다. 시간이 지나자 아이들은 기도문을 외우고, 성경 구절을 암송하며, 매주 진행되는 구락부의 날 행사에 기꺼이 참여하게 되었습니다. 아이들 중 일부는 지도자에게 이렇게 말했습니다. "우리는 성경구락부가 좋아요. 하지만 기독교인이 될까봐 두려워요." 그러나 곧 아이들은 교육을 받게 되었고, 특히 기독교 신앙과 삶을 배우기 시작했습니다. 그리고 구락부의 모토인 누가복음 2장 52절을 함께 외우며 신앙의 다짐을 하게 되었습니다: "예수는 지혜와 키가 자라가며 하나님과 사람에게 더욱 사랑스러워 가시더라."

그리고 6년이 지난 오늘, 그 섬의 모든 아이들은 성경구락부에 참석하고 있고, 대부분의 어른들도 그리스도인이 되었습니다. 불교 승려조차도 예수님을 믿기로 결심하였습니다. 그러자 주민들은 각 가정이 돼지 한 마리씩을 추가로 길러, 그 수익으로 불교 사찰을 국가 불교단체로부터 매입하고 교회로 개조하기로 결정하였습니다. 그들은 이제 매주 주일 아침, 주일 저녁, 수요 저녁 예배를 그곳에서 드리며, 아이들은 매일 교회에 모여 성경구락부 수업을 받습니다. 그들은 예수 그리스도를 배우고 사랑하는 법을 배워가며 성장하고 있습니다. 이 놀라운 사역을 하나님께 감사드립니다. 이 땅의 모든 한국 어린이들을 위해 기도해 주세요.

주 안에서 진심을 담아,
도로시 & 프랜시스 킨슬러

18

무제

1957년 12월

미국 장로교 선교부

샌프란시스코 소재, 군 우편국 301호

친애하는 여러분께,

이 선물의 계절에 우리는 하나님의 가장 크신 선물, 곧 하나님의 독생자 예수 그리스도를 기억합니다. "그가 위로 올라가실 때에 사람들에게 선물을 주셨다."

예수님과 함께 우리에게 주어지는 수많은 선물들을 떠올리게 됩니다. 특별히 이 필요 많은 한국 땅에서 그 복음의 선물을 나누는 일은 참으로 감사한 일입니다. 우리는 하나님께서 한국에 주신 복음과 기독교 교회의 선물을 인하여 기뻐합니다. 매주 교회의 예배, 목회자들의 모임, 신학생들과의 수업에 함께하며 이 은혜를 누립니다. 서울에 있는 장로회신학교에서 가르칠 수 있는 특권은 크며, 해마다 100명 이상의 학생들이 졸업하여 그리스도의 이름으로 교회와 나라를 섬기기 위해 파송되는 모습을 보는 것은 큰 기쁨입니다.

우리는 한국의 성경구락부가 하나님이 주신 귀한 선물임을 기억합니다. 그것들은 교회 학교이자, 참된 기독교 교육의 장으로서, 누가복음 2장 52절에 나타난 네 가지 그리스도인의 삶을 중심으로 약 6만 명의 어린이들이 교육받고 있습니다. 우리는 크고 작은 성경구락부를 방문하여, 아이들이 교회 안에서 자라나 미래의 지도자들로 성장하는 모습을 보는 것이 늘 감동입니다. 또한, 서울과 인천, 그리고 다른 지역에서 정기적으로 열리는 성경구락부 지도자 모임에서 받는 영적 자극과 교제도 매우 소중합니다.

한국군 기독교 군목사역의 은혜도 기억합니다. 현재 300명이 넘는 기독교 군목들 중 절반 이상이 장로교 목사님들이며, 저희는 매달 이들과 함께 예배와 교제를 위한 모임을 집에서 갖고 있습니다. 서울에 있는 여러 장로교 전쟁미망인 가정 사역에도 저희 선교부가 조금이나마 도울 수 있음에 감사를 드립니다.

그리고 저희는 가정이라는 귀한 선물도 잊지 않습니다. 아들 아서(Arthur)는 지금 한국에 와서 서울의 세 개 장로교 남학교에서 2년 동안 가르치고 있고, 딸 헬렌(Helen)은 캘리포니아에서 병원 의사 사무실에서 일하고 있습니다. 로스는 프린스턴 신학교에 입학하였고, 헬렌 최(Helen Choi)는 미국의 양부모님 가정으로 입양되어, 청각장애 아동이 필요로 하는 전문 교육을 받을 수 있게 되었습니다. 무엇보다도, 한국에서의 우리의 믿음과 사역에 함께해 주시는 여러분과 같은 귀한 친구들을 하나님께서 주신 선물로 여깁니다.

진심을 담아,

고린도후서 9장 15절

19

무제

1959년 6월 10일

미국 장로교 선교부

샌프란시스코 소재, 군 우편국 301호

친애하는 여러분께,

저희는 곧 안식년을 앞두고 있습니다. 선교사에게 안식년은 참 많은 의미를 담고 있습니다. 그것은 한 사역 주기의 끝을 뜻하고, 고국의 친구들과 재회할 기회이며, 그리고 어쩌면 자신이 그토록 대체 불가능한 존재는 아님을 깨닫는 시간이기도 합니다. 무엇보다 중요한 것은, 자신이 없어도 사역은 계속된다는 사실입니다.

그리고 정말로, 한국 교회들의 사역은 계속되고 있습니다. 저희는 매 주일 도시의 큰 교회들, 시골의 작은 교회들, 가난한 피난민 천막 교회들, 또는 신학생이 인도하는 새로운 신자 모임에 초청받아 설교하면서 그 사실을 체험합니다.

서울의 신학교 사역도 활발히 계속되고 있습니다. 매일의 수업에서 100명 가까운 열정적인 신학생들이 전국 각지로 나가 그리스도의 이름으로 교회와 백성을 섬기기 위한 준비를 하고 있습니다.

한국군 내의 군목사역 역시 중요한 사역으로 이어지고 있습니다. 아시아의 여러 나라 역사 속에서도 찾아보기 힘든 일이지만, 이곳 공화국의 육군, 해군, 공군에는 기독교 군목 제도가 자리 잡고 있습니다. 매달 50명에서 100명에 이르는 장로교 군목들과 함께 예배와 교제를 나누며, 이 사역을 통해서도 하나님의 일이 힘있게 이루어지고 있음을 확인합니다.

한국의 성경구락부 운동도 그 어느 때보다 활발히 진행되고 있습니다. 한국엔 아이들이 부족하지 않습니다. 전국 각지의 교회에서 매일 6만 명의 어린이들이 성경구락부에 참여하며, 참된 기독교적 삶의 훈련을 받고 있습니다. 올해는 한국에서 성경구락부 운동이 시작된 지 30주년을 맞아 수천 명의 어린이들이 여러 도시에서 기념 대회를 가졌고, 그들의 열정은 이 운동이 얼마나 살아 숨 쉬고 있는지를 보여 주는 증거입니다.

이제 저희는 또 하나의 사역 주기를 마무리하며, 안식년을 준비하고 있습니다. 7월 중순까지는 한국에 있을 예정이며, 9월 15일 이후의 주소는 다음과 같습니다: Payne Hall, 38 Alexander Street, Princeton, New Jersey. 그 후에 여러분 중 많은 분들과 직접 만나 인사드릴 수 있기를 기대합니다.

진심을 담아,

20

무제

1959년 7월 13일

장로교 선교부
샌프란시스코 소재, 군 우편국 301호

친애하는 여러분께,

저희는 이제 유럽을 경유하여 미국으로 돌아가는 여정을 시작하려 합니다. 도로시와 저는 한국에서의 한 선교 임기를 마쳤고, 아들 아츠는 서울의 장로교 학교에서 2년간 영어 교사로 짧은 기간 사역을 마쳤습니다. 아츠는 폭스바겐을 주문해두었기 때문에, 유럽 여러 나라들을 비교적 멋지게 드라이브하며 여행할 수 있을 것 같습니다. 여행 중 저희는 다음과 같은 주소들에 머물 예정입니다 (이 외에도 몇 곳 더 있습니다):

8월 1일: YMCA, 예루살렘, 요르단

8월 20일: Hotel de L'Union, 제네바, 스위스

9월 5일: Foreign Missions Club

    20 Aberdeen Park

런던 N.5, 영국

일정대로 진행된다면, 1959년 9월 18일, 저희는 안식년 주소지인 38 Alexander Street, Princeton, New Jersey에 도착할 예정입니다.

몇몇 친구들이 저희가 한국을 떠나 있는 동안에도 사역을 위한 헌금을 계속 보내고 싶다는 뜻을 전해주셨습니다. 그러한 헌금은 프린스턴의 저희에게 보내시거나, 아래 계좌 중 하나로 목적을 지정하여 장로교 선교부(주소: APO 301, San Francisco)의 회계 담당자에게 보내실 수 있습니다: 성경구락부 계좌, 신학교 계좌, 도움이 필요한 어려운 학생 계좌, 킨슬러 사역 계좌, 킨슬러 부인 사역 계좌.

　　올해 안에 미국에 계신 여러분 중 몇 분과 꼭 뵐 수 있기를 고대합니다. 주님의 은혜와 축복이 함께 하시길 빕니다.

　　　　　　　　　　　　　　　　　　　　진심을 담아,
　　　　　　　　　　　　　　　　　　　　프랜시스 킨슬러 드림.

21

무제

1960년 1월 20일

알렉산더 거리 38번지

프린스턴, 뉴저지

친애하는 클라크 박사님께,

1월 15일자 박사님의 편지를 받고 많은 생각을 하게 되었습니다.

마펫 기금에 대해 몇 가지 정리하고 싶은 부분이 있어 이렇게 편지를 드립니다. 저는 위원회가 신학교를 위해 기금의 이자를 한국으로 송금하고 있다는 것 (그리고 그것이 익명으로 유지되어야 한다는 것)을 알고 있습니다. 또한, 샘 마펫이 현지 위원회의 일원으로 지정되었다는 사실도 알고 있습니다. 하워드도 공식적으로 위원으로 포함되어 있는지요?

당분간 박사님과 블레어 박사님이 위원회에 남아 계신다면 다행이지만, 시간이 흐르면서 위원회가 저와 두 마펫 형제들만으로 구성된다면, 그 성격이 변질될 수 있다는 점은 저도 공감합니다.

그래서 저는 박사님과 블레어 박사님이 가능한 한 오래 위원회에 남아 계셔야 한다고 생각합니다. 그러나 혹시라도 두 분 중 한 분이 빠지게 될 상황을 대비해, 공식적으로 후임 위원에 대한 조치를 미리 취해두는 것이 좋지 않을까 하는 생각입니다. 만일 샘과 제가 위원으로 남는다면, 박사님의 아들 앨런을 향후 세 번째 위원으로 지명해

위원회가 세 명으로 계속 유지되도록 하는 것이 좋지 않을까요?

지금 제가 안식년 중이라 관련 기록이 손에 없지만, 현 위원회가 클라크, 블레어, 킨슬러, S. 마펫으로 구성되며, 향후 위원 중 한 명이 물러날 경우 앨런이 후임이 된다는 내용을 간단한 문서로 명문화해 주신다면, 저도 사본을 받고 싶고, 해외 선교 위원회에도 공식 사본이 필요하다고 생각합니다. 지금은 말씀하신 대로 기금 이자가 단순히 한국으로 송금되고 있으며, 위원회가 마펫 가족 주도로 운영되는 것 처럼 인식되는 듯합니다.

한국 상황이 안정되고, 신학교가 다시 정상적으로 운영되게 되면, 저는 이 기금을 마펫 박사님을 위한 기념 건물 건립에 사용하고 싶습 니다—물론 이는 아직은 불확실하고 장기적인 계획입니다.

한국으로 돌아가기 전에 박사님을 꼭 한번 만나 뵙고 싶습니다. 총회 때나 귀국길에 시간이 맞는다면 꼭 찾아뵙겠습니다. 아울러, 박 사님의 베라키스(Verakis)를 위한 편지도 함께 동봉하오니, 위의 사항 들을 고려해주시면 감사하겠습니다.

진심을 담아,

22

무제

1960년 12월

친애하는 여러분께,

혁명적인 세계 속에서 맞는 성탄절! 오늘날 많은 나라들이 그러하듯, 한국 역시 그러합니다. 한국인들은 지금 혁명적인 열망에 가득 차 있습니다. 학생들은 부패한 이승만 정권을 무너뜨리는 데 승리를 거두었고, 지금은 어느 때보다도 새로운 질서와 개혁을 갈망하고 있습니다. 기존의 체제에 대한 불만과 새로운 세상에 대한 열망이 그 어느 때보다도 강하게 느껴집니다.

그렇다면 이러한 분위기 속에서 성탄의 메시지는 어떤 의미를 가질까요? 성탄의 소식은 세상에서 가장 혁명적인 메시지입니다! 헤롯 대왕의 악한 통치 시절, 예수님이 유대인의 왕으로 나신 그 순간은 혁명이었습니다. 예수님께서 성장하셔서 "회개하고 복음을 믿으라"는 외침을 세상에 전하셨을 때, 그 또한 혁명적인 사건이었습니다. 자신을 자랑하던 니고데모에게 "너는 거듭나야 하리라" 말씀하신 순간, 그보다 더 급진적인 선언이 어디에 있었겠습니까? 예수님의 죽음과 부활은 세상을 바꾸는 진정한 혁명이었습니다. 이것이야말로 더 나은 질서로 가는 길입니다.

복음은 구 한국에서도 혁명적인 힘이었습니다. 80년 전에는 기독교인이 전혀 없던 나라가, 지금은 약 2백만 명의 그리스도인이 존재

합니다. 당시에는 사방에 우상숭배와 조상숭배뿐이었으나, 이제는 약 6천 개의 교회가 세워졌습니다.

저희는 매일 서울 장로회신학교에서 복음서, 바울서신, 요한계시록, 그리고 '기독교와 민주주의' 같은 과목들을 가르치며 이 혁명적인 복음을 다음 세대에 전하고 있습니다. 어떤 이는 성경 전체를—창세기부터 혁명(Revolution)* 까지 전부 믿는다고 했습니다.

모든 그리스도인들이 이런 혁명에 함께 참여하고 있지 않습니까? 얼마 전 서울의 훌륭한 성광교회에서 아침저녁으로 말씀을 나누는 일주일간의 사경회에 초청받아 너무나 기뻤습니다. 오늘도 수많은 겸손하고, 진지하며, 열정적인 성도들이 '이 패역한 세대 가운데서' 믿음을 지키며 살아가고 있는데, 하나님께서 그들을 축복하시길 기도합니다.

하지만 한국에서 우리의 가장 혁명적인 사역은 바로 성경구락부 운동입니다. 5만 명의 어린이들이 매일 교회에서 열리는 성경구락부 교회학교에 다니며, 유일한 교육—기독교 신앙과 삶에 대한 훈련을 받고 있습니다. 이 교육은 누가복음 2장 52절에 기록된 소년 예수의 성장의 네 가지 영역을 기반으로 구성되어 있습니다. 우리는 이 운동이 이 땅의 수많은 아이들의 삶과 영혼을 변화시키는 혁명적인 사역이라 믿습니다.

이 거룩한 성탄절, 여러분께 하나님의 은혜와 평강이 가득하시길 기원합니다.

진심을 담아,

---

* 역주: 요한계시록의 영어 단어인 Revelation의 우회적 표현으로 본문은 요한계시록을 의미함.

항공 우편 주소:

Rev. and Mrs. Francis Kinsler

Presbyterian Mission

APO 301, San Francisco

기타 우편 주소:

Rev. and Mrs. Francis Kinsler

Presbyterian Mission

Box 1125 International P.O.

Seoul, Korea

23

무제

1962년 9월 5일

장로교 선교부

샌프란시스코 소재, 군 우편국 301호

친애하는 여러분께,

비록 우리의 사역지는 한국이지만, 우리의 생각은 자주 고국에 계신 친구들과 후원자들께로 향합니다. 여러분과 선교 경험을 더 가까이 나눌 수 있다면 좋으련만, 지금 우리가 할 수 있는 최선은 다가오는 가을 일정을 소개해 드리는 것이라 생각합니다. 여러분이 우리의 일정에 마음을 함께 해주시기를 바랍니다.

물론 매주 한국 교회에서 설교하는 특권을 누리고 있습니다. 이번 주에는 황해에 접한 휴양 도시의 한 교회에서 주일 아침 말씀을 전합니다. 이 교회는 성경구락부 교회학교가 활발하게 운영되고 있는 곳입니다. 그리고 주일 저녁에는, 서울에서 가장 오래된 장로교회 세 곳 중 하나인 연동교회에서 설교하게 됩니다. 이 교회는 저희 선교부 복합단지 바로 옆에 위치해 있습니다. 다음 주일에는 한국 정부의 국방부 인근의 새로운 교회에서 설교합니다. 이곳의 목회자는 저희 신학교의 최근 졸업생으로, 많은 초임 목회자들처럼 어려움을 겪고 있습니다.

오늘 오후에는 장로회신학교의 가을 학기 개강예배가 열립니다.

내일 아침에 수업이 시작됩니다. 우리 신학교의 새 건물은 한강 계곡이 탁 트이게 내려다보이는 언덕 위에 위치해 있어 경치가 매우 아름답습니다. 덧붙여 말하자면, 한국 정부는 이 언덕 위에 500석 규모의 나이트클럽, 카지노, 호텔과 수영장을 포함한 관광 중심지를 5백만 달러 규모로 개발 중입니다! 그래서 복음을 전할 동기가 더욱 커졌습니다. 이번 학기에도 저는 한국 청년 목회자 지망생들에게 다음과 같은 과목을 가르칩니다. 대선지서, 신약개론, 복음서 역사, 교회와 사회의 현대 문제, 성경구락부 기독교교육, 그리고 마지막으로 중요도는 낮지만 반드시 필요한 신약 헬라어입니다.

성경구락부 사역도 많은 교회에서 중학생 대상의 새로운 성경구락부 조직을 요청하며 발전하고 있습니다. 이 사역에는 지도자 훈련원, 지도자 월례회, 보고서 작성, 구락부 대회, 그리고 구락부 방문이 필요하며, 여러분도 함께하신다면 참 좋겠습니다.

한국군 군목들과 함께 군부대를 방문하는 일정도 아주 흥미롭습니다. 올가을에는 전방 부대들을 방문해 여러 부대에서 말씀을 전할 예정입니다. 군대에서는 이 모임을 '종교 강연'이라 부르지만, 우리에게는 복음을 전할 기회입니다. 이전에 전방을 방문했을 때, 모든 장병이 기독교인이라 해서 놀란 적이 있습니다. 그 이유를 묻자 그들은 "전방에는 기독교인만 보냅니다. 그래야 믿고 맡길 수 있거든요"라고 했습니다. 설교 주제로 좋은 이야기이지요?

또한 여러분께서는 다음과 같은 여러 모임에도 함께하셔야 합니다. 즉 우리 선교부의 회의들, 협동 사역 부서 회의, 도시 목사 협의회, 노회, 신학교 교수회의, 그리고 올해는 대한예수교장로회 총회 50주년 기념 대회가 열리고 그것은 한 번의 회의로 끝나지 않을 것이며, 꽤 긴 시간의 회의가 될 것입니다.

여러분이 이곳에 계시지 않으면 정말 많은 것을 놓치게 될 것입니다!

진심을 담아,

24

무제

1963년 9월 15일

장로교 선교부
샌프란시스코 소재, 군 우편국 301호

친애하는 여러분께,

우리는 방금 "당신들이 선교사로서 어떤 일을 하고 있는지 알려주세요"라는 편지를 받았습니다. 그래서 이 기회를 통해 저희의 모든 친구들과 후원자들께 답장을 드리고자 합니다.

가을 학기가 장로교 신학교에서 막 시작되었고, 이는 저에게 하루 3시간의 강의 일정이 시작되었음을 의미합니다. 한국의 보리 수확 실패로 인해 신학교의 전통적으로 가난한 250명의 학생들의 재정적 어려움이 급격히 심화되었습니다. 그 중 35명은 매일 저녁 서울과 그 주변의 교회학교 성경구락부에서 가르치며 학비를 벌고 있고, 더 많은 학생들이 비슷한 기회를 간절히 바라고 있지만, 저희의 자원은 제한적입니다. 성경구락부는 약 8년 전 신학생들에 의해 화천 마을에서 시작되었고, 그 결과로 지역 교회가 세워졌고, 교인 대다수를 포함한 많은 기독 청년들이 나오게 되었습니다. 현재 그곳에서 사역 중인 4명의 신학생들은 추가 재정 지원 없이는 마을에서 생계를 유지할수 없다고 말하고 있습니다.

선교부 복합단지 안에 위치한 성경구락부 운동 본부는 가을 학기의 시작과 함께 벌집처럼 분주합니다. 교회 사역자들과 구락부 지도자들이 매일 조언과 상담, 지원을 위해 방문하고 있습니다. 이 '성경구락부'은 사실상 교회학교로 수만 명의 한국 청소년들에게 제공되는 유일한 교육이며, 그 정신, 방법, 목적, 프로그램 모두가 기독교적입니다.

5년 전 웅천읍 교회에는 20명만이 출석했지만, 그 후 목사님이 중학생을 위한 성경구락부를 시작했고, 현재는 120명의 청소년이 매일 출석하고 있습니다. 이들은 지금 2층 규모의 교회 건물을 콘크리트 블록으로 짓고 있으며, 1층은 예배당, 2층은 구락부 교실로 사용할 예정입니다. 현재 지붕 완공을 위한 소액의 도움이 절실한 상황입니다. 이제는 약 120명이 교회 예배에 참석하고 있습니다.

김종열 씨는 서울 외곽의 창석 마을 교회의 유능한 젊은 변호사입니다. 그는 성경구락부 프로그램에 깊은 인상을 받아 자신의 교회에서 구락부를 조직했고, 현재 매일 300명의 청소년이 출석하고 있습니다. 그는 미 8군으로부터 자재를 지원받아 절실히 필요한 건축 사업을 시작했지만, 건축비 마련에 절박한 상황입니다.

한국 군목 위원회는 올해 여름 76명의 선임 군목들과 함께 감동적인 수련회를 열었고, 육해공군 내 그들의 사역에 대한 흥미로운 보고들이 있었습니다. 진해 해군기지의 해군 군목들은 많은 장병들과 장교들을 위한 복음 전도를 위해 "센터"를 세웠지만, 운영비가 부족해 어떻게 해야 할지 저희에게 묻고 있습니다.

금호동 장로교회는 수만 명의 피난민이 밀집해 있는 서울의 한 지역에 위치해 있습니다. 이 교회는 4년 전 저희 교단에서 탈퇴했으나, 이번 여름 성경구락부와 함께 400명의 교인이 복귀했고, 목사와 교인들은 선교사가 교회 사역과 재건을 위한 부목사로 함께해 주기를 강력

히 요청했습니다. 이처럼 한국에서 한 선교사가 하고 있는 일들을
보실 수 있습니다. 한국의 기독교 사역을 위해 기도해 주십시오.

진심을 담아,

25

미국 장로교 한국선교회

1964년 5월 28일

서울 국제우체국 사서함 1125호

서울, 한국

프랜시스 킨슬러 박사님께

장로교 선교부

서울

친애하는 프랜 박사님께,

　온양에서 채택된 상호협정을 마련하는 데 있어 당신이 기여한 공로에 대해, 혹시 한국 대표들이 선교사에게 공을 돌리는 것을 못마땅하게 여길까 봐 어떤 공개적인 인정이나 칭찬을 받지 못하고 계실지 모르겠습니다. 그러나 이 사무실에서 분명히 말씀드리고 싶은 것은, 만약 당신이 아니었다면 이 모든 일이 아마도 실패했을 것이라는 점을 저희 모두가 아주 명확하게 인식하고 있다는 사실입니다. 많은 남장로교 선교사들이 저를 찾아와, 협상을 계속 이어갈 수 있도록 해 주신 데 대해 개인적인 감사의 뜻을 전해왔습니다.

　상당한 비판 속에서도 인내하며 최종 타협안을 도출해 내신 당신의 끈기에 대해 말로 다 표현할 수 없을 만큼 감사드립니다. 모두가 이것이 엄청난 성과임을 인정하고 있으며, 저 개인적으로는 현재 저

희가 구축한 교회-선교 관계가 전 세계 어느 지역보다도 가장 훌륭
하다고 믿고 있습니다.

진심을 담아,

샘 사무엘 휴 마펫

26

미국 연합장로교 에큐메니칼 선교 관계 위원회

1964년 6월 25일

프랜시스 킨슬러 목사님께
장로교 선교부
샌프란시스코 소재, 군 우편국 301호
캘리포니아

친애하는 프랜 :

5월 31일자 귀하의 편지에 대해 모두가 얼마나 깊이 감사했는지 전하고자 이 짧은 편지를 보냅니다. 저는 그 편지를 본 위원회의 직원들과 집행위원회와도 공유했습니다.

그들은 지난 몇 달 동안 이 회의를 준비하는 과정에서 개인적으로 당신과, 그리고 한국에 있는 다른 대표자들이 보여준 헌신에 대해 깊은 감사의 뜻을 전해달라고 했습니다.

우리는 한국뿐만 아니라 멕시코와 브라질에서도 출발하는 미국 장로교인들과 더욱 긴밀히 협력할 수 있게 된 점에 크게 고무되고 있습니다. 아마 올 가을에는 우리가 앞으로 어떻게 협력할 수 있을지 논의하기 위해 합동 직원 회의를 가질 것 같습니다.

당신이 하는 모든 일에 하나님의 축복이 함께하길 빕니다.

진심을 담아,
존 코벤트리 스미스

27

무제

1964년 10월 1일

장로교 선교부

샌프란시스코 소재, 군 우편국 301호

친애하는 여러분께,

올해는 한국에서 선교사들에게 있어 커다란 변화와 기회의 해입니다. 우리는 가을 사역을 시작하면서, 이 고대의 땅에서의 기독교 사역을 위한 무한한 가능성과 열린 문 앞에 서 있습니다. 한국장로교 총회는 전국 각지에서의 그리스도를 위한 사역에 대해 중대한 결정을 내렸습니다.

총회는 미국 연합장로교회, 남장로교회, 호주장로교회 소속 선교사들의 사역을 한국 내에서 통합하자는 우리의 계획을 승인했습니다. 이제 우리는 더 이상 각기 다른 선교 지역에서 따로 일하지 않고, 이 네 장로교회를 대표하는 전국 규모의 협력 사역부에서 함께 일하게 될 것입니다.

또한 총회는 복음 전파를 위한 전진적 계획과 새로운 선교 확장의 구상을 재확인했습니다. 이 계획에는 향후 25년 안에 한국 복음화를 위한 목표를 함께 나누기 위해 100명의 새로운 선교사를 파송하자는 운동이 포함되어 있으며, 특히 다음과 같은 분야에 초점을 두고 있습니다:

(1) 농촌 복음화

(2) 산업 복음화

(3) 대학생 선교

(4) 소외 청소년 (성경구락부 사역)

(5) 군 선교

총회는 또한 5년 전 우리 교단에서 분리된 교회들과의 화해를 위한 일부 신학교수들의 논의에 간접적으로 지지를 표명했으며, 협상을 추진하기 위한 12인의 화해위원회를 구성했습니다.

총회 기간 동안 성대한 "성경구락부 운동 35주년 기념예배"가 열렸으며, 현직 및 전직 구락부 지도교사들뿐 아니라, 교회의 현직 및 전직 총회장들에게도 감사와 인정을 표했습니다. 광복 이후 교회 초중등학교 성경구락부를 통해 약 3만 5천 명의 한국 소년·소녀들이 졸업했다는 사실이 언급되었습니다. 이 사역의 미래에 대한 큰 기대감도 함께 표명되었습니다.

그렇습니다, 지금은 한국에서의 기독교 선교 사역에 있어 매우 중요한 기회의 시기입니다. 문이 활짝 열려 있습니다. 우리는 이 많은 필요를 지닌 이 땅에 복음을 통한 희망을 여러분과 함께 나누고 싶습니다.

그리스도 안에서 진심을 담아,
프랜시스 킨슬러 드림.

28

미국 연합장로교 에큐메니칼 선교 관계 위원회

1965년 4월 23일

뉴욕시 리버사이드 드라이브 475번지, 뉴욕 27, 932호

프랜시스 킨슬러 박사 부부께

연합장로교 선교회

샌프란시스코 소재, 군 우편국 96301호

도로시와 프랜 박사님께,

최근에 우리는 스탠 윌슨(Stan Wilson)으로부터 기쁜 소식을 전해 들었습니다. 프랜 박사님께서 한국 정부로부터 국민훈장 문화훈장을 수여받으셨다는 영예로운 소식이었습니다. 물론, 위원회의 모든 직원들과 위원들도 한국에서 박사님의 동료들과 함께 이와 같은 큰 영예를 진심으로 축하드립니다. 한국 사회에 대한 귀하의 지대한 공헌이 인정받게 된 것을 자랑스럽게 생각합니다. 박사님께서 그 나라에서 오랫동안 사역을 통해 펼쳐 오신 의미 있는 사역에 우리가 함께 연관되어 있다는 사실이 자랑스럽습니다. 이 훈장 수여에 대해 위원회 차원에서 공식적인 조치를 취했으며, 이 상의 수상 사실을 공식 기록으로 남기고 이에 대해 축하를 드립니다.

또한 스탠으로부터 도로시 여사님의 건강이 회복되셨다는 반가운 소식도 들었습니다. 이전에 건강 문제로 염려했었는데, 이제 건강을 되찾으셨다는 소식에 매우 기쁘게 생각합니다.

다가오는 해에 두 분께서 뉴욕에 오신다는 소식도 기대가 됩니다. 신학교의 발전 상황이나 협력 사역부서에 관한 자세한 이야기를 직접 들을 수 있는 기회를 갖게 되어 아주 기쁜 일입니다.

진심을 담아,

L. 뉴턴 서버
동아시아 사무국 총무

29

무제

1965년 7월 15일

장로교 선교부

샌프란시스코 소재, 군 우편국 96301호

친애하는 친구 여러분께,

한국에 있는 킨슬러 가족이 인사드립니다! 그리고 머지않아 곧 본국에서 킨슬러 가족이 인사드리게 될 것입니다. 이번 여름, 저희는 안식년을 맞아 미국으로 돌아갈 예정입니다.

이번 안식년은 저희가 한국에서 보낸 5년간의 사역 이후 주어지는 것입니다—그리고 정말 격동의 5년이었습니다! 시위, 혁명, 그리고 이 오랜 나라가 현대 세계의 일원이 되어가는 엄청난 변화의 시간들이었습니다. 그리고 그보다 더 중요한 일들도 있었습니다—바로 한국 기독교 운동의 놀라운 진보입니다.

저희 장로회 신학대학은 이제 훌륭한 강의실과 기숙사 건물, 새 예배당 겸 도서관을 갖추었고, 250명에 달하는 열정적인 학생들이 아름다운 한강 계곡을 내려다보는 캠퍼스에서 공부하고 있습니다. 성경구락부 운동도 계속 성장 중입니다. 예를 들어 한 중학교 주일학교 성경구락부눈 5년 전 20명에서 시작하여 지금은 약 700명으로 늘어났습니다. 현재는 465개의 성경구락부 교회학교가 운영 중이며, 매일 33,000명의 소년 소녀들이 참여하고 있습니다. 군 선교 사역도 점차 그리스도를 위한 사역에 더 효과적으로 성장해 가고 있습니다. 교회들은 성도들로 가득 차 있고, 젊은이들은 더욱 충만한 기독교적 삶을 열망하고 있습니다. 한국 장로교회는 앞으로 25년 안에 한국을 그리스도께로 인도하자는 캠페인을 시작했으며, 올해는 "3천만 한국인을 그리스도께로!" 라는 구호 아래, 전국적인 초교파적 복음 전도 운동이 전개되고 있습니다.

신학교 측에서는 저희가 1966년 봄 학기부터 수업을 맡을 수 있도록 한국에 돌아와 달라고 요청해왔습니다. 그래서 저희는 미국에서 약 6개월 동안만 머물게 되며, 그 기간 동안 후원 교회와 친구들을 방문할 계획입니다. 저희는 프린스턴 신학교 선교사 아파트 중 한 곳에 머물 예정입니다. 9월 중순부터의 주소는 뉴저지주 프린스턴, 알렉산더 거리 38번지입니다. 편지를 보내주시거나, 더 좋게는 직접 방문해 주세요!

진심을 담아,
프랜시스 킨슬러 드림.

30

무제

1967년 1월 15일

장로교 선교부

국제우편 사서함 1125번

서울, 한국

친애하는 여러분께,

한국에서 선교사로 사역하면서 친구들과 후원 교회들과 주고받는 편지는 우리 삶과 사역에서 매우 소중한 부분입니다. 여러분의 편지는 언제나 큰 기쁨이 되며, 특히 지난 성탄절 시즌에는 많은 아름다운 카드, 메시지, 그리고 저희 사역을 위한 선물을 보내주셔서 더욱 감사했습니다.

여러분의 사랑과 너그러운 헌신 덕분에, 저희는 신학대학원 학생들, 성경구락부 주일학교 운동에 참여한 4만여 명의 어려운 형편의 아동들, 과부와 고아들, 그리고 기타 도움이 필요한 이웃들을 위해 훨씬 더 많은 일을 예수 그리스도의 이름으로 할 수 있었습니다. 이에 대해 하나님께 감사드리며, 여러분 모두께도 깊이 감사드립니다.

이제 저희의 우편 주소를 변경해야 한다는 점을 알려드립니다. 이는 한미 주둔군 지위협정에 따라 저희가 더 이상 군사우편(APO)을 사용할 수 없게 되었기 때문입니다. 앞으로는 국제우편 서비스를 이용해야 합니다.

저희의 새로운 주소는 다음과 같습니다:

프랜시스 킨슬러 목사 부부
장로교 선교부
국제우편 사서함 1125번
서울, 한국

이 주소 변경이, 그동안 함께 감당해온 한국에서의 선교 사역에 있어 여러분과의 교류에 방해가 되지 않기를 진심으로 바랍니다. 사람들의 필요도, 하나님의 은혜도, 그리고 기독교적 사역의 기회도 여전히 변함이 없습니다.

진심을 담아,

31

무제

1967년 여름

장로교 선교부

국제우편 사서함 1125번

서울, 한국

친애하는 여러분께,

저희는 실례를 무릅쓰고 지난 한 해 동안 한국에서의 저희 사역에 대한 개인적인 보고서를 한 부 보내드립니다. 여러분은 기독교적 관심과 너그러운 헌신으로 저희 사역에 함께 동참해 주셨기에, 이렇게 저희의 활동을 함께 나누고자 합니다.

신학대학원에서 가르치는 동안, 저희는 약 50명의 학생들이 저녁 시간에 서울 시내와 근교 교회학교(성경구락부)에서 어린이들을 가르치는 프로젝트를 진행해 왔습니다. 이 사역을 통해 미래의 목회자들은 성경구락부 교회학교 프로그램의 기독교 교육 원리와 방법을 배우고 실천하며, 가난한 형편의 많은 한국 어린이들에게 그리스도의 사랑을 전하고 있습니다. 동시에 이들은 자신의 생계를 위한 경비도 마련하고 있습니다. 이 프로그램은 매우 열매가 풍성하지만, 선교 예산이 없어 재정적 부담은 매우 큽니다.

또한 우리는 한국 군대에 복음을 전할 수 있는 흥미로운 기회를 맞이하고 있습니다. 특히 새롭게 계획 중인 "군인 센터" 사역, 정부 교도소의 재소자 사역, 지방 병원에서의 환자들을 위한 사역 등이 그것입니다. 이러한 한국의 기관들은 이러한 기독교적 봉사를 기꺼이 환영하고, 오히려 적극적으로 요청하고 있지만, 우리의 자원은 안타깝게도 제한되어 있습니다.

우리의 성경구락부 교회학교 운동은 이 땅의 소외된 청소년들을 위한 기독교 교육 사역으로서 막대한 필요와 가능성을 안고 있습니다. 프로그램 운영, 지도자 훈련, 건물 수리 및 신축을 위한 요청이 끊임없이 들어오고 있습니다. 이 엄청난 기독교적 과업 앞에서 우리 자신만으로는 부족하지만, 우리의 능력은 하나님께로부터 온다고 믿습니다. 이러한 믿음 안에서, 우리는 하나님의 아들 되신 예수 그리스도를 위한 사역을 여러분과 함께 감당하고자 합니다.

진심을 담아,
프랜시스 킨슬러 드림.

32

무제

1967년 성탄절

친애하는 여러분께,

한국 땅에서 성탄절 인사를 드립니다.

크리스마스는 모든 선물 중 최고의 선물, 곧 "하나님이 세상을 이처럼 사랑하사 독생자를 주셨으니"라는 말씀으로부터 시작됩니다. 예수 그리스도는 우리가 살아가는 삶, 우리의 믿음, 교회, 그리고 세상 속에서의 선교적 사명을 의미 있게 만들어 주시는 선물입니다.

저희는 매일 서울의 장로회신학교로 출근하여 수백 명의 한국 청년 남녀들에게 그리스도의 사역을 위한 준비 교육을 하고 있습니다. 이처럼 훌륭한 강의동, 예배당, 도서관, 기숙사 등 캠퍼스를 가능케 한 여러분의 관대한 후원을 기억하며 늘 감사하고 있습니다.

한국에서 교회학교(성경구락부) 운동은 하나님과 국내외의 친구들 및 후원 교회들이 한국의 수많은 소년·소녀들에게 제공하는 특별한 선물입니다. 이 프로그램을 통해 그들은 삶을 위한 기독교 교육을 받고 있습니다.

최근에 미국의 오천만 달러 기금의 선물로 논산 육군훈련소 내에 훌륭한 새 군인센터가 세워졌습니다. 첫 소식에 따르면 매일 200명이 넘는 신병들이 센터를 찾아 따뜻한 기독교적 환영을 받고 있다고 합니다.

이러한 받고 나누는 기독교적 삶은 학생, 고아, 방황하는 아이들, 어려운 이웃, 교회 일꾼들과 함께하는 사역으로 이어집니다. 그리고 우리는 이들과 함께 사도 바울의 고백을 나눕니다. "말로 다 표현할 수 없는 하나님의 선물로 인해 하나님께 감사하노라."

하나님께서 우리에게 주신 선물에는 우리의 자녀들과 그 자녀들도 포함되어 있습니다. 캘리포니아에 있는 헬렌과 브루스, 그리고 그들의 아이들, 한국에 함께 있는 아트, 과테말라에서 장로교 신학교에서 가르치고 있는 로스와 글로리아, 그리고 그들의 자녀들.

이 계절의 최고의 축복이 여러분과 함께 하시기를 기도합니다.

진심을 담아,
프랜시스 & 도로시 드림.

33

무제

1969년 성탄절

친애하는 여러분께,

선물은 성탄절의 상징입니다. 성탄절에 태어나신 그분의 선물은 다른 모든 선물들을 변화시킵니다. 바울이 말했듯이, "자기 아들을 아끼지 아니하시고 우리 모든 사람을 위하여 내어주신 이가, 어찌 그 아들과 함께 모든 것을 우리에게 은사로 주지 아니하시겠느냐?"

저희는 한국에서 그분을 섬기며 받은 선물들을 소중히 여깁니다. 즉 서울의 신학대학에서 기독교 사역을 준비하는 수백 명의 한국 청년들을 가르칠 수 있는 기회, 수만 명의 한국 어린이들이 자라나며 "예수께서 지혜와 키가 자라가며 하나님과 사람에게 더욱 사랑스러워 가시더라"는 소년 예수님의 모습을 배우는 성경구락부 교회학교 사역, 전국의 교도소, 병원, 군부대에서 한국 군목들과 함께 섬길 수 있는 특권, 그리고 예수님의 사랑을 아직 알지 못하는 이들에게 전하는 한국 교회의 사역에 참여할 수 있었던 소중한 경험들 이 모든 것은 소중한 선물이었습니다.

우리는 또한 가족에게서 받은 선물들도 귀하게 여깁니다. 미 육군 군목사역을 감당하고 있는 아츠와 수, 과테말라의 신학교에서 사역하며 세 아이와 함께 있는 로스와 글로리아, 그리고 캘리포니아에 거주하며 세 아이와 함께 있는 헬렌과 브루스. 그리고 우리가 이곳 한국에서 예수님의 이름으로 살아가며 섬길 수 있도록 뒷받침해 주시는 고국의 소중한 친구들과 교회들의 선물을 결코 잊지 않습니다. "말로 다 표현할 수 없는 하나님의 선물로 말미암아 하나님께 감사하노라." 이 기쁨의 계절에 하나님의 가장 좋은 선물들이 여러분과 함께 하시길 기원합니다.

진심을 담아,
도로시 & 프랜 킨슬러 드림.

34

무제

1970년 7월

친애하는 여러분께,

한국에서의 저희 사역을 여러 모양으로 너그럽게 후원해 주시는 모든 친구 여러분께 이 편지를 드립니다.

선교사로서 한국에서의 사역을 마무리하는 시점에서, 예수님께서 공생애의 끝자락에 제자들에게 하신 질문이 마음에 깊이 남습니다. "내가 너희를 전대나 배낭이나 신발도 없이 보냈을 때에, 부족한 것이 있었느냐?" 그들은 대답했습니다. "아무것도 없었습니다." 하지만 만약 그 질문이 처음 사역을 시작하던 때에 미래 시제로 저에게 주어졌다면, "너는 부족한 것이 있을까?"라고 물으셨다면 어땠을까요?

처음 부산 항구에 도착했을 때, 주변의 황량한 언덕을 보며 저의 누나에게 "일단 밥이나 한 그릇 먹자"고 했던 기억이 납니다. 하지만 그녀는 저를 철도 호텔로 데려가 베이컨과 달걀로 이루어진 아침 정식을 대접했고, 그 이후의 삶도 그와 비슷했습니다. 하나님과 선교부, 그리고 많은 좋은 분들의 덕분에 저희는 풍성한 가족의 삶을 누릴 수 있었습니다. 지금은 한 아들이 베트남에서 군목으로, 또 다른 아들은 과테말라의 신학교에서 교사로, 딸은 캘리포니아에서 가족과 함께 지내고 있으며, 손주도 일곱이나 되었습니다.

한국에 온 지 6개월 만에 처음으로 한국어로 설교했던 기억은 지금도 부끄럽기만 합니다. 부족했던 것이 있었느냐고요? 어휘, 문법, 발음은 물론, "아직은 아닙니다"라고 정중히 거절할 수 있는 지혜조차 없었습니다. 그럼에도 불구하고, 우리는 지금까지 교회 예배, 사경회, 목회자 모임, 감옥과 병원, 군부대 등에서 복음을 전할 수 있는 특권을 누렸습니다. 특히 작년 가을에는 서울의 역사 깊은 남대문교회 설립 60주년 기념예배에서 설교하는 영광을 얻기도 했습니다.

첫 임기 중에는 숭실대학에서 영어와 성경을 가르쳤고, 이후 한국으로 돌아오기 전 여름에 신학교에서 예언서(이사야, 에스겔, 소선지서)와 신약 헬라어 강의를 맡아달라는 요청을 받았습니다. 부족한 것이 있었느냐고요? 많았습니다! 하지만 주님께서 저를 붙들어 주셨고, 그 이후로 계속 신학교에서 가르쳐오고 있습니다. 이번 봄에는 호남신학교에서 매주 4일씩 4시간씩 특별 강의도 진행했습니다. 작년 한국 장로교 총회 주일 저녁집회에서는 제가 지금까지 천 명이 넘는 목회자들에게 가르침을 나누었다는 언급도 있었습니다. 그 중에는 총회장을 역임한 분들도 약 20명이나 됩니다.

둘째 해 추운 겨울밤, 평양의 기독서점 다락방 아궁이 옆에서 길거리에서 구걸하던 소년 여섯 명과 함께 잠을 자며 시작된 것이 바로 한국 성경구락부 운동의 시작이었습니다. 당시 우리에겐 예산도, 교실도, 장비도, 교사도, 프로그램도, 교육철학도, 심지어 학교를 운영할 기본적인 지식조차 없었습니다. 일본 제국주의의 간섭, 2차 대전의 암흑기, 공산주의 봉기, 한국전쟁의 참화, 학생들의 극심한 가난 등 수많은 어려움에도 불구하고 이 사역은 계속 성장했습니다. 작년에는 40주년을 맞아 전국 각지에서 400여 명의 베테랑 교사들이 모인 교사 대회를 열었고, 서울 지역에서는 약 12,000명의 아동이 참여한 성경구락부 대회를 열었습니다. 연말엔 약 3,000명의 중학생 졸업생이 영락교회에서 졸업 연합예배를 드렸고, 저도 부족한 설교 하나로 14번의 졸업식에서 말씀을 전했습니다. 지금까지 약 60만 명에 달하는 대다수 비기독교 가정의 가난한 아이들이 이 사역을 통해 예수님의 사랑을 들을 수 있었고, 기독교적 삶을 위한 기초적인 교육을 받을 수 있었습니다.

그 질문은 여전히 저를 따라다닙니다. "너는 부족한 것이 있었느냐?" 그 대답은 저에게는 부끄러움이요, 여러분께는 지루함일 수 있기에, 저는 대신 신약의 이 말씀을 남기고 싶습니다. "우리가 무슨 일이라도 우리에게서 난 것 같이 스스로 만족할 것이 아니니, 우리의 만족은 하나님께로부터 나는 이라. 우리가 그리스도를 힘입어 하나님을 향하여 이 같은 확신이 있음이니라."

진심을 담아,

장로교 선교부
서울 국제우편함 1125번

35

무제

1970년 9월

장로교 선교부

국제우편함 1125번

서울, 한국

친애하는 여러분께,

이 편지를 쓰며 "안녕히 계세요"과 "다시 만나요"라는 두 가지 감정이 교차합니다. 저희는 한국을 떠나 미국으로 돌아가게 되었습니다. 저희가 사랑해마지 않았던 이 나라를 떠나는 것은 쉽지 않지만, 모국으로 돌아가는 길은 또 반가운 마음도 듭니다.

사실 우리는 한국에서 더 오랜 기간 사역할 계획이었으나, 선교부에서는 선교사들의 은퇴 연령을 낮추는 결정을 내렸습니다. 이는 선교사들이 미국에서 새로운 교회 사역을 시작하고, 미국 사회에 재적응할 수 있도록 배려한 방침입니다. 해외에서 교회를 섬긴 후, 국내 교회에서 섬기는 일은 저희에게도 기쁜 후속 사역이 될 것입니다. 저희는 이달 중 프린스턴(New Jersey)으로 귀국하며, 가능한 한 빨리 임시 사역이나 작지만 따뜻한 공동체를 가진 교회에서 목회할 기회를 찾고자 합니다.

무엇보다 먼저, 지난 세월 동안 저희가 한국에서 살아가며 사역할 수 있도록 뒷받침해주신 모든 분들께 진심으로 감사드립니다. 주님의 일에 저희를 파송하시고, 기도와 물질로 후원해주신 여러분의 신실함과 사랑이 없었다면 지금의 저희는 없었을 것입니다.

한국 교회는 여전히 놀라운 생명력과 연합 안에서 활발히 사역을 이어가고 있으며, 성경구락부 운동도 여전히 지속되고 있습니다. 이 운동은 현재 한국 교단의 교육부 산하에서 운영되고 있으며, 본부 운영위원회에는 한국교회 총회장을 지낸 분, 연세대학교 군목, 성경구락부 운동 속에서 성장해 현재는 2,500명 규모의 장로교 중·고등학교 교장으로 사역하는 분, 총무, 그리고 우리 선교부 대표인 오토 드 캠프 박사 등이 함께하고 있습니다.

뜻밖에도 이 위원회는 저희가 미국에 거주하게 되더라도 성경구락부 운동의 이사 역할을 계속 맡아주기를 강력히 요청해 왔습니다. 따라서 앞으로 성경구락부에 관련된 모든 서신은 다음 중 한 곳으로 보내주시면 됩니다:

저희의 미국 주소:

Rev. and Mrs. Francis Kinsler

38 Alexander Street

Princeton, New Jersey (1970년 9월 15일 이후)

뉴욕에 있는 본부 주소:

Bible Club Work in Korea

c/o Presbyterian Commission

475 Riverside Drive

New York, NY 10027

한국 주소:

Bible Club Movement

c/o Presbyterian Mission

Box 1125, I. P. O., Seoul, Korea

귀국 후에는 그동안 저희를 후원해 주신 교회들과 친구들을 직접 찾아뵙고, 한국에서의 사역 이야기를 나눌 수 있기를 기대하고 있습니다.

진심을 담아,

도로시 & 프랜시스 킨슬러 드림

(1970년 9월 15일 이후 주소:

Rev. and Mrs. Francis Kinsler

38 Alexander Street Princeton, New Jersey)

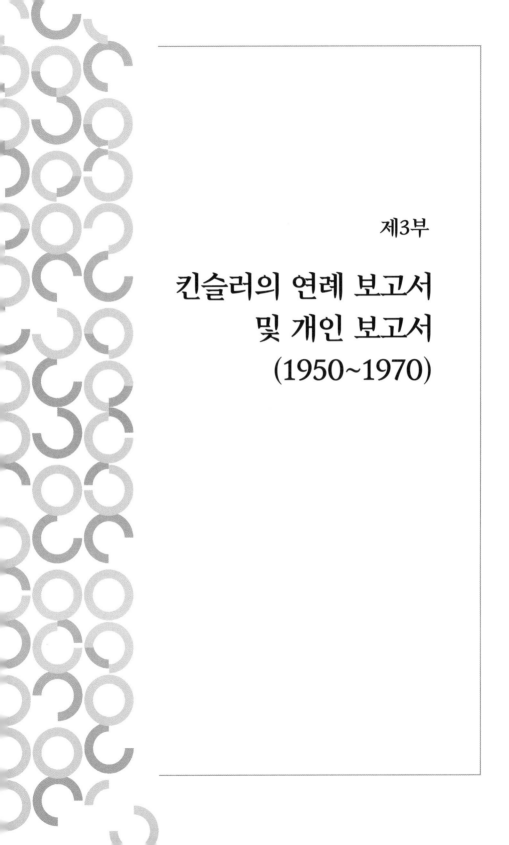

제3부

킨슬러의 연례 보고서 및 개인 보고서 (1950~1970)

| 해제 |

    제3부는 1953년부터 1970년까지 킨슬러가 미국장로교 선교부에 보낸 연례 보고서 및 개인 보고서들로 구성하였다. 그의 보고서는 한국의 역사와 사회의 상황을 아주 잘 기술하고 있다. 한국의 역사는 중국의 종주국, 일본의 강점과 식민지, 해방 후 미국과 러시아의 점령, 한국전쟁과 분단, 전후의 재건, 한국 정부의 부패와 학생 혁명, 군사정권의 장악을 겪으며 지나왔다. 그 가운데 한국 기독교인은 백만에서 이백만 명에 이르는 성장세를 보였다. 본문에 수록된 자료들은 전쟁 직후 선교사들의 구호 활동, 성경구락부 활동, 군목 활동, 장로회신학교의 재건과 복구 활동, 한국 교회의 재건과 성장에 관한 내용을 담고 있다. 전후 변화의 시기인 한국에서, 킨슬러를 통해 내한선교사들은 어떤 고민 속에서 한국 사회에 필요한 선교활동을 기획하고 실제화 했는지 알 수 있다. 그 가운데 한국에서 선교활동하면서 한국인들과 늘 함께 한다는 마음에 품은 고백이 담겨있다.

1950년대

1. 연례 보고서, 1953년 7월 17일

1년 전에 저는 에드워드 아담스 박사가 선교현장으로 복귀하면서 한국선교회 집행위원장의 책임에서 해방되었지만, 그와 동시에 A. 캠벨 박사가 미국으로 떠나면서 장로회신학교 학장직을 맡게 되었습니다. 선교부 회계담당자인 제임스 필립스 씨도 대구에서 사역하고 있었는데, 그가 귀국하면서 대구 선교지부의 선교사 인력 부족이 이전보다 더 심해졌습니다. 두 아들을 미국으로 돌려보내어 그곳에서 대학과 학교를 다니도록 한 후에, 아내(킨슬러 부인)가 일본에서 한국으로 돌아와 개인적으로 그 부족을 충분히 메웠습니다.

끝없이 이어지는 방문객들, 끝없이 발생하는 문제들, 선교지부와 기관 총무들, 운전사들, 고용인들을 상대로 한 선교지부 사업의 압박, 한국 지인들, 교회 지도자, 신학교와 성경구락부 학생들, 한국의 전국 각지에서 오는 성경구락부 지도자들의 방문과 만남, 지난 1년 동안 미군과 한국의 군목들이 많은 시간과 관심을 기울였습니다.

장로회신학교의 사역은 많은 어려움을 겪었지만 한 해 동안 어느 정도 진전을 보였습니다. 대략 500명의 학생들이 안고 있는 문제들은 다음과 같습니다. 대단히 심각한 경제적 필요로 인한 문제들, 한국군 징집 관련 요구 사항 및 변경 사항으로 인한 문제들, 교직원 문제와 학생들의 학습 기준, 정부와의 협상 문제, 구호복, 구호 식량, 재정,

비타민제를 현명하게 배분 문제는 많은 시간과 에너지가 들었습니다. 신학교의 본과와 예과의 전 과정에 처음으로 교수와 교원을 확보했습니다. 교육부로부터 장로회신학교의 헌장을 얻어냈습니다. 1953년 3월에 75명의 학생이 졸업했고, 새로운 반의 학생들이 등록했습니다. 매주 각 학생들을 위한 실천적 기독교 프로그램을 유지했습니다. 남학생과 여학생 기숙사가 1년 동안 지어졌고, 훌륭한 교직원 기숙사도 새로 지었습니다. 본관과 암송관을 새롭게 단장했습니다. 캠퍼스는 조금 조경을 했고, 새로운 출입구와 운동장도 마련했습니다. 박 박사와 김 박사의 사택을 수리했고, 현 씨의 사택도 수리했습니다. 도서실에는 영어와 일본어 도서를 비치했습니다.

빈곤 아동을 위한 성경구락부의 활동이 크게 증가하여 최근 보고에 따르면 현재 약 45,000명의 한국의 아동이 등록하여 한국의 전국 각처의 교회 건물에서 매일 수업하고 있습니다. 업무 계획, 지도자 회의, 구호자금 조직, 구호 물품 배급, 성경구락부 시찰, 월간지 발행은 시간이 많이 걸렸지만 매우 보람을 느꼈습니다. 주말은 대부분 서울, 인천, 대전, 충주, 안동, 경주, 대구, 부산, 상주에서 열리는 성경구락부 연합대회에 참가하기 위해 온종일 이동하며 시간을 보냈습니다.

우리는 지난 1년 동안 대구와 그 주변 지역에 약 20개의 전쟁 고아원과 접촉을 유지하였고, 그중 몇 곳은 실질적으로 모든 책임을 맡고 있고, 그 외 다른 곳은 거의 책임을 지고 있지 않습니다. 우리는 고아원이 헌법, 이사회, 기독교 교육 프로그램, 특히 성경구락부 교육안, 종교교육을 전담할 신학생들, 선교 구호금으로 확보한 농장 토지, 미군 부대의 특정 고아원에 대한 반영구적인 지원, 그리고 옷, 음식, 비타민 알약, 게임, 종종 오르간, 재봉틀 형태로 선교 구호품을 확보하도록 돕는데 많은 시간과 노력을 들였습니다.

지난 한 해 동안 많은 구호 사업들이 수행되고, 도입되고, 확대되었습니다. 현재 대구 피난민 지역에서는 매일 3일 보육을 진행하고 있는데, 전쟁미망인들이 주로 전쟁미망인 가정의 약 220명의 아동들을 돌보고, 먹이고, 양육하고, 기도, 노래, 성경구절을 통해 기독교 훈련을 시키고 있습니다. 대명 및 북부 피난민 센터들의 미망인 가정들은 한 해 동안 구호복, 음식, 쉼터, 재정 지원은 물론 기독교 복음 사역의 형태로 도움을 받았습니다. 대구 시내 중심지에 있는 베다니 모자원 작업장은 약 30명의 여성들이 선교 지원으로 바느질과 다른 기계들을 통해 종종 구호품 의복과 음식, 그리고 주거 및 작업공간을 확보하여 생계를 꾸려나갈 정도로 성장했습니다. 이 여성들은 생계를 위해 하루 종일 일하고 밤에는 기관과 연결된 대구 야간 성경학교 수업에 참석합니다. 맹인학교는 이제 특히 장로교 선교 구호 기금에서 각각 5천 달러의 특별 기부와 미군 제3군의 기부, 한국의 시 정부에서 받은 토지, 그리고 C. A. C.(한국민사원조)로부터 지급 받은 건축 자재들을 가지고 역사상 처음으로 자체 집과 건물 및 재산을 기대하고 있습니다.

장로회신학교에서 매일 3시간씩 강의하는 일정 외에도, 한 해 동안 그리스도의 복음을 전파할 수 있는 많은 기회를 누렸습니다. 한국의 군병원들, 피난민 교회들, 정규교회들에서 설교하는 것이 요즈음 가장 보람 있는 일입니다. 겨울방학 동안 미국 남장로교의 선교 관할 지역인 전주에서 가진 열흘간의 설교학 선교는 매우 즐거웠습니다.

2. 연례 보고서, 1954~1955

오늘의 저의 임무는 이 연례 보고서를 작성하는 것이지만, 연례 보고서는 제가 보낸 많은 날들의 사역을 다루어야 합니다. "그것은 다 일과에 속하는 것이다"는 말은 모든 선교사의 사역을 잘 요약한 표현일 수 있으며, "네 하루가 이르기까지 네 힘이 있을 것이다"라는 구절은 모든 선교사의 하루를 위한 좋은 좌우명이라고 생각합니다. 저는 지난 1년 동안 저에게 있었던 몇몇 특별한 날들에 한정하여 보고하겠습니다.

저의 일상의 하루는 오전 8시에 집을 나서 서울의 남산 꼭대기에 있는 장로회신학교에서 강의하는 것으로 시작됩니다. 1교시는 신약 입문 과정이거나, 130명의 3학년생을 대상으로 한 공관복음서 수업입니다. 2교시는 요한복음 과정이거나, 또는 120명의 중급반을 대상으로 하는 요한복음 강의, 또는 이스라엘의 예언에 관한 강의가 될 수 있습니다. 그 다음에는 580명의 학생을 대상으로 예배를 인도할 차례가 되기도 하고, 이후 100명의 졸업반 학생들과 함께 바울의 로마서에 관한 강의를 하거나, 소선지서, 교회와 사회의 현대 문제, 또는 일반 서신에 대한 강의를 하기도 합니다. 수업 전후로는 학생들이 오늘의 강의에 대한 설명이나 성경구락부의 문제, 또는 모든 학생을 위한 기독교 실천 봉사 프로그램, 군부대에 새로운 교회 소개, 약 구입을 위한 병원 소개, 또는 미국 장학금에 대한 문의를 하러 저에게 다가옵니다.

신학교 생활에도 특별한 날들이 있습니다. 예를 들어, 제가 교수로 임용된 날의 경우, 그날에는 아마도 1,000명의 한국 목회자와 500명의 신학생이 포함된 회중 앞에서 설교를 해야 했습니다. 여성과 어린이는 제외한 숫자입니다. 또한 졸업식 날이 있었는데, 이 날에는 한국 총장이 해외 출장 중이어서 제가 직무대행으로 책임을 맡았습니다. 그 날 84명의 졸업생에게 졸업장이 수여되었고, 3,000명의 회중 앞에서 진행되었으며, 2,000명이 더 밖에서 대기하고 있었습니다.

지난 한 해 동안 성경구락부 활동에서 있었던 몇몇 특별한 날들을 여러분과 나누고 싶습니다. 맑은 가을날 서울의 성경구락부 연합대회가 열렸습니다. 어린이 그룹들이 아침 일찍부터 서울고등학교 운동장으로 들어오기 시작하여, 6,000명이 넘는 소년과 소녀들이 예배 의식을 진행하기 위해 일렬로 서 있었습니다. 찬송가를 부르고, 간단한 기도를 하며, 성경 구절을 암송하고, 성경구락부 모토인 누가복음 2장 52절을 외치고, 기독교적 삶의 의미에 대한 이야기를 나눈 후, 게임, 경주, 노래, 민속춤, 묘기, 퍼레이드가 펼쳐졌습니다. 해가 저물기 시작할 때까지 아이들은 지치고 행복한 마음으로 집으로 돌아갔습니다. 지난해 가을에는 상주에서 900명, 경주에서 1,500명, 안동에서 1,000명, 청주에서 1,500명, 대전에서 1,500명, 부산에서 1,500명, 온양에서 900명, 대구에서 4,000명이 성경구락부 연합대회의 날을 기념했습니다. 또한 서울 시내 성경구락부를 방문하며 50명, 100명, 500명, 심지어 1,200명에게 이야기하는 소규모 행사도 있었습니다. 주말 동안에는 인천에서 매달 75명의 지도자들이 모이는 사역을 향상시키기 위해 전일 성경구락부 지도자 회의가 열리는데, 서울에서 80명, 대구에서 130명, 대전에서 30명, 청주에서 30명의 지도자들이 모이는 회의도 있습니다. 이러한 특별한 날들은 예산 문제, 끝없는 요청들, 구락부 문제, 지도자 문제, 교회 문제, 월간 잡지 『지도자』 발행 등의 문제를 처리하지는 않습니다.

한국의 추수감사절은 약 3,000명의 피난민 기독교 중등학교 소년들과 소녀들이 예배를 함께 하는 기억에 남을만한 날이었습니다. "예수의 이름 위에 권세 있도다"를 부르며 천장이 떠나갈 듯 노래 부르고, 생명의 축복에 대해 하나님께 감사했습니다. 또 다른 피난민 학교는 난방이 없는 차가운 방에서 예수님의 탄생을 기념하기 위해 학생들을 모았던 날처럼, 성경구락부들이 아이들의 활동을 보여주며 한국장로교 총회에 성경구락부의 중요성을 알릴 기회를 가졌던 그날 저녁처럼, 서울 지역의 수백 명의 아이들이 함께한 성경구락부 연합 졸업예배와 같은 날이었습니다.

다음엔 한국 교회에서 복음을 전하는 소중한 날들이 있습니다. 한국 이리 시의 군산 노회의 일주일간의 장로회 사경회 중 하루를 살펴보겠습니다. 이 80,000명의 인구를 가진 이 도시의 절반이 기독교 신앙을 고백하고 있다고 합니다. 오전 5시에 시작되는 새벽기도회를 시작으로 매일 집회가 열렸습니다. 오전에는 사경회가 있었고, 오후에는 특별 활동과 면담이 진행되었습니다. 일요일 오후에는 도시 전역의 연합교회 예배가 있었고, 지역 교회 합창단과의 방송 녹음, 매일 밤 천여 명이 참석하는 저녁 전도 집회가 있었으며, 이 모든 활동은 10년 전에는 존재하지도 않았던 회중이 전적으로 건축한 크고 아름다운 흰색 돌 교회에서 이루어졌습니다.

한 날을 더 보고하자면, 연례 보고서를 쓰기 시작한 날이었습니다. 그날은 한 방문객으로 인해 중단되었고, 이어서 숭실 피난민 학교의 암송관 기공식에서 짧은 설교를 하고, 그 후 한 시골 교회로 가서 장로 안수식에서 설교를 하고, 다시 신학교로 가서 오후 두 시간을 가르친 다음, 오후 4시 30분에 집으로 점심을 먹으로 갔고, 그날 저녁 늦게 연례 보고서 없이 선교지부 회의에 참석했습니다. 말씀드렸듯이, 이 모든 것이 하루의 일과입니다.

3. 개인 보고서, 1955~1956

오늘은 한국에서 "계속되는 기회의 날"입니다. 이는 1950년 6월 25일에 시작된 한국전쟁 이후 "계속되는 재건의 날"이기도 합니다. 또한 북한에 자리 잡은 공산주의 위협이 불안하게 잠재해 있는 가운데, 이 미지의 원자 시대를 살아가는 "계속되는 우려의 날"이기도 합니다. 아울러 한국 국민들이 기독교 복음에 대해 마음과 정신을 활짝 열고 응답하고 있는 "계속되는 은혜의 날"이기도 합니다. 이 시기에 우리는 선지자 하박국의 기도를 인용할 수 있습니다:

"여호와여, 내가 주의 소문을 듣고 놀랐나이다. 여호와여, 주는 주의 일을 이 수년 내에 부흥하게 하옵소서. 이 수년 내에 나타내시옵소서. 진노 중에라도 긍휼을 잊지 마옵소서."

우리는 이 "기회의 날"이 우리에게 가져다주는 생명과 건강, 주님의 나라가 속히 임하기를 바라며 함께 섬기는 친구들과 동료들, 그리고 한국의 친구들과 믿음의 동역자들의 신앙과 헌신을 통해 얻는 모든 격려에 대해 이루 말할 수 없이 감사드립니다.

대한예수교장로회 총회의 신학교에서 가르칠 수 있다는 것은 저에게 소중한 특권입니다. 예수 그리스도 안에 있는 진리를 교수진 및 600명이 넘는 학생들과 함께 연구하고 배우는 것은 얼마나 큰 특권인지 모릅니다. 제가 맡고 있는 강의 과목은 이사야서, 소선지서, 신약개론, 공관복음의 복음서 역사, 요한복음, 로마서, 공동서신, 요한계시록, 그리고 기독교회와 현대 문제 등입니다. 또한 저는 신학생들의 기독교 봉사의 실제라는 교과목 활동을 총괄하는 책임도 맡고 있습니다. 모든 학생은 최소 주 2시간 이상 어떤 형태로든 실천적 기독교 봉사활동을 해야 합니다. 지난 여름 방학이 끝난 뒤 제출된 실습 보고서에 따르면,

신학생들은 다음과 같은 놀라운 결과를 기록했습니다. 즉 복음 전도를 위해 방문한 가정 수 28,544가구, 복음집회 개최 횟수 10,852회, 복음집회 참석 인원 943,030명, 예수를 믿기로 결심한 결신자 17,786명. 30명의 신학생들은 매일 저녁 성경구락부 활동에 참여하며, 이를 통해 학비와 생활비를 충당하고 있고, 많은 학생들이 소규모 교회를 맡아 사역하고 있습니다. 올해 학사 일정은 3일간의 부흥회, 총회 사무총장, 미국 장로교 총회장, 태국 교회의 총무, 군목, 태국으로 떠나는 한국 선교사 등 다양한 특별 채플 강사들의 방문, 연례 소풍, 졸업여행, 배구 운동경기, 졸업식, 그리고 자주 있는 방학 등으로 더욱 활기찼습니다. 도서관에는 많은 책들이 새로 비치되었지만, 신학교의 영구부지를 마련하고 충분한 강의실과 기숙사 건물을 신축하는 문제는 아직 해결되지 않은 과제로 남아 있습니다.

지난 한 해 동안 성경구락부 운동은 꾸준히 계속되었습니다. 이 사역은 끊임없는 감독, 보고서 수령과 검토, 편지 답신, 활동 중인 성경구락부 방문 점검, 프로그램 기획, 그리고 남한 전역과 제주도, 심지어 38선 북쪽 지역까지 각지의 성경구락부 지부 신앙 지도 등을 요구합니다. 지도 교사, 학생 회원, 물품 공급, 수리, 건물 문제, 교회 문제 등 다양한 과제들도 동반됩니다. 예를 들면, 어떤 새로운 그룹은 텐트가 필요하고, 어떤 오래된 그룹은 수리비가 필요하고, 다른 교회는 구락부 교실 완공을 위해 대출이 필요합니다. 어떤 지도자는 과부인데, 정부 관리들에게 성경구락부 부지 위에 읍사무소를 세우지 말라고 설득할 사람이 필요합니다. 또 먼 산골 마을에서 온 한 젊은이는 교육부 차관에게 요청해 그의 성경구락부를 그대로 유지할 수 있도록 지역 관청에 지시해 줄 사람을 필요로 합니다. 한국 전역에서 많은 이들이 상담과 격려, 민원 제기, 그리고 보다 실질적인 지원을 요청하며 찾아옵니다. 또한 성경구락부 부지를 확보하고 유지하는 문제, 지역 교회, 노회, 한국 정부와의 관계 문제도 있습니다. 성경구락부, 지부 대회, 크리스마스 행사, 창립기념 행사, 졸업식 등 특별 모임에 참석하고, 해외에서 방문하는 관심자들을 안내하며 사역 현장을 보여주고 사진 촬영을 돕는 일도 다수 있습니다. 서울, 인천, 그리고 가능할 경우 대전, 대구, 부산 등지에서 열리는 월례 모임에도 참석하고, 그 자리에서 강연을 해야 합니다. 또한 『지도자』라는 성경구락부 월간지를 발행하고 있는데, 이 잡지는 남한 전역에 약 천여 명의 성경구락부 지도자들에게 배포됩니다. 이 잡지를 위해 매달 다섯 편에서 여덟 편의 글을 작성해야 합니다. 주제는 성경구락부의 원리, 교수법, 구락부 프로그램 운영, 성경공부, 게임, 연간 일정 계획 등 다양합니다.

지난 한 해 동안 제 요한복음 주석서가 한국어로 번역되어 장로교회 '표준 성경 주석' 시리즈 중 하나로 출판되었습니다. 가격은 미화 8달러에 해당하는 금액이었음에도 불구하고, 초판 2,000부 중 3분의 2가 첫 6개월 안에 판매되었습니다. 이제는 제 로마서 주석서도 출판해 주었으면 하는 바람입니다.

오늘은 또한 우리 주 예수 그리스도의 영광스러운 복음을 모든 사람들에게 전할 수 있는 "계속되는 기회의 날"입니다. 한국의 크고 작은 교회들을 방문하여, 그들이 감동적으로 부르는 찬송을 듣고, 진지하게 드리는 기도를 함께하며, 주일 아침, 때로는 저녁, 그리고 드물게는 수요일 저녁이나 더욱 드물게는 매일 새벽기도회에서 전해지는 말씀을 듣는 것은 참으로 놀라운 특권입니다. 또한 그리스도의 이름으로 특별한 모임에서 말씀을 전할 수 있는 특별한 기회들도 주어졌습니다. 예를 들어, 지난 여름 서울에서 열린 장로교 목회자 대회, 지난 여름의 장로교 청년대회, 올 봄에 열린 전국 장로교 주일학교 대회,

여러 대학의 학생들, 한 도 전체의 경찰관 전원, 성경구락부와 지구 집회에 모인 한국의 소년 소녀들, 그리고 인천제일교회 겨울성경학교와 같은 교회 성경대회 등에서 말씀을 전하는 기회가 있었습니다.

　새로 부임한 선교사들을 위한 연합언어학교에서 한국어 문법 과목을 가르치는 것은 큰 기쁨이었습니다. 또한 올해 서울연합교회 담임목사로 섬기며 주일예배, 월례 교회 기도회, 추수감사절 예배, 송구영신 기도회 및 교제 모임, 연례 영성 수련회, 분기별 성찬예배 등을 기획하고 인도하는 것은 참으로 큰 특권이었습니다. 아울러 서울장로교목사회 회장으로 섬기며 매월 모임을 계획하는 일 역시 영광스러운 사역이었습니다.

4. 개인 보고서, 1956~1957

전후 변화의 시기인 요즈음 한국에서, 우리는 땅이 계속 남아 있는 한 씨 뿌리기와 수확, 여름과 겨울, 추위와 더위가 멈추지 않을 것이라는 성경의 약속을 감사히 떠올립니다. 분명 여름과 겨울은 여전히 서로 뒤따르고, 추위와 더위는 여전히 존재하며, 하루가 앞으로 무엇을 가져올지 알 수 없지만, 한국은 오늘도 씨 뿌리기와 수확의 땅입니다.

저에게 일상의 하루와 업무는 장로회신학교에서 가르치는 것으로 시작됩니다. 한국의 백여 명이 넘는 미래의 복음의 목회자들과 마주하고, 이사야서의 예언서, 소선지서, 신약개론, 공관복음에서의 그리스도의 생애, 요한복음, 로마서의 바울의 편지, 요한계시록, 그리고 "기독교와 민주주의", "기독교 신앙과 공산주의 신앙" 같은 문제들을 비롯하여 교회와 현대의 문제에 관한 성경적 주제를 다루는 것은 저에게 한없는 전율을 느끼게 해줍니다. 평상시 하루는 어학교실에서 한두 시간 가르치고, 숭실대학교에서 한 시간을 보냅니다.

일상의 하루는 신학교 교수 회의, 학교 이사회, 교회 위원회, 교회 선교 회의, 또는 선교 집행 위원회와 같은 회의가 포함되어 있습니다.

매일의 일상은 도움과 조언을 받으러 멀리서 오는 성경구락부 사역자들, 이런 저런 요청을 하는 목사들, 시험에서 떨어졌거나 또는 바지를 필요로 하는 학생들, 또는 아내를 만나고 싶어 하는 사람들이 찾아오면 이들과 함께 나눕니다. 그리고 하루도 빼먹지 않고 우리의 일시적인 어린 딸 헬렌*을 포함하여 우리 가정의 기쁨과 유대감을 느끼는

---

* 역주: 헬렌-킨슬러와 부인 도로시 킨슬러(Dorothy Kinsler)는 한국전쟁으로 발생한 전쟁고아들에 지대한 관심을 가지고 돌보았다. 킨슬러 부부는 홀트 해외입양 프로그램

시간을 갖습니다.

새로운 주마다 높은 특전을 누립니다. 실제로 거의 매주 일요일마다 한 개 이상의 한국 교회에서 설교하고 예배에 참여할 기회가 주어집니다. 매주 대부분 600명이 넘는 신학교 학생들에게 예배를 인도하고 연설하는 의무도 있으며, 때때로 다른 학교 예배에 초대되어 연설하기도 합니다. 미국에서 드물지 않게 방문하는 특별한 행사나, 두 사람 탑승 가능한 비행기를 타고 원주로 가서 제1군의 100명의 한국군 군목들에게 두 번 연설하고 같은 날 오후에 서울로 돌아오는 경우도 있습니다. 어떤 주에는 비기독교 가정 출신의 한국인 목사와 그의 신부의 결혼식 집례를 요청받기도 했습니다. 그들은 많은 비신자 친척들이 참석한 결혼 연회에서 독창을 요청받았을 때, 두 사람 모두 기독교 찬송가를 불렀습니다. 신부가 부른 찬송가는 "내 주여, 뜻대로 하소서"였습니다.

매달 새로운 기회가 찾아오기도 합니다. 서울 장로회 목회자 협의회는 매달 첫 번째 주일 다음 날 월요일에 모이며, 지난해 중반까지는 회의를 준비하고 주재하고, 다과를 준비해 준 아내에게 감사하는 것이 제 임무였습니다. 대한민국 육군 군목들은 매달 두 번째 주일 다음 화요일에 영적 재충전과 교제를 위해 우리 집에서 모임을 가지며, 또다시 아내와 요리사에게 다과를 준비해 주신 것에 감사하는 것이 제 의무입니다. 매달 세 번째 주일 다음 월요일에는 서울 지역 성경구

의 일환으로 아이들이 해외로 입양가기 전 미국 가정에 잘 적응하도록 돕기 위해 수개월간 위탁가정 역할을 하였다. 도로시는 "우리 가정에 한 번이라도 거쳐간 아이들"에 관한 많은 사진자료들을 남겼다. 그 가운데 헬렌에 관한 기록은 비교적 상세히 메모해 놓았다. '리틀 헬렌(Little Helen)' 또는 '헬렌 최(Helen Choi)'는 백인 혼혈이었다. 도로시는 결핵을 앓아 손상된 뼈를 수술하고 치료받는 6개월간 병원을 방문하며 돌보았고, 퇴원 이후에도 가정에서 데리고 돌보았다.

락부 지도자들과 함께 인천에서 목회자 및 성경구락부 지도자 협의회의 월례 모임에 참여하여 약 75명에게 기독교 복음과 기독교 교육에 관한 강의를 합니다. 매달 네 번째 주일 다음 월요일에는 서울 지역 성경구락부 지도자들이 60명에서 90명 정도 모여 클럽하우스에서 2시간 동안 예배와 교육, 교제를 나누며, 역시 아내와 주방 직원에게 다과를 준비해 주신 것에 감사하는 것이 제 의무입니다. 물론 매달 두 번째 월요일에는 선교지부 회의가 오후와 저녁에 열리지만, 다섯 번째 월요일에는 낚시를 가고 싶습니다.

저에게는 매달 두 가지 위기가 있습니다. 하나는 전국의 성경구락부 지도자들에 대한 급료와 한국 군대의 장로교 군목들에 대한 선교 보조금 지급 마감일이고, 다른 하나는 자료를 제출하는 마감일입니다. 이 자료에는 보통 저와 제 아내가 작성한 5~6개의 기사들이 포함되며, 이는 성경구락부 운동의 공식 월간 간행물인 『지도자』에 게재됩니다.

순환하는 각 계절마다 고유의 소중한 행사가 있습니다. 우리는 여름을 맞이하여 대천 해변에서 한 달을 보냅니다. 여름은 교회의 여러 그룹들의 특별 수련회가 열리며, 작년 여름에는 충북 지역에서 성경구락부 지도자들과 주일학교 교사를 위한 하기수련회가 열렸고, 서울에서 군목 수련회, 그리고 청년 하기수련회에 참여할 수 있는 특권을 누렸습니다.

가을이 오면 새로운 학기가 시작되며, 부흥회, 배구 대회, 신학교에서 학생실습 활동이 진행됩니다. 또한 가을에는 한국 전역의 대도시와 소도시에서 열리는 신나는 성경구락부 연합대회도 있습니다. 신학교 가을 방학 동안에는 서울, 대전, 김천, 대구, 안동, 경주, 인천, 부산에서 이러한 집회에 참석하고 함께할 수 있는 특권을 누렸습니다. 그곳에서 수천 명의 한국 소년 소녀들이 기독교 신앙과 삶 속에서 눈에 띄게 성장하는 모습을 보았습니다.

한국에서 겨울에는 긴 겨울방학에 들어가지만, 동시에 교회 생활을 더 많이 함께할 수 있는 기회이기도 합니다. 저는 오산 공군기지 근처에 위치한 한국 교회에서 전형적인 사경회를 진행할 수 있는 특권을 가졌습니다. 이 교회의 회중은 공군기지에서 일하면서 미국 생활 방식에 대해 많은 것을 배운 젊은이를 포함하여, 매일 새벽에 두 시간 동안 아침 모임에 참석하고 저녁에는 전도 집회에 참석했습니다. 또한, 인천제일장로교회의 한국 목사님과 함께 인천 근처의 한 지역 교회들을 방문하는 경험은 매우 보람 있는 일이었습니다. 우리는 3일 동안 9개의 교회에서 사경회를 진행했고, 그 중에는 부평의 정부의 집단거주지에 있는 약 200명의 나병 환자 회중이 포함되어 있는데, 그곳에서 우리는 회중의 진심어린 찬송가와 신속한 설교 반응에 감동받아 눈물을 흘렸습니다. 대부분의 회중은 우리 장로회신학교 졸업생이나 재학생이 이끄는 점도 주목할 만하며, 이러한 교회들은 성경구락부 사역에서 많은 힘을 주고받고 있습니다. 겨울 시즌에는 교회 선교회의와 선교 집행 위원회의 긴 회의 주간도 포함되었습니다.

봄은 한국에서 졸업의 계절입니다. 여러 개의 성경 공부구락부 졸업식을 함께하며 기쁘지만 힘든 경험이었고, 수백 명의 남녀 아이들이 초등학교와 고등학교 수준에서 기독교 교육을 마치는 모습을 보았습니다. 한국 전역에서 2,000명 이상의 어린이들이 졸업식을 치렀다는 사실을 깨닫게 되었습니다. 신학교 졸업식을 보는 것은 항상 고무적인 경험입니다. 올해는 125명의 젊은 남녀가 졸업장을 받고 교회에서 평생 주님을 섬기기 위해 나아갑니다.

그러고 나면 새학기는 봄에 시작되고, 그로 인해 저는 신학교에서 공부할 지원자들과의 개인 면접을 위해 하루 종일 앉아 있는 일이 포함됩니다. 면접에서는 그들의 기독교 신앙, 사역에 대한 소명, 신학교 규칙 준수 의지, 그리고 학비를 지불할 이론적인 능력에 대해 질문합니다. 또한, 매번 새로운 학생들을 성경구락부에 맞이하는 짜릿함도 포함됩니다. 물론, 이전 학년의 종료와 새로운 학년의 시작은 수백 개의 시험지를 처리하고, 강의 과정을 준비 및 개선하며, 성경구락부 자료를 준비하는 일과도 연결되어 있습니다.

이번 연도는 특별한 사건들이 있습니다. 여기에는 한국장로교 총회의 여러 날 밤에 걸친 회의, 신학교 이사회 연례 회의, 미국 장로교 한국선교 연례 회의, 그리고 올해 저에게는 『기독교 신앙과 민주주의 생활(*Christian Faith and Democratic Life*)』에 관한 소책자의 준비가 포함됩니다. 이번 연도도 쏜살같이 지나가고 있다는 썩 내키지 않는 자각이 일어나며, 그와 동시에 그리스도와 그의 왕국이 가까워지고 있다는 믿음과 희망이 더욱 커지고 있음을 말하고 싶습니다.

5. 개인 보고서, 1957, 1958

고대의 예언자는 귀중한 복음으로 초대하며 신앙의 경험을 처음 다음과 같이 묘사했습니다.

"오, 목마른 자들아, 물가로 오라.
돈 없는 자도 오라, 사서 먹으라!
와서 돈 없이, 값없이 포도주와 우유를 사라."

그리고 그는 복음을 들고 나가라는 명령으로 자신의 믿음을 묘사하며 이렇게 쓰고 있습니다.

"너희는 기쁨으로 나아가고, 평안으로 인도함을 받을 것이다.
너희 앞에 산과 언덕이 노래를 부를 것이다.
들의 모든 나무가 노래를 부를 것이다."

1957~1958년의 저의 개인 보고서라는 좀 더 평이한 언어로 귀중한 복음과 함께한 소중한 순간들을 기술하고 싶습니다.

신학교의 교실에 들어가면, 백 명 이상의 학생들이 낮고 등받이가 없는 벤치에 앉아 펜과 노트를 준비하여 50분 동안 꾸준히 쓰기를 기다리고 있는 것을 보게 됩니다. 그동안 호세아의 가슴 아픈 사랑 노래, 아모스의 양심을 깨는 연설, 망명 선지자의 황금 같은 연설, 주 예수 그리스도의 씁쓸하고 달콤한 이야기, 바울의 열정적인 서신들, 그리고 밧모섬 예언자의 신비로운 꿈들이 성경의 면면마다 생생하게 살아납니다. 또한 매일의 예배 시간에 약 500명의 미래의 복음의 목회자들이 교회의 위대한 찬송가를 부르는 것을 듣거나, 이 젊은 남녀들이 졸업장을 받고 그리스도의 종으로서 한국의 모든 지역으로 나가는 모습을 지켜보는 것은 귀중한 복음과 함께하는 소중한 순간들을 살아가는 것입니다.

천막이나 교회, 또는 일류 교실에 들어가서 50명이나 80명의 어린이들이 한국어 알파벳을 배우는 모습을 보거나, 약 600명의 아이들이 함께 모여 성경 구절을 암송하고, 기도를 드리고, 구락부의 표어를 외우고, 성경구락부 인사를 하고 예수님을 믿고 그분의 어린 시절을 본받아 성장하겠다는 서약을 새롭게 하는 모습을 보는 것, 또는 서울 동쪽의 금성 같은 도시 빈민가에서 새로운 성경구락부기 형성되는 것을 보거나, 금호동의 700명의 어린이를 위한 성경구락부 교회 학교 담당자 회의를 열고 교회 지도자들이 이 사업에 대한 전적인 책임을 지기로 결정하는 것, 매달 두 시간씩 80명 정도의 헌신적인 성경구락부 지도자들과 함께 기독교 교육의 최선의 방법을 연구하는 것, 또는 믿을 수 없는 푸른 10월 하늘 아래 앉아 5,000명의 아이들이 함께 예배하고, 뛰고, 즐겁게 놀며 하루 종일 기독교적인 분위기 속에서 지내는 모습을 지켜보는 것, 또는 약 500명의 성경구락부 졸업생들이 함께하는 연합 졸업예배에 참석하여 그들과 더불어 약 2천 명의 4~5학년 성경구락부 친구들이 "하나님의 약속 위에 서서"와 같은 찬송가를 마음 깊은 곳에서 소리 높여 부르는 것을 듣는 것이 그것입니다. 이것이 바로 귀중한 복음과 함께하는 몇몇 소중한 순간을 살아가는 것이다.

한국장로교의 군종 월례회의에 참석하거나 대한민국 대통령, 그리고 기타 군 고위 관리 및 민간 고위 관리 앞에서 기지 예배당에서 예수 그리스도의 복음을 전하거나, 군목의 초청으로 일부 전선의 한국군을 방문하여 한국의 한 군단 전체에게 부활 주일에 승리하신 그리스도를 주제로 설교하고, 한쪽 끝에는 "우리 지휘관의 기념일"이라는 문구가 적혀 있고, 다른 한쪽 끝에는 "예수 그리스도께서 다시 살아나셨다"는 문구가 적혀 있는 수건 한 장을 선물로 받는 것은 귀중한 복음의 소중한 순간들을 발견하는 것입니다.

미국에서의 회의로 인해 총회장이 자리를 비운 동안 연동교회에서 한 달에 한 번 설교하든, 종종 목회자가 아플 때 승동교회에서 부목사로 설교하든, 인천 지역의 몇몇 가난한 작은 시골 교회들에서 설교하든, 영락교회에서 어느 아침에 두 번의 예배를 드리든 한국교회에서 설교하는 것은 모두 귀중한 복음과 함께하는 값진 순간들을 경험하는 것입니다. 그리고 한국 교회 사경회에서 일주일을 보내면서 복음과 함께 값진 순간들을 얼마나 많이 발견하게 될까요?

목회자 당선자와 함께 그의 거실과 서재에서 생활하며, 그의 가족과 함께 식사를 나누고, 대화하기 위해 찾아오는 방문객들과 방을 공유하고, 자신의 책임 하에 있는 양떼에 대한 깊은 관심을 가진 신학생과 이야기하며, 규율이 없는 직원, 길을 잃은 양, 어려움을 겪고 있는 노회, 문제를 안고 있는 신학교, 분열된 교회, 그리고 새벽에 믿음이 있는 신자들과 모임을 가지며, 오전에는 헌신적이고 관심 있는 이들과 함께 공부하고, 저녁에는 많은 사람들에게 설교하며, "예수, 귀한 예수"같은 잊을 수 없는 한국 찬송가를 듣고, 키가 크고 젊은 경찰관과 다른 사람들이 기독교인이 되기로 결심하고, 또한 젊은이와 노인을 막론하고 전 교인이 일주일 동안 이런 모임을 지원하는 것, 이 모든 것이 귀중한 복음과 함께하는 값진 순간들을 소중히 여기는 것입니다.

고대의 예언자가 마음에 두었던 것이 아마 이와 같았을 것입니다. 복음에서 초대에 응하여 돈도 없이, 가격도 없이 포도주와 우유를 사라고 그가 말했을 때, 당신은 기쁨으로 나가고 평안으로 인도될 것이며, 산과 언덕은 당신 앞에서 노래하기 시작할 것이고, 들의 나무들은 손뼉을 칠 것입니다.

6. 개인 보고서, 1959

한국에서의 네 번째 선교 사역을 마무리하며, 우리는 이런 세상 속에서 기독교 선교활동이 어떻게 지속될 수 있을지 의문을 가질 수도 있습니다. 우리는 1929년 평양에서 선교 사역을 시작했습니다. 당시 평양은 세계에서 가장 큰 장로교 선교지부였고, 거의 모든 선교지부 회의가 부흥회처럼 끝나곤 했습니다. 그러나 그 임기는 일본의 신사참배 문제가 한국 땅에 그림자처럼 드리우며, 선교 학교들이 하나둘씩 문을 닫으면서 끝났습니다. 두 번째 임기는 신학교, 성경학원, 성경구락부에서의 사역으로 시작되었지만, 이 기관들 모두가 폐쇄되고 선교활동이 중단되었으며, 제2차 세계대전이 다가오면서 마무리되었습니다. 세 번째 임기는 한국의 독립이라는 초창기의 열정적인 시기에 시작되었지만, 한국 전쟁이라는 비극적이고 피비린내 나는 시기로 끝을 맺었습니다. 이제 네 번째 임기는 냉전, 우주 로켓, 그리고 수소폭탄이라는 불안한 시대 속에서 지나왔습니다. 우리는 선교 사역의 좌우명으로 다음 성경의 잠언을 붙잡습니다:

"바람을 살피는 자는 씨를 뿌리지 못하고,
구름을 바라보는 자는 거두지 못하리라."

요즘 한국의 장로회 신학대학에서 우리의 사역 역시 바람과 구름이 없었던 것은 아닙니다. 약 2년 전, 행정적 비리로 인해 이 기관에 큰 폭풍이 닥쳤습니다. 총장과 세 명의 고위 보직자가 사임을 강요당했고, 이사들은 심각하게 대립했으며, 교수진은 불만을 품었고, 학생들은 위험할 정도로 분열되었으며, 전체 교회가 혼란에 빠졌습니다. 그

뿐만 아니라, 최근 정부는 신학대학이 위치한 남산 꼭대기를 깎아 새로운 국회의사당 건설을 준비하기로 결정했습니다. 하지만 신학대학은 생존했습니다. 모든 수업은 계속되었고, 105명의 학생이 졸업했으며, 100명이 넘는 신입생이 입학했고, 교수진은 하나로 뭉쳤으며, 교육 과정은 개선되었고, 기숙사는 거의 재건되었으며, 미국에서 질 좋은 책상 겸 의자를 주문했고, 새로운 건물 계획을 위한 넓고 아름다운 부지를 매입했고, 학생들은 훌륭한 협력 정신을 보여주고 있습니다. 저는 교회의 미래 목회자 약 100명이 포함된 수업에서 복음의 영광을 가르칠 수 있는 지속적인 특권을 가장 소중히 여깁니다. 제가 가르친 과목으로는 이사야서, 소선지서, 신약개론, 공관복음에 따른 그리스도의 생애, 요한복음, 로마서, 요한계시록, 교회와 현대 문제들 등이 있습니다. 그러나 신학교 내 행정 업무가 증가함에 따라, 숭실대학교와 선교사 언어학교에서의 강의는 중단할 수밖에 없었습니다.

신학교에 닥친 그 폭풍은 총회 주석위원회의 사역에도 영향을 미쳤습니다. 왜냐하면 신학교 총장이 주석위원회 위원장도 겸하고 있기 때문입니다. 이 위원회는 지금까지 2년 넘게 회의를 열지 못하고 있습니다. 그러나 그 사이에 이 위원회에서 출간한 저의 600쪽 분량의 요한복음 주석서는 완판되어 재출간되었고, 저의 또 다른 주석서인 로마서 주석서도 출판되었습니다.

올해 한국의 성경구락부 운동은 여러 차례의 바람과 폭풍을 헤치고 창립 30주년을 맞이하게 되었습니다. 이 운동은 1929년에 시작되어 빠르게 한국 전역으로 확산되었으나, 1938년 일본 정부에 의해 전면 중단되었습니다. 이후 1949년 서울에서 다시 시작되었고, 1950년 6월 한국전쟁이 발발하기 전까지는 약 3천 명의 남녀 어린이들이 도시 교회들에서 수업에 참석하고 있었습니다. 당시에는 이 운동이 잊혀질

뻔한 사역으로 여겨질 수도 있었지만, 전쟁과 피난민의 혼란 속에서 그 필요성은 오히려 더욱 커졌고, 이후 몇 년간 매년 6만 명이 넘는 어린이들에게 기초적인 기독교 교육을 제공해 왔습니다. 그런데 올봄, 서울시가 서울 거주 모든 아동에게 의무교육을 제공하겠으며, 성경구락부는 더 이상 필요치 않다는 공식 통보를 하였습니다. 그러나 이는 실제로는 구름 한 점 없는 바람에 불과했고, 올해 서울의 성경구락부 참석 어린이 수는 작년보다 증가했습니다. 현재 정부와의 협의를 통해 이러한 혼란이 다시 발생하지 않도록 조치가 진행되고 있습니다. 올봄, 서울-인천 지역에서는 약 900명의 어린이들이 성경구락부를 졸업했고, 전국적으로는 약 5,000명이 졸업했습니다. 새 학년에는 서울-인천 지역에서 약 1만 6천 명, 전국적으로는 6만 명 이상의 어린이들이 성경구락부에 참여하고 있습니다. 한국 여러 지역에서는 성경구락부 지도자들의 월례 모임이 열리고 있으며, 지도자 집중훈련을 위한 여름 수련회가 매년 개최되고 있습니다. 또한 올해는 서울, 인천, 구미현, 충주, 안동, 경주, 대구, 부산 등지에서 특별 지역대회 및 30주년 기념 대회가 개최되었습니다. 성경구락부 잡지는 매월 발행되고 있으며, 현재는 확장된 제4판 성경구락부 지도자 지침서가 준비 중입니다.

한국군 군목 제도는 한국전쟁 초기 대통령의 명령으로 설립되었습니다. 그러나 지금까지도 여전히 많은 바람과 구름 속에서 그 역할을 이어가고 있습니다. 군목 제도에 법적 지위를 부여할 충분한 법률은 아직 제정되지 않았고, 한국교회도 이 사역을 지원하고 지도할 수 있는 적절한 조직을 아직 마련하지 못했습니다. 그 결과, 군목들은 대부분 자율적으로 사역을 수행하고 있습니다.

이 사역에는 개인 간의 마찰과 집단 간의 대립이 많았고, 일부 주요 군목들은 심각한 비판에 직면했고, 전체 제도를 폐지하자고 주장하는 사람들도 존재합니다. 그럼에도 불구하고 이 사역은 계속되고 있고, 대다수의 군목들은 군대 내에서 그리스도를 위한 충실하고 결실 있는 사역을 감당하고 있습니다. 이는 예전에 한 한국인 의사가 제게 영어로 쓴 편지 속의 말이 떠오르게 합니다: "제 아내는 죽을 정도로 아팠지만, 회복되어 건강을 되찾았습니다." 현재 300명 이상의 한국인 기독교 목회자들—그들 대부분은 장로교 소속—이 육군, 해군, 공군에서 계속해서 사역하고 있습니다. 지난 2년 동안 우리 교단의 군목부 주관으로 성공적인 군 복음 전도 집회들이 열렸고, 매달 약 100명의 장로교 군목들이 모이는 월례회도 우리 선교사 숙소의 클럽하우스에서 열리고 있습니다. 총회의 군목부서는 이제 완전히 조직되었고, 각 노회에 설치된 군목사역위원회를 통해 교회의 지지를 점점 더 얻어가고 있습니다. 또한 초교파 군목위원회도 재정비되어 국방부와 협력하여 군목 제도를 보다 안정적이고 지속 가능한 형태로 정착시키기 위한 협상을 진행 중입니다.

씨 뿌리는 때와 거두는 때, 더위와 추위 속에서 교회의 삶에 함께할 수 있다는 것은 큰 특권입니다. 저는 거의 매주일, 비가 오나 눈이 오나 도시와 시골의 크고 작은 교회들에서 설교를 해왔습니다. 홍성교회에서는 무더운 7월에, 외성교회에서는 한겨울에, 장항교회에서는 봄에 성경공부회나 부흥회를 인도했습니다. 장항에서는 첫날부터 교회가 가득 찼고, 다음 날에는 약 500명에 달하는 인파가 몰려들어 바깥에 서 있는 이들도 있었지만, 그 다음 날에는 바다에서 불어온 강풍과 비로 인해 참석 인원이 줄어드는 아쉬운 상황도 경험했습니다.

그러나 좋든 싫든, 날씨는 신학교 이사회, 집행위원회, 교수회의, 피어슨 성경학원 이사회, 숭실대학교 이사회, 숭실학원, 숭의학원, 대광학원, 성경구락부 지역모임, 월드비전 자문위원회, 군목위원회, 서울선교지부 관련 회의들, 지역 및 선교부 협동사역 위원회 회의들의 흐름을 완전히 막을 수는 없습니다. 경기노회와 대한예수교장로회 총회가 열릴 때면 바람과 구름은 늘 가까이 있습니다. 하지만 우리는 다음 성경의 잠언 말씀을 다시금 기억하게 됩니다:

"바람을 살피는 자는 씨를 뿌리지 못하고,
구름을 바라보는 자는 거두지 못하리라."

1960~1970년대

1. 개인 보고서, 1960~1961

사도 바울이 "우리는 이 보물을 질그릇에 간직하고 있습니다"라고 썼을 때, 그는 모든 선교사를 향해 말했을지 모릅니다. 그의 말은 미디안 군대가 이스라엘 평야에 진을 치고 있을 때, 기드온의 작은 무리가 나팔을 들고 나타나 갑자기 질그릇을 깨뜨리며 밤의 어둠 속으로 빛을 비추는 장면을 떠올리게 합니다. 한국의 역사에서 지난 80년 동안 중국의 종주국, 일본의 합병, 미국과 러시아의 점령, 공산주의 침투, 한국의 부패, 학생혁명, 군사 정권 장악을 겪으면서 기독교 운동은 시작은 아주 미약했지만 한국 기독교인이 백만에서 이백만 명에 이르는 성장세를 보였습니다.

한국의 교회는 분열, 전투, 부패, 그리고 진정한 혁명의 역사를 가지고 있습니다. 우리는 질그릇 속에 보물이 있음을 결코 잊을 수 없습니다. 하지만 그 보물을 발견하는 것은 얼마나 신나는 일인지요! 지난해 가을 휴가에서 돌아온 이후, 매주 일요일 1~3회까지 설교 요청을 받으면서, 우리는 한국의 크고 작은 집회의 성도들의 행복한 얼굴, 즐거운 노래, 간절한 기도, 그리고 조용한 집중 속에 그 보물을 발견했습니다. 서울 성광장로교회, 온양 제일장로교회, 그리고 안동 중앙장로교회에서 성경 공부를 인도하면서, 우리는 새벽 기도회, 아침 성경 공부 시간, 그리고 야간 전도 집회에서 이 보물을 목격했습니다.

우리는 협동목사로 청빙 받았던 서울의 충신교회와 성광교회의 유대감 속에서도 이 보물을 발견했습니다. 인천 아래 시골 지역으로 봄 여행을 하는 동안 8개 교회에서 예배를 드리며 이 보물을 즐겼습니다. 여행은 북쪽과 남쪽의 산등성이로 둘러싸인 긴 논 계곡을 나누는 낮은 능선의 소나무 숲에 위치한 작은 신설 교회에서 끝났습니다. 그날 밤 교회는 서양식 옷을 입은 젊은 남자들과 미국식 머리를 한 젊은 여성들로 가득 찼는데, 하지만 그들은 흙벽과 초가지붕으로 된 집들이 있는 오래된 마을에 살고 있습니다. 혼성 4중창단이 아름다운 음악을 연주했고, 젊은 교회 지도자는 인천에 공장을 소유하고 있으며, 서울의 야간 신학교에서 신학을 공부하고, 주말마다 그의 교회를 운영하고 있습니다. 그 교회를 떠날 때 우리는 산꼭대기에서 북쪽으로 빛나는 밝은 투광 조명을 보았고 마을 사람들은 그것이 그곳의 아주 새롭고 비밀스러운 미사일 기지에서 나온 것이라고 말했습니다. 그러던 중 우리가 달빛을 받으며 소나무 숲 사이를 걷고 있을 때, 갑자기 남쪽 하늘이 밝은 진홍빛으로 물들었고, 현지의 사람들은 그것이 산기슭에 있는 군수 공장에서 발생한 폭발일 뿐이라고 우리에게 장담했습니다. 우리가 질그릇 속에 이 보물을 가지고 있다는 것은 가장 오래된 이야기이자 가장 근대적인 드라마입니다.

장로회신학교의 콘크리트와 철골로 지어진 훌륭한 새 암송관 건물은 질그릇 속에 담긴 보물에 대한 우리의 이미지를 반전시키는 것처럼 보일 수도 있습니다. 그러나 어려움, 차이점, 사임 위협, 교수진의 철수, 행정적 위기로 인해 한 해 동안 신학교의 업무가 방해를 받았고 몇 시간에 걸쳐 회의와 협의가 이루어졌습니다. 그렇지만 우리는 250명 이상의 한국 젊은이들에게 기독교 목회자 교육 과정으로 이사야의 예언, 신약개론, 공관복음 역사, 요한복음, 로마서, 요한계시록, 그리고 "교회와 사회"에서 현대 기독교의 문제들을 가르치면서 많은 보물을 발견했습니다. 또한 숭실대학교, 연세대학교, 경희대학교(후자는 월 1회), 육군사관학교, 총회야간신학교의 연례 수련회 등에서 강연할 기회를 가졌습니다. 우리는 또한 한국군 군목들과 많은 접촉을 가졌고 NAE 군목들 중 11명이 '에큐메니칼' 단체로 돌아왔다는 소식을 전하게 되어 기쁘게 생각합니다.

성경구락부 운동은 그 고유한 내재적인 약점뿐만 아니라, 그 시대의 민족적 어려움과 교회상의 어려움 때문에 고통받아 왔습니다. 하지만 우리는 서울에서 약 100명, 인천은 약 60명의 성경구락부 지도자들이 모이는 월례 모임, 그리고 약 40명의 신학대학원생 성경구락부 지도자들이 모이는 모임처럼, 또 5,000명의 소년 소녀들이 모인 서울에서 열린 추계 연합대회나, 약 700명의 학생들이 초등학교 성경구락부 졸업장을 받고 영락교회에서 열린 졸업식에 참석했던 순간들처럼 성경구락부의 연례 연합대회 같은 흥미진진한 순간들에서 만나게 되는 보물에 기뻐합니다. 최근 신학교 2학년 회장이 가난한 시골교회에 성경구락부 도움을 간청했습니다. 그는 성경구락부를 졸업했기 때문에 이 일의 가치를 알고 있고, 그 졸업생 24명 중 12명이 현재 서울 소재 신학교들에서 기독교 사역을 공부하고 있다고 말했습니다.

오늘 아침에 연례 보고서를 작성하면서 질 그릇 속에서 보물을 찾고 있던 저는 어느 한국인의 전화가 걸려와 방해를 받았습니다. 그는 약 10년 동안 성경구락부의 지도자로 활동해 왔습니다. 작년에 그는 신학교에 입학하여 반에서 가장 높은 성적을 받았습니다. 그런데 그는 자신의 성경구락부 일이 너무 중요해서 그 일에 전 시간을 바쳐야 한다고 말하면서 나의 강력한 조언과 강력한 재정 지원을 무시하고 신학교 경력을 포기했습니다. 그는 자신과 성경구락부 동창회가 함께 교회가 없는 시골 마을을 복음화 할 계획을 세웠기 때문에 크리스마스카드와 전도지, 악기를 요청하러 왔다고 말했습니다. 그가 마을 이장을 방문했는데, 이장은 군복무 중에 군목의 영향으로 기독교인이 되었지만, 고향에 교회가 없어 집에 돌아온 뒤 활동을 하지 않았다는 것을 알게 됐다고 말했습니다. 그런데 마을 이장은 성경구락부 동창회의 소년 소녀들이 크리스마스카드(내가 제공한)와 설교 전도지(내가 약속한)와 악기(아직 출시되지 않은)를 가지고 와서 설교한다면 기꺼이 협력하겠다고 말했습니다. 오래 전 밤의 어둠 속에서 이스라엘 평원에 진을 치고 있던 미디안 사람들을 상대로 기드온과 그의 300명의 용사들의 영광스러운 전통을 따라 그들이 앞으로 나아갈 때 하나님께서 그들을 축복해주실 것입니다.

제가 무슨 말을 더해야 할까요? 도로시와 데비와 같은 가정에서의 선교사 생활, 낸시 메이와 같은 귀빈들, 직장 동료들, 그리고 아마도 세상이 감당하지 못할 동료 신자들 같은 보물들에 대해 이야기 하려면 시간이 부족할 것입니다.

2. 개인 보고서, 1961~1962

인종 통합, 국제 협력, 우주 탐사에 관한 새로운 개척지에 대한 발상은 워싱턴의 상상력을 사로잡았습니다. 정부의 혁명, 경제개발, 그리고 서양문명이 오랫동안 존재해왔던 동양의 삶에 깊숙이 침투하는 것과 같은 새로운 개척지에 대한 흥분은 한국 땅을 뒤흔들었습니다. 하지만 삶의 진정한 개척지에 대한 부르심은 우리의 마음에 예수님의 외침이 계속 생각나게 합니다. "하나님의 나라가 가까이 왔다. 회개하고 복음을 믿으라."

우리는 서울과 그 밖의 다른 곳에 있는 교회들에서 한 해 동안 매주 일요일(방학 제외)마다 1~3번 정도 복음을 설교하면서 이런 개척지의 흥분을 피부로 느꼈습니다. 춘천, 성주, 그리고 남해도("남해섬")에 소재한 교회에서 사경회를 열었고, 전국 장로교 목회자 총회, 전국 장로교 남성 총회에서 설교하고, 서울기독교면련회가 주최하는 일요일 저녁 특별예배, 그리고 경희대학교, 서울대학교, 지방농업대학교, 육군사관학교 학생회에서도 설교했습니다.

장로회신학교 교실에서 기독교 사역을 준비하는 수백 명의 한국 청년들과 함께 이 복음의 개척지에 오는 것은 흥미진진한 일입니다. 제가 가르치는 강좌는 이 개척지에서 상당히 만족스럽기 때문입니다. 대선지서, 신약개론, 공관복음, 예수 그리스도의 역사, 하나님의 아들에 관한 요한복음의 계시, 로마서 서신에 있는 믿음으로만 의롭게 된다는 복음, 요한계시록에서 저 너머의 땅에 대한 환상, 에큐메니칼 운동의 역사, 기독교와 민주주의, 기독교와 공산주의, 기독교와 오늘날 세계의 삶과 기독교의 역사를 포함한 기독교와 현대에 관한 개척 강좌, 그리고 성경구락부 운동에 대한 기독교교육의 실제에 관한 강좌입니다.

성경구락부 운동은 열성적이지만 혜택을 받지 못하는 한국의 수만 명의 소년 소녀들에게 기독교 생명 개척의 흥분을 가져다줍니다. 지난 한 해 동안 전국의 중등 성경구락부에 큰 활력이 넘쳤습니다. 우리는 서울과 인천에서 성경구락부 지도자들의 월례 모임에 참석하면서 이러한 흥분을 함께 나누었습니다. 서울, 안동, 전주 성경구락부 지도자 훈련원에서, 충주, 대전의 성경구락부 사역 방문, 서울 성경구락부 본부위원회의 빈번한 모임과 장로교 기독교교육부 성경구락부 분과위원회의 덜 빈번한 모임에서, 특히 성경구락부 연합대회, 졸업식, 개별 성경구락부 특별모임 등에서 그렇습니다. 성경구락부 운동의 목적은 한국의 청소년들을 그리스도에 대한 개인적인 신앙으로 인도하고, 누가복음에 묘사된 것처럼 기독교의 삶의 개척지에서 지적, 신체적, 영적, 사회적 네 가지 측면에서 그리스도 안에서 성장하도록 하는 것입니다.

기독교 군목단은 한국군의 모든 장병들에게 기독교적 삶의 개척을 전하고 있습니다. 장로교총회 군목사역부서 회장, 초교파적인 군목사역위원회 부회장으로 봉사하면서 이러한 노력에 작은 방식으로 참여할 수 있는 것은 저의 특권이었습니다. 또한 저는 우리 선교지부 단지에서 가끔 열리는 장로교 목사 모임에 참여하고, 한국 육군본부 군목학교에서, 한국 육군정보학교에서, 그리고 아마도 "하나님의 나라가 가까웠으니 회개하고 복음을 믿으라"고 말씀하신 예수님의 복음을 전파하기 위한 전도 모임으로 더 잘 알려져 있는 "종교 강의"라는 명칭으로 조직된 사단 및 연대 본부에서 열린 장교와 군인들의 모임에서도 연설하고 있습니다.

3. 개인 보고서, 1962~1963

선교사 사역의 연례 보고서를 작성하는 임무는 주님을 위해 무엇을 했는지 이야기하고 싶은 유혹을 주지만 저는 "가서 주님이 당신을 위해 하신 일을 전하라"는 예수님의 명령을 기억하며, 또한 저는 예수님의 말씀이 선교사의 사명을 요약해준다고 생각합니다. 하나님의 아들의 복음에서 주님은 우리의 구원을 위해 모든 것을 하셨으며, 또한 그 안에서 우리를 부르시고 세상으로 보내시며 우리의 필요를 채워 주십니다. 그는 우리의 고국에서 우리를 지원하는 교회를 세우셨고, 또한 개척지에서 우리의 사역을 함께 공유하는 교회를 세우셨습니다. 그는 우리에게 널리 열린 문이 있는 땅을 주셨고 공산주의 폭정과 무신론의 공격을 막아주셨습니다.

우리는 도처에서 아침저녁으로 한국의 크고 작은 교회에서 매주 복음을 전할 수 있는 특권을 주신 하나님께 감사드립니다. 부산 시내 북성교회, 진주중앙교회, 광주의 선교단지 교회, 대전제일교회, 그리고 광주와 경주 지역의 노회 전체 모임에서 이뤄지는 특별 예배도 포함됩니다.

우리는 매일의 예배와 함께 학생들이 마음을 다해 찬송가를 부르는 모습, 조용히 커다란 공책에 한가득 필기하는데 열중한 수업 시간, 가끔씩 나오는 질문이나 가끔 질문으로 인해 깨치는 고요함, 조용히 던지는 소리, 부드러운 웃음, 혹은 학생들이 당신과 함께 웃고 있는지, 당신을 향해 웃고 있는지, 혹은 당신을 웃고 있는지 당신이 궁금해질 때 우뢰와 같은 박수 소리를 들으며 장로회신학교에서의 일에 함께할 수 있어서 기쁩니다. 그러나 이 하나님께서 주신 특권은 아모스의 격렬한 비난, 호세아의 가슴 아픈 울부짖음, 대선지서와 소선지서 강좌에서 바벨론 포로 생활에서 울려 나오는 황홀한 구원의 찬송을 공부할 때, 공관복음서와 요한복음에 기록된 나사렛 예수의 아주 흥미로운 이야기를 공부할 때, 바울이 로마서에서 밝히는 복음의 풍성함을 더 배울 때, 혹은 한국 교회의 미래 목회자들과 함께 기독교 교회와 현대 사회의 도전적인 문제, 혹은 성경구락부 운동에서의 기독교 교육의 실제에 대해 함께 고민할 때 더욱 생생하게 살아납니다.

하나님께서 성경구락부 운동에 주신 선물에 감사드립니다. 물론 주 예수 자신부터 시작하여, 구원의 은혜와 예수님의 청소년 시절에 지혜와 키가 자라가며 하나님과 사람 앞에서 더욱 사랑스러워지며, 모든 청소년을 위한 완전한 모범이 되셨고, 또한 육체적, 지적, 영적, 사회적인 측면에서 기독교 교육의 완전한 모범을 보여주었습니다. (이것이) 처음부터 모든 성경구락부 교육의 이상입니다. 우리는 성경구락부 본부의 헌신적인 한국의 기독교 일꾼들에게도 하나님께 감사드립니다. 성경구락부 본부의 김찬호 목사님, 그리고 최찬영 목사님, 경상도에서 현재 수년간 시간과 물질로 헌신해 온 김춘규 장로님, 안동 지역의 시골 성경구락부에서 일하기 위해 서울의 매력적인 교회의 목회를 거부한 조문기 장로님, 진주 지역에서 보수를 받지 않고 성경구락부의 사역을 해오신 김옥봉 장로님, 서울 외곽에서 거의 400명의 소년소녀를 모집한 총명한 젊은 변호사 김종율, 서울과 인천 사이의 농촌 지역에서 200명 이상의 중학생을 위한 성경구락부를 설립하기 위해 자리를 포기한 대광학원 교사, 어제 먼 남쪽에서 전화를 걸어와 성경구락부에서 교육받고 자신의 삶을 그 사역에 헌신했다는 젊은 교회 일꾼, 그리고 충남으로 가서 그곳에서 성경구락부 사역을 구축하고 그것을 지방의 장로회 성경학원과 통합하여 성경구락부 졸업생을 위한 고등학교 수준의 교육을 받게 하여 미래의 농촌지역 성경구락부 지도자를 양성하고자 하는 장로회신학교 졸업생인 권기수 씨와 같은 분들께도 우리의 감사를 전합니다.

또한 교회들, 장로회, 총회, 협력 사역 부서, 연합교회, 선교회, 선교지부, 그리고 무엇보다도 우리 가정에서 이 선교 사역을 함께하는 하나님께서 주신 동역자들에게도 감사드립니다.

4. 개인 보고서, 1963~1964

여러분의 시간과 나의 시간을 아끼기 위해 저의 연례 보고서를 제가 사역하려고 하는 사역 목록들에 한정하여 꾸밈없이 보고하겠습니다.

신학교의 1학기 강의 과정: 공관복음 역사, 요한복음, 로마서, 소선지서, 교회와 사회의 문제, 기독교교육의 실제.

신학교의 2학기 강의 과정: 공관복음 역사, 신약성서 입문, 대선지서, 교회와 사회의 문제, 기독교교육의 실제.

종종 채플 예배설교, 학생 상담, 신학교 여름학기 강의를 합니다.

한 학기에 70분 동안 대한예수교장로회 총회 야간신학교에서 강의합니다.

한국 교회에서의 설교는 주로 매주 일요일 아침에 하고, 가끔 일요일 저녁에도 설교하고, 아주 드물게 수요일 저녁에도 설교합니다.

성광장로교회, 금호장로교회의 협동목사이고, 서울 은강제일장로교회의 총회 의장으로 섬기고 있습니다.

묵호항에 있는 한 교회의 사경회, 광주, 경주, 충주에서 각각 3번씩 저녁에 교회 전체 저녁 모임이 있습니다.

성경구락부 본부 사무실에서 약속이 자주 있습니다. 총회 교육부 성경구락부 위원회의 임시 모임; 성경구락부 본부위원회의 월례 회의; 매월 서울에서 열리는 지도자 회의; 서울 성경구락부 지도자 훈련원(2회); 경주, 광주, 전주, 충주 등에서 "기독교 교육의 이상", 성경구락부 운동의 원리, "기독교 교사", "성경구락부 방법과 활동"에 대한 강의를 진행합니다.

일 년 내내 피어선 성경학원에서 일주일에 한 시간 성경구락부 지도자 훈련이 있고, 졸업식, 개회 연습, 연합졸업예배를 포함한 다양한 성경구락부 모임들이 있습니다. 매월 발행하는 성경구락부 잡지에 실을 기사들을 작성합니다.

초교파 채플린 사역위원회 회의, 중앙위원회의 추가 회의, 장로교 총회의 채플린 사역위원회, 총회 전도부, 미8군 군목 수련원에서 3명의 한국군 군목수련회 실시; 어제(5월 10일) 최전선에서 4개의 시리즈로 군목들을 위한 설교; 교도소 목사 활동을 포함한 사역; 안양교도소 수감자 3,000명에게 부활 주일 설교를 했는데, 예배가 진행되는 동안 아무도 방을 떠나지 않았고, 아니, 우리는 예배 후에 아주 멀리 갔습니다.

선교회, 선교지부, 장로교협의회 정기모임, 서울 D. C. WI.의 모임, D. C. W. 선교회, D. C. W. 센터, 특히 교회-선교 관계 합동위원회에 참석합니다.

성서협회 집행위원회의 월례회, 선교회 간(inter-mission) 언어위원회, 신학교 교수진 및 위원회의 회의, NCC의 연례 회의에서 저는 드물고 전혀 예상치 못한 제3대 부회장직을 받게 되었습니다.

대광, 경신, 숭의, 인성학원, 숭실대학교의 이사회에 참석합니다.

그리고 저는 서울선교지부 재산위원회 3년차이면서 마지막 해의 위원이었습니다.

이 보고서는 총명하고 열정적인 젊은 신학교 학생들을 가르치는 특권에 대한 인식을 담고 있습니다. 즉 한국 교회의 생활과 사역에 참여할 수 있는 기회, 성경구락부 운동에 참여하는 기쁨, 채플린 사역의 가능성, 한국이 그리스도로 승리하는 꿈이 그것입니다.

5. 개인 보고서, 1964~1965

오늘날 한국에서 관문은 아마도 가장 매력적인 상징일 것입니다. 그것은 소박한 주택, 웅장한 사원, 큰 궁전, 현대적인 도시를 식별하게 해줍니다. 주변에 개성, 사생활, 위엄을 부여합니다. 한국은 한때 '은둔의 나라'로 세계에 대해서 문이 굳게 닫혀 있었습니다. 미국은 한때 "문을 열어라, 리처드"라는 애절한 노래가 울려퍼진 적이 있었습니다. 하지만 선교사들은 훨씬 더 영광스러운 메시지를 가지고 한국에 왔습니다. 즉 "너희 문들아, 머리를 들어라, 영광의 왕국이 들어오리라." 또는 왕 자신의 말씀으로 더 명확히 표현하자면 "보라, 내가 문 밖에 서서 두드리노니, 누구든지 내 문을 열면 내가 그에게로 들어가 그와 더불어 먹고 그는 나와 더불어 먹으리라." 그리고 오늘날 한국의 문들은 왕의 복음에 대해 활짝 열렸습니다.

현재 한국의 교회는 열린 문을 가진 교회입니다. 이 선교사는 매주 주일마다 한국 교회들에서 설교하라는 초대를 받았습니다. 우리는 한 달 동안 성광교회에서 담임목사님이 자리를 비운 동안 매주 설교했습니다. 우리는 금호교회에서 매월 한 번씩 피난민들이 모여 있는 공동체에서 설교했습니다. 마산 장로교회에서는 13년간의 격렬한 분열 후에 회중이 모두 함께 모였을 때 우리는 그 모임에 함께 했습니다. 우리는 여수와 제주도에 있는 교회들에서도 도시의 모든 교회의 저녁 예배에도 함께 했습니다. 우리는 도림교회에서 고난주간 동안 82명이 그리스도를 고백하며 나아오는 모습을 보았습니다.

오늘날 한국 군사 조직은 기독교 복음에 넓은 문을 열어주고 있습니다. 우리는 300명의 한국군 군목을 위한 세 번의 수련회 모임에 함께 했습니다. 한국군의 새로운 참모총장을 환영하는 예배에 참석하고, 또한 100만 명의 군을 책임지고 있는 이 장군이 하나님의 통치를 인정하는 말을 듣는 것은 큰 특권이었습니다. 이 열린 문은 한국에 군인 센터를 세우라는 초대입니다. 한국 해군 군목들은 이미 진해 해군 기지에 자신들의 센터를 세웠습니다. 논산 군사 훈련소의 군 당국은 센터 설립을 요청하고 있습니다. 대전 공군 기지의 지휘관과 수석 군목도 같은 요청을 하고 있습니다. 또한 전선 근처에 군인 센터를 세우기 위한 계획도 진행 중입니다. 한국군 당국, 80명의 군목, 그리고 한국 민간 교회의 군목 위원회가 이 전체 프로그램을 추진하기 위해 협력하고 있습니다. 이 군인 센터는 모든 군 관계자들에게 개방될 것입니다.

한국의 선교회 설립 기독교 학교들은 복음에 대해 활짝 열려 있습니다. 우리는 연세, 숭실, 경희대학교 학생들과 이야기할 수 있는 특권을 가졌습니다. 우리는 대광, 경신, 숭의, 인성 학교 이사회 회의에 참석했습니다. 또한 피어선 성경연구원에서 성경구락부 지도자 훈련 프로그램에 참여했습니다.

장로회신학교는 목회에 진입하려는 학생들에게 열린 문을 상징합니다. 이 학생들의 열정, 개방성, 염원은 그 자체로 열린 문입니다. 우리는 교실에 들어가 하나님의 복음을 가지고 학생들과 대면하는 것에 지치지 않습니다. 우리가 가르치는 것은 하나님 나라의 열린 문에 대한 복음입니다. 신약, 예언서들, 교회와 사회, 그리고 기독교 교육의 과목들을 포함합니다. 우리는 올 한 해 동안 신학교 도서관과 매일 아침 채플을 담당했습니다. 주중에는 성경구락부 활동을 하는 약 60명의 신학교 학생들을 감독했습니다.

우리는 이 한국 땅에서 성경구락부 사역의 열린 문에 감사드립니다. 그것은 수천 명의 한국 청소년들의 마음과 삶으로 이어진 열린 문입니다. 우리의 사역에는 월례 회의와 지역 기관에서의 성경구락부 지도자 훈련이 포함됩니다. 연중 동안 우리는 서울, 마산, 여수, 제주, 대전의 기관들에 참석합니다. 이 사역에는 성경구락부의 월간지인 『지도자』의 준비도 포함됩니다. 서울과 그 외 구락부 지역들의 성경구락부에 가끔 방문하기도 합니다. 금년에는 성경구락부 운동 설립 35주년을 기념했습니다. 전현직 총회 교단장들, 목사, 졸업생, 전(前) 지도자들이 참석했고, 지난 과거에 대한 감사와 또한 이 사역의 미래에 대한 희망이 많은 사람들에 의해 전해졌습니다. 우리는 "내가 너희 앞에 열린 문을 놓았노라"라고 말씀하신 하나님을 기리며 이 보고서를 드립니다.

6. 미국 장로교 한국선교회, 개인 보고서, 1966~1967

오늘날 극동에서 비판적인 단어는 베트남전쟁을 가리키는 "확대"라는 용어입니다. 그것은 그리스도의 사역과 지금 한국에서 선교사의 역할에도 적용될 수 있습니다. 선교사는 오래 전 세례요한이 예수님과의 관계에서 이를 표현한 것처럼 확대의 개념을 항상 수용해 왔습니다. "그는 흥하여야 하겠으나, 나는 쇠하리라."

우리는 이 땅에서 교회의 삶을 어떻게든 그리고 점점 더 감소시키는 방식으로 나눌 수 있는 특권을 소중히 여겼습니다. 지난 한해 동안 우리는 대형 교회와 소형 교회, 농촌과 도시를 포함한 여러 교회에서 설교하도록 초대받았습니다. 서울의 외곽 교회들에서의 연합 부활절 새벽 예배, 도시의 대형 교회에서의 크리스마스 예배, 또 다른 서울의 한 교회의 10주년 기념예배와 대규모 청소년 합창단의 멋진 뮤지컬 프로그램, 그리고 약 400명의 아동 성경구락부가 있는 빈민촌에서 성장하고 있는 한 교회의 1주년 기념 예배와 원주제일장로교회의 옛날 방식의 사경회, 서울대학교 공과대학, 숭실대학교와 세브란스 의과대학의 대학생 모임, 도원교회의 대학생 그룹, 경신고등학교 교직원 수련회, 그리고 영락장로교회, 장로회신학교, 서울연합교회에서, 그리고 라디오 기독교 방송국에서 베를린 전도대회 보고를 했습니다. 또한 협력사업부, 서울 노회, 한국장로교 총회 회의, 그리고 숭실대학교와 경신, 숭의 장로교 학원 이사회에도 참석했습니다. 성경구락부 운동의 중앙 및 본부 위원회 회의에도 참석했습니다.

저는 한국 교회의 군목사역위원회의 증가하는 업무에 참여해 왔습니다. 위원회는 올해 서울의 미 육군 제8군 군목 수련회 센터에서 열린 네 차례의 한국 군목 수련회에 참여했습니다. 또한, 대전의 논산에 있는 한국군 훈련소에서 시작하여, 한국군 군인센터 설립을 진행해 왔습니다. 장소가 선정되었고, 건축이 시작되었고, 이 프로젝트를 위해 영락교회가 전도사를 전임으로 지원하고 있습니다. 이 센터는 한국 군대에 입대하는 신병들에게 도움을 줄 것인데, 이들 수백 명은 절차를 밟는 동안 보통 4일 동안 대기해야 하는데, 딱히 하는 일 없이 갈 곳도 없어서 고향을 그리워하고 불안해하고 있습니다. 이곳이 한국 교회가 군대에 입대한 젊은 남성들에게 전하는 기독교적 증거와 봉사의 전략적 장소가 될 것 같습니다. 포항의 대규모 해병대 기지와 기타 전략상 중요한 장소에 대한 유사한 센터들이 계획과 구상 단계에 있습니다.

우리 협동 사역 부서는 이 방향으로 기회가 널리 열려 있는 만큼 정부 교도소와 지방 병원에서 전도 사업에 대한 지원을 늘리기로 했습니다. (계속)

연합장로회(UP)의 5천만 달러 기금에서 그다지 얼마 되지 않는 소액 항목의 도움으로 17개의 서로 다른 지역들에서 하나 이상의 '성경구락부 학교 모델'을 설립하는 캠페인이 시작되었습니다. 모델 학교의 표준에는 이런 내용들이 포함되어 있습니다. 전적인 지역 교회의 지원, 토지 및 부지의 법적 소유권, 성경구락부 기독교 교육 프로그램의 완전한 실시, 매일 출석하는 학생 수는 100명 이상, 최소 3명의 전임 교사-지도자, 교육시설을 증축하는 건축사업. 반응은 꽤 고무적이었습니다.

수백 개의 구락부와 수천 명의 한국 소년 소녀들의 수많은 활동을 설명하기에는 시간이 모자랍니다. 즉 하루 종일 '성경구락부 연합대회', 졸업식, 지도자 훈련원, 지도자들의 월례 모임, 긴급 문제, 개인 면담, 본부 업무 시간, 성경구락부 월간 잡지 기사들, 기념일 축하

행사, 그리고 "가난한 자들은 항상 너희와 함께 있느니라"라는 성경 말씀의 완전하고 완벽한 성취가 그것입니다.

이 성경구락부 사업은 확실히 증가세를 보이고 있습니다. 그것은 "예수는 그 지혜와 키가 자라가며 하나님과 사람에게 더욱 사랑스러워 가시더라"라는 모토를 바탕으로 설립되었고, 성경구락부 소년 소녀들의 성장하는 삶을 온전한, 네 가지 측면의 그리스도인의 삶과 신앙으로 이끌어가는 목적을 성취하고자 합니다. 우리는 교사와 학생의 교육 활동, 운동장과 교실 시설, 교회의 지원, 교육부의 이해의 질이 향상되었다고 믿습니다. "염광" 성경구락부는 서울 외곽에서 1,100명의 학생이 등록하는 규모로 성장했으며, 정부 사립학교 인가를 받고, 성경구락부 유형의 완전한 그리스도 중심 프로그램을 진행하고 있으며, 또한 올해는 '실천적이고 생활중심의 교육사업'으로 정부로부터 400개 공립학교 중 15만원의 상금을 받았습니다.

전년도와 마찬가지로 우리는 장로교 신학교에서 매주 12시간씩 가르쳤습니다. 신약성서개론, 복음사, 바울서신, 일반서신, 요한계시록, 신약신학, 기독교 교육의 실제(성경구락부의 원리와 실천), 그리고 신학교 대학원의 새로운 수업들. 우리는 많은 헌신적인 한국 젊은이들이 성장하여 평생 동안 주님의 교회로 나가서 주님을 섬기는 목회자 훈련에 참여할 수 있는 특권에 깊이 감사드립니다.

7. 연례 보고서, 1968년 5월

최근 한 잡지 기사는 이런 말을 하고 있습니다. "여러분은 주변 세계를 기성품과 과거 사건의 집합이 아니라 지금 일어나고 있는 일로 보아야 합니다. '이게 뭐죠?'라고 묻지 말고, '여기서 무슨 일이 벌어지고 있는 걸까요?'라고 물어보아야 합니다. 지난 한 해의 선교 사역에 대한 보고에서 나는 이 질문들 중 첫 번째부터 두 번째까지 계속하고 싶습니다.

장로회신학교에서 제가 가르치는 과목에는 신약개론, 복음사, 사도행전과 서신서, 요한계시록, 신약성경 신학, 성경구락부 기독교 교육 과정이 포함되어 있습니다. 그게 전부입니다. 그런데 여기서 무슨 일이 일어나고 있나요? 그것은 그리스도의 부르심을 듣고 일생 동안 나가서 그분의 이름으로 백성을 섬길 준비를 하고 있는 한국의 많은 헌신적인 젊은 남녀들과 함께 나사렛 예수의 놀라운 인격과 사역에 대한 집중적인 연구입니다.

성경구락부 교회학교 운동은 거의 매일 본부 사무실에서 일하고, 매주 방문하여 예배시간, 봉헌예배, 졸업식, 특별행사에 참여합니다. 저녁 시간에 사역에 참여하는 약 40명의 신학교 학생들을 감독합니다. 지도자들의 월례모임에서 연설하고, 월간 잡지에 기사를 쓰고, 반년마다 열리는 전국 지도자 훈련 기관을 계획하고, 예산이 감소함에 따라 증가할 수 있는 기회들과 마주하고, 장로교 성경구락부 위원회와 다양한 성경구락부 이사회 회의에 참석합니다. 그게 다인데 여기서 무슨 일이 벌어지고 있는 걸까요? 가장 가난하고 대부분 비그리스도인 가정 출신의 거의 40,000명의 소년 소녀들이 약 470개의 성경구락부 교회학교에 다니고 있으며 "지혜와 키가 자라고 하나님과 사람에게"라고 말하며 매주 학생이 진행하는 예배에서 다음과 같은 성경구락부 모토를 낭송했습니다. "네 마음을 다하고 목숨을 다하고 힘을 다하고 뜻을 다하여 주 너의 하나님을 사랑하고 네 이웃을 네 몸과 같이 사랑하라."

한국 육군, 해군, 해병대, 공군, 교도소, 도립병원, 경찰서, 한국 군인센터에서 채플린으로 봉사하는 한국 목사들의 사역에 참여하는 것은 우리의 선교적 특권입니다. 육군의 대규모 훈련소와 해병대 본거지인 포항에 센터가 있는 것뿐인데 여기서 무슨 일이 벌어지고 있는 것일까요? 선교사들과 교회는 특별한 도움이 필요하고 복음전도의 기회가 있는 수많은 한국 사람들에게 연합된 기독교 증거를 제시하고 있습니다.

주일 아침과 저녁 예배, 그리고 주중 특별 저녁 모임에서 한국 교회들의 초청으로 설교할 기회가 옵니다—일상인데, 여기서 무슨 일이 벌어지고 있는 걸까요? 노소를 막론하고 수많은 사람들이 매주 모여서 살아계신 하나님을 예배하고, 그분의 말씀을 듣고, 또한 80년 전만 해도 완전히 비기독교적인 땅에서 그리스도의 이름으로 신앙과 봉사의 삶에 자신을 헌신합니다.

선교사의 사역은 끝없는 회의로 보일 수 있습니다: 선교지부 회의, 선교회 회의, 노회 회의, 총회 회의, 지역 및 전국 협동사역부 회의; 전국 기독교 협의회 회의, 채플린 사역위원회 회의; 신학교 교수회의; 숭실대학, 경신, 대광, 숭의, 인성, 염광, 세광, 성민교회 학원의 이사회 회의들—그런데 여기서 무슨 일이 벌어지고 있는 걸까요? 그것은 예수 그리스도의 백성들이 복음을 전하고, 백성을 가르치고, 병든 자와 궁핍한 자와 버림받은 자들을 도우며, 하나님 나라가 임하는 날을 앞당기는 것입니다.

프랜시스 킨슬러 드림.

8. 개인 보고서, 1968~1969

오늘날 세상의 변화에 대해 많은 이야기가 있습니다. 그러나 기독교 복음은 처음부터 변화에 대해 더 많은 이야기를 했습니다. 그리고 변화하는 세상 속에서 변하지 않는 현실에 대해 말해야 합니다. 그리고 우리는 복음의 변화시키는 능력에 참여하는 특권을 기뻐합니다.

변화시키는 복음의 능력은 한국교회의 삶과 사역에 나타납니다. 그것은 열렬한 노래, 간절한 기도, 말씀 전파에서 나타납니다. 왜냐하면 이 교회 사람들의 삶에는 새로운 믿음과 소망과 사랑이 있기 때문입니다. 우리는 일 년 중 매주 일요일 교회 예배 시간에 적어도 한번씩 설교했습니다. 우리는 청년부 모임과 안수식에 참여했고, 두 개의 다른 노회에서 설교하도록 요청받았고, 여선교회 창립 40주년 기념 3일 동안 성경시간을 가르쳤습니다. 저는 현재 마흔 살인 여성 고등성경대학에서 몇몇 여성들을 가르쳤습니다. 우리 모두에게 약간의 변화가 있었다고 인정하더라도, 우리는 변하지 않는다는 동일한 믿음을 공유합니다. 우리는 봄에 남해 섬에서 기억에 남는 교회 행사에 참여했습니다. 담임목사가 은퇴하고 젊은 후임자가 취임하였고, 또한 옛 것과 새 것이 혼합되어 중요한 변화를 이루며 옛 교회에 부속 신관이 헌당되었다.

장로교 신학교에서는 변화하는 것과 변하지 않는 것이 서로 경쟁합니다. 커리큘럼 학장은 학습 과정에 새로운 이름과 번호를 부여했습니다. 그러나 리차드 니버가 신학 교육에 관한 자신의 보고서에서 말했듯이 주제와 교사는 변할 수 있지만, 신학 교육의 본질은 그대로 유지됩니다. 우리는 신약성서에서 교과 과정을 가르칠 수 있는 지속적인 특권에 감사합니다. 나의 이상은 자기 보물에서 새 것과 옛 것을 꺼내는 집주인입니다. 40여 명의 신학교 학생들이 성경구락부 활동을 하는 프로젝트는 일 년 내내 계속됩니다. 그러나 신학교와 성경구락부 학생들의 세대에 계속적인 변화가 있습니다.

성경구락부 운동은 올해 창립 40주년을 맞이하고 있습니다. 그것은 아마도 어느 곳의 어떤 운동보다도 수많은 외부 방해로부터 살아남았습니다. 그러나 성경구락부의 기독교 평생교육의 근본원리는 동일합니다. 몇몇 활동들은 처음부터 계속 유지되고 있습니다. 다른 활동들은 몇 년 전에는 꿈도 꾸지 못했던 일이었습니다. 우리는 서울의 성경구락부를 방문했고 다양한 종류의 모임에서 말씀을 전했습니다. 우리는 충청도 두 지역의 여러 성경구락부들을 순회했습니다. 선생님들의 헌신과 학생들의 발전을 보는 것은 감동적입니다.

다른 무엇보다도 이 사역에 감사하는 것은 우리가 이 사역을 통해 얻는 것이 많기 때문입니다. 이 사역은 우리로 하여금 세대 간의 간극을 메우고, 어려운 처지에 있는 사람들을 돕고자 하는 열망을 충족시키며, 현대 교육을 위한 싸움에 참여하고, 그리스도의 사랑을 가지고 세속적인 세계에 들어가며, 복음의 변화시키는 능력을 증언하고, 예수님의 명령을 따라 어린이들과 성장하는 청소년들이 그분께 나아오도록 돕는 데 기여하기 때문입니다.

한국 군목들은 올해 그들의 사역 18주년을 기념했습니다. 그들의 효율성 향상을 지켜보고, 한국 민간 교회와 기독교 선교의 군목사역위원회와 협력하여 그들과 함께 세 곳의 군인센터를 설립하는데 함께 할 수 있었던 것은 큰 특권이었습니다.

변화하는 시대를 반영하여 협력사역부는 현재 큰 변화를 겪고 있습니다. 그러나 그동안 한국에서 선교 사역의 연속성을 유지하는 데 많은 기여를 해왔습니다. 지난 2년 동안에는 18개의 정부 교도소,

12개의 지방 병원에서 복음 전파 사역을 시작했으며, 세 곳의 군인 센터 설립에 참여하고, 성경구락부 운동을 통해 약 50개의 새로운 교회학교 발전에 참여했습니다.

우리 가족은 올해 새로운 가족 구성원인 사랑스러운 며느리 수 (Sue)가 들어오면서 행복한 변화를 겪었습니다. 이로 인해 우리는 한 국 사람들에 대한 애정이 더욱 커졌습니다.

9. 개인 보고서, 1969~1970

우리의 한국에서의 선교 사역이 끝나갈 무렵, 우리는 예수님께서 지상에서의 공생애를 마치실 때 제자들에게 하신 질문이 떠오릅니다. "내가 너희를 전대도 없고 보따리도 없고, 혹은 샌들도 없이 보냈을 때 부족한 것이 있었느냐"라는 질문을 떠올리게 됩니다. 제자들은 "아무 것도 부족하지 않았습니다."라고 대답했습니다. 하지만 만약 그 질문이 미래 시제로, 이 사역의 시작에 우리에게 던져졌다면 어떻게 되었을까요? "나는 부족한 것이 있을까?"

한국에 처음 왔을 때 부산 항구를 둘러싼 황량한 언덕에 우울해진 저는 그곳에서 만난 저의 누나에게 "자, 밥 먹으러 가자"고 말했습니다. 그런데 그녀는 나를 철도 호텔에 베이컨과 계란이 포함된 풀코스 아침식사로 데려갔고, 그 이후로도 그런 일들이 계속 있었습니다. 하나님과 위원회, 그리고 많은 좋은 사람들 덕분에 우리는 온전한 가족 생활을 누리는 축복을 받았고 이제 베트남에서 채플런(목사)로 봉사하는 아들이 한 명 있습니다. 또 다른 한 명은 과테말라에서 신학교 교수로 일하고 있고, 캘리포니아에서 가족과 함께 살고 있는 딸과 그 외에도 일곱 명의 손주들도 있습니다.

한국에서 6개월 후에 한국말로 했던 첫 설교 경험의 기억은 여전히 나를 당황스럽게 합니다. 내가 부족한 점이 있었을까요? 어휘나 문법, 발음은 물론이고, 내용이나 재치도 부족했던 것 같습니다. 그럼에도 불구하고, 우리는 그날부터 지금까지 교회 예배, 사경회, 목회자 모임, 교도소 및 병원 예배, 그리고 군사 기지에서 복음을 전하는 특권을 누려왔습니다. 지난 가을 서울 남대문장로교회 창립 60주년 기념식에서 설교할 수 있었던 것은 특별한 영광이었습니다.

한국에서 첫 임기를 보내는 동안 저는 합성기독대학(숭실대학)에서 영어와 성경을 가르치는 임무를 받았습니다. 그런 다음 현장으로 돌아가기 전 여름에 저는 가을에 에스겔의 예언, 소선지서, 신약 그리스어 과목을 신학교에서 가르치는 강의 요청 편지를 받았습니다. 지금 제가 부족한 것이 있었습니까! 그러나 주님은 저를 지지하셨고, 저를 강하게 하셨고, 믿으시든 말든, 저는 그 이후로 신학교에서 계속 가르쳤습니다. 이번 봄에는 호남신학교에서 4일 동안 4시간씩 가르쳤습니다. 한국장로교회의 마지막 총회의 일요일 정오 모임에서 저는 20여 명의 총회 의장들을 포함하여, 복음의 천여 명의 목사들의 가르침에 참여했다고 언급되었습니다.

추운 겨울밤에 한국에서 두 번째 겨울을 보내는 동안 우리는 거리에서 거지 여섯 명을 모아 기독교 서점 다락방의 난로 옆에 잤고, 이것이 한국에서 성경구락부 운동의 시작이었습니다. 우리에게 무엇이 부족했을까요? 건물, 교실, 장비, 교사, 프로그램, 교육 철학, 아이디어나 학교를 운영하는 방법뿐이었습니다. 그러나 일본 제국 정부의 간섭, 2차 세계 대전의 어둠, 공산주의 봉기, 한국전쟁의 폐허, 학생들의 빈곤, 부모들의 기대에도 불구하고 그 사역은 성장했고 작년에는 남한 전역에서 온 약 400명의 경험 많은 남녀가 모인 교사 구락부 대회로 출산 기념일을 축하했습니다. 서울 지역에서 약 12,000명의 남녀 청소년이 모여 하루 종일 예배와 운동 행사를 하는 성경구락부 집회가 열렸습니다. 12월에는 이 지역의 중학교 성경구락부 졸업생 약 3,000명을 대상으로 영락교회에서 연례 학사 학위 수여식이 열렸습니다. 저는 14개의 다른 성경구락부 학교 졸업식에서 연설하여 동료의 이야기를 꽤 잘 전달했습니다. 우리는 이 행사를 통해 수십만 명의 한국 남녀 청소년이 섞였고, 교육을 받을 기회가 거의 없거나 전혀 없는 대부분 비기독교 가정에서 존스의 사랑에 대해 듣고 기독교적 삶을 사는 훈련을 받았다는 사실에 하나님께 감사할 수밖에 없습니다.

하지만 여전히 "당신에게 부족한 것이 있었나요?"라는 질문이 떠오릅니다. 그 대답은 저에게는 엄청난 당혹스러움을 주는 것이었고, 여러분에게는 엄청난 피곤함을 주는 것이었을 것입니다. 나는 오히려 신약성서에서 나온 이 말씀으로 마무리하고 싶습니다. "우리가 스스로 충분하여 어떤 것이 우리에게서 온다고 주장할 수 있는 것은 아닙니다. 우리의 충분함은 하나님에게서 옵니다. 이것이 우리가 그리스도를 통해 하나님을 향해 갖고 있는 확신입니다."

제4부

기타

제4부는 킨슬러가 남긴 문서들 가운데 한국에 관한 다양한 글들을 중심으로 구성하였다. 문서의 생산년도는 문서에 따라 명확하지 않은 자료도 있지만, 내용상 1950년대부터 1960년대로 추정된다. 문서의 내용들은 한국에서 활동하면서 킨슬러가 보고 느낀 한국사회의 여러 실상들을 수록하고 있다. 즉 킨슬러의 한국 선교 동기와 목적, 선교활동에 관한 단상들, 한국전쟁기에 대구지역에 새로 설립된 고아원들, 대구지역 구호활동 프로젝트, 성경구락부 운동의 역사와 활동, 한국선교부의 독립성, 한국교회의 성장 과정, 장로회신학교의 초석을 다지던 시기에 겪은 어려움들, 두 제국 사이에 끼인 한국의 국제적 지위와 그 실상들을 다양하게 살펴볼 수 있다.

1

한국을 향한 선교

한때 한국은 '은둔의 나라'로 알려져 있었습니다. 이 작은 왕국은 세계와 거리를 두는 것을 자랑스럽게 여겼습니다. 불과 70년 전만 해도 외국인이 감히 국경을 넘는다면 사형에 처해졌습니다. 상투를 틀고 흰 도포를 입은 옛 조선인은 고립된 삶을 꿈꾸며 살아갔고, 근대사의 무대에서는 가망 없는 시대착오적인 존재처럼 보이기도 했습니다. 그러나 지난 반세기 동안 열강들이 한국에 저지른 일을 생각하면, 외국인을 경계하던 한국인의 오래된 태도는 다가올 일들을 내다본 예지력처럼 느껴집니다.

사실 옛 중국 제국은 오랜 세월 동안 작은 한국에 느슨하지만 우호적인 종주권을 행사했습니다. 기원전 1122년, 중국의 유명한 재상 기자는 북경에서 정치적 불운을 겪고, 몇몇 추종자들과 함께 평양으로 망명했습니다. 이들은 중국의 예술과 문화를 한국에 전해주었습니다. 그때부터 중국식 달력, 한자, 그리고 유교적 삶의 방식은 한국 생활의 일부로 받아들여지게 되었습니다.

한국에 대한 외세의 침입은 근대 일본의 부상과 함께 본격적으로 시작되었습니다. 1894년 청일전쟁의 평양 전투에서 한동안 극동의 패권이 결정되었습니다. 북쪽에서 우산과 부채, 독한 술병을 든 청나라 군대가 몰려왔고, 남쪽에서는 소수의 근대적 장비와 훈련을 갖춘 일본군이 올라왔습니다. 일본군은 성벽의 작은 문을 통해 도시로 진입하여 청군을 격파하고 승리를 거두었습니다.

일본의 한국 지배는 이 승리로 시작되었으며, 1904년 러시아와의 전쟁에서 절정을 맞았습니다. 이 전쟁은 북쪽에서 내려오는 러시아의 세력과 남쪽에서 올라오는 일본의 세력이 한반도에서 충돌하면서 일어났습니다. 일본이 러시아를 상대로 거둔 승리는 한국에서의 정치적 음모를 본격화하는 발판이 되었고, 마침내 1910년 일본 제국에 의한 한국의 병합으로 이어졌습니다. 그때부터 일본의 법률, 사업, 문화가 점점 더 깊숙이 한국인의 삶에 스며들게 되었습니다. 1932년 만주사변을 계기로 일본 군국주의자들의 정책이 본격화되었습니다. 한국은 외세의 지배 아래 점점 더 강하게 통제되었으며, 이는 일본의 극동, 나아가 세계 정복이라는 꿈을 실현하기 위한 수단이 되었습니다. 이 지배는 한국인들에게 엄청난 고통이었고, 그들은 정치적 경제적 자유에 대해 아무것도 알지 못한 채 살아야 했습니다. 한국 경제는 제2차 세계대전이라는 어두운 시기의 일본 전쟁 수행을 위한 가혹한 요구에 시달렸습니다.

그러다 전쟁이 끝났고, 한국은 마침내 해방을 맞이했습니다. 한국인들은 커다란 안도감과 기대 속에 미군과 소련군을 맞이했습니다. 소련군은 38선 이북 지역을 점령했고, 미군은 그 남쪽 지역에 주둔했습니다.

처음에는 모든 것이 잘 되는 것처럼 보였습니다. 많은 한국인들은 거리를 두고 보던 공산주의 사상을 좋아했습니다. 그러나 불과 6개월이 지나자 북쪽 점령군의 방식이 변하기 시작했습니다. 권력은 점점 독재적이고 무자비해졌으며, 한국인의 삶은 점점 불안정해졌습니다. 그러자 북에서 남으로의 탈출이 시작되었습니다. 사람들은 집과 토지, 재산, 사업체, 심지어 가족까지도 두고 떠났습니다. 그들은 목숨을 걸고 38선을 넘었습니다. 이미 포화상태인 남한에서 맨손으로, 일자리도 없이 새 삶을 시작해야 하는 막막한 현실을 마주해야 했지만, 그들은 공산정권 아래 사는 삶보다는 그 어려운 선택을 택했습니다. 그들은 공산주의를 직접 체험했고, 그것이 자신들에게 너무나 쓰디쓴 것이었음을 깨달았습니다. 북한에는 15만 명의 소련군이 평양과 그 주변에 주둔했고, 1948년 여름 철수하면서도 천 명가량의 "고문단"을 남겨 정치, 경제, 사회, 심지어 종교 생활까지도 통제하게 했습니다. 이들은 한국인들에게 공산주의가 어떤 것인지 뼈저리게 경험하게 했고, 수많은 한국인들은 그것을 견디지 못해 남쪽으로 탈출했습니다. 그 수는 1백만에서 2백만 명에 달하는 것으로 추산됩니다. 그리고 최근의 전쟁에서도 북진하는 공산군을 피해 남쪽으로 또 한 번의 대탈출이 벌어졌습니다. 한국인들은 공산주의자를 자기 나라 밖으로 몰아낼 수 없다면, 그들로부터 가능한 한 멀리 도망치겠다는 태도를 보였습니다. 북한군이 유지되고 있는 것은 무력, 협박, 허위 선전 때문이라는 것이 한국 전반의 공감대였습니다.

　미국도 같은 시기에 남한에 주둔하여 점령을 시작했습니다. 1948년 5월, 유엔의 감독 아래 자유 선거를 통해 대한민국이라는 민주적이고 주권적인 공화국이 수립되었습니다. 이 새 정권은 미군의 한국군사고문단(KMAG)과 미국 재한 공관의 지원을 받으며 강화되었습니다. 한국인들은 이 새로운 체제를 단순하고 순수한 믿음으로 받아들였습니다. 그러나 그들의 국가는 38선에 의해 양분되어 있었고, 경제는 마비되었습니다. 북에서 밀려든 대규모 인구 유입으로 남한은 과중한 부담을 떠안았습니다. 공무원들은 민주주의 경험이 부족했고, 정부는 옛날 동양식의 부패 구조에서 벗어나지 못했습니다. 공산주의의 위협에 대한 공포는 신생 공화국에 심각한 영향을 미쳤습니다. 결국, 남한은

1950년 6월 북한군의 갑작스러운 남침에 대해 철저히 준비되어 있지 못한 상태였습니다.

현재 한국에서 벌어지고 있는 전쟁은 이미 이 땅에 엄청난 파괴를 가져왔습니다. 양측에서 싸우다 죽은 한국 청년들의 수는 수십만에 이르며, 민간인 희생자 수는 직·간접적으로 최대 백만 명에 달하는 것으로 추정됩니다. 지난 5년간의 격변 속에서 삶의 터전을 잃고 쫓겨난 사람들도 백만 명에 달합니다. 현대식 장비를 갖춘 군대가 한반도를 오르내리는 과정은 이 고대 민족의 민족적 생명을 지워버릴 위협이 되었습니다. 수많은 마을들이 사라졌고, 1,000채의 가옥이 있던 한 마을은 현재 겨우 60채만이 남아 있습니다. 수도는 큰 구역들이 잿더미로 변했고, 오늘날엔 죽은 자들의 도시처럼 텅 비고 침묵에 싸여 있습니다. 경제 활동은 거의 정지 상태입니다. 사람들은 아무것도 할 수 없이 무기력하게 지내고 있습니다. 상투를 틀고 흰 도포를 입은 옛 한국인이, 외국인이 자기 땅에 무엇을 할지를 직관적으로 염려했던 것이 결국 정당화된 셈이 아닐까요?

그러나 근대에 이르러 또 하나의 한국을 향한 선교가 있습니다. 그것은 1884년 첫 개신교 선교사들의 내한과 함께 시작되었고, 이에 대해 한국인들은 기꺼이 반응했습니다. 개인들이 믿음을 갖게 되었고, 교회들이 조직되었고, 기독교 운동은 전방위적으로 번창했습니다. 교회와 함께 학교, 병원, 고아원도 세워졌습니다. 이러한 모든 사업은 1907년 평양 중앙교회에서 시작된 부흥운동을 통해 큰 활력을 얻게 되었습니다. 이후 수십 년간 신자 수는 계속 증가하여, 현재 개신교 신자는 50만에서 100만 명 사이로 추산됩니다. 교회들은 잘 조직되어 있으며, 자치·자립·자전의 원칙에 따라 운영되고 있습니다. 종종 지역 사회에서 가장 영향력 있는 조직으로 자리 잡기도 했습니다.

일제강점기 40년 동안, 국민들의 모든 민주적 자유는 무자비하게 억압되었지만, 교회 안에서는 예외였습니다. 개별 교회, 지방 조직, 전국적 교회 총회에 이르기까지, 기독교 지도자들은 진정한 민주적 방식으로 교회 일을 운영할 수 있는 독특한 기회를 누렸습니다. 이들은 자체적으로 지도자를 선출하고, 자유롭게 논의하고, 다수결로 문제를 해결했습니다. 그렇게 교회는 민주주의 한국의 지도자를 길러내는 '씨앗밭'이 되었습니다. 교회에서 누리던 자유는 해방 이후 온 나라로 확산되었고, 기독교 지도자들은 국가를 이끄는 중요한 인물로 떠올랐습니다.

현재의 위기 상황 속에서 기독교회는 그 힘을 입증하고 있습니다. 교회는 유일하게 자생적으로 조직된 단체로서 사람들을 위해 훌륭한 봉사를 제공하고 있습니다. 많은 지역의 교회는 피난민 수용소가 되었습니다. 피난민 기독교인들은 스스로 조직되어 다른 어떤 집단보다 효과적으로 자신들의 필요를 돌보고 있습니다. 목회자들은 자발적으로 군부대, 군 병원, 포로수용소에 들어가 한국 군인들에게 사역을 펼쳤습니다. 기독교 군목 제도가 남한 군대의 한 부분으로 확립되었습니다. 대한민국 대통령과 국무총리 역시 기독교 교회에 소속된 인물입니다. 내각의 12명의 장관 중 9명이 기독교 신자이며, 교육부 장관은 교회가 설립한 학교에서 교육을 받았습니다. 미국에서 유학한 후 조선기독교대학교 총장을 지냈으며, 이후 교육부 장관으로 발탁되었습니다. 곳곳에서 많은 한국인들이 기독교 신앙을 받아들이고 있으며, 전쟁 후에는 대규모 대중운동으로 발전할 가능성도 보입니다.

한국에서의 전쟁으로 인한 광범위한 파괴는 결국엔 옛 한국의 죽음과 새로운 한국의 탄생으로 판명이 났습니다. 과거의 방식, 풍습, 가치관은 이 대참사 속에서 살아남기 어려울 것입니다. 오래된 종교들은 이미 민중의 마음을 잃었고, 사람들은 공산주의의 쓰디쓴 경험을 충분히 했기에 다시는 그것을 원하지 않습니다. 한국인 스스로 말하길, 전체 인구 가운데 공산 정권을 지지하는 사람은 5%도 되지 않는다고 합니다. 이 폐허의 한가운데에서 한국인은 오직 서구 민주주의 국가들과, 이미 이 나라의 삶에 깊이 뿌리내린 기독교 운동만을 향해 나아갈 수 있습니다.

역사학자 A. J. 토인비는 『역사의 연구(A Study of History)』에서 문명은 종교에서 비롯되고, 종교는 문명에서 비롯되는 것이 아니라고 말했습니다. 로마 제국이 야만족의 침입으로 무너졌을 때, 문명이 영원히 사라질 것처럼 보였습니다. 그러나 로마 사회는 외적의 공격과 내부 부패로 무너졌지만, 새롭게 자리 잡은 기독교 교회는 이 격변의 충격을 견뎌냈고, 침략자들을 복음으로 정복했으며, 유럽의 새로운 문명을 세우는 토대가 되었습니다.

옛 조선인은 이제 영원히 지나간 과거입니다. 흰 도포를 입고 상투를 튼 옛 사람은 더 이상 이 은둔의 나라에 존재하지 않습니다. 전쟁의 파괴는 이 민족의 오래된 생활양식을 산산조각 냈습니다. 수백만의 피난민과 군인들은 집이 무너진 곳으로 돌아오는 것뿐 아니라, 근본적으로 붕괴된 사회로 돌아오게 될 것입니다. 이제 새로운 한국이 옛 한국의 폐허 속에서 다시 태어나야 합니다. 기독교인의 믿음과 소망은, 새로운 한국이 점점 늘어나는 신자들, 교회의 영향력, 기독교 지도자들의 섬김, 그리고 죽음에서 생명을, 파괴에서 회복을 가져오는 복음의 능력에 의해 형성되리라는 것입니다. 이 한국의 비극적 현실 속에서, 한국인은 어느 때보다도 강하게 다음의 말씀을 배우고 있습니다. "누구든지 그리스도 안에 있으면 새로운 피조물이라. 이전 것은 지나갔으니, 보라, 새 것이 되었도다."

2

우리의 기독교 선교

우리가 오늘 여러분의 선교사로 이 자리에 있게 되어 매우 기쁩니다. 특히 우리가 곧 다시 한국으로 돌아가 선교 사역을 재개하게 된다는 점에서 더욱 그렇습니다. 이는 여러분과 우리가 함께 특별한 그리스도인의 사명을 가지고 있다는 뜻입니다. "선교", 혹은 선교사라는 단어는 오늘날 여러 곳에서 사용되고 있습니다. 어떤 산업체들은 그들의 사업을 대표하고 거래를 유치하기 위해 "선교사"라고 불리는 사람들을 파견하기도 합니다. 한국 전쟁 이전에는 "AMIK"라는 이름의 "주한 미국 선교회(American Mission in Korea)"가 있었는데, 그곳에는 한국의 경제 회복을 돕기 위해 많은 미국인들이 일하고 있었습니다. 그들 중 많은 이들이 이렇게 말하곤 했습니다. "우리는 미국 선교회 소속"이지만, 선교사는 전쟁 중에는 공군에서도 임무(Mission)라는 단어가 자주 사용되었습니다. 조종사들은 적진 너머로 임무를 수행하러 나갔습니다. 나는 어느 날, 한국에 주둔하던 그리스 군부대가 선교사를 가리켜 "사도(apostle)"라는 단어를 사용한다는 사실을 알고 깜짝 놀랐습니다. 그것은 "보냄을 받은 자"라는 의미이기 때문입니다. 그래서 우리는 오늘 이 기독교회에서, 여러분 앞에서, 선교사, 곧 사명을 띠고 파송된 자로서 말씀을 전하고 있는 것입니다. 그리고 선교사에 대해 이야기할 때 우리는 반드시 이 세 가지 질문을 생각해야 합니다. 누가 보냈는가, 누구에게 보내졌는가, 그리고 누구에 의해 보내졌는가?

그러므로, 우리는 이 특정한 기독교회로부터 파송된 선교사들입니다. 우리가 다시 한국으로 가게 될 때, 우리는 이 교회, 곧 여러분의 교회의 선교사로 가는 것입니다. 우리는 그 땅에서 여러분을 대표하여, 그리스도의 이름으로 여러분의 사역을 수행하며, 멀리 떨어진 사람들과 우리의 그리스도인 신앙의 영광과 축복을 나누고자 합니다. 이 교회의 목사로서 여러분을 섬겼던 경험은 저희에게 참으로 기쁜 일이었고, 이제 선교사로서 섬기게 된 것도 자연스러운 연결이라 생각합니다. 저는 이곳에서 복음을 전파하는 목사로, 예수 그리스도 안에 있는 하나님의 사랑을 모든 사람에게 증거하는 사명을 감당했으며, 그것을 보다 직접적으로 실천하기 위해 다른 나라로 가서 그 사랑을 증거하는 선교사의 부름을 따르는 일만큼 자연스러운 일은 없을 것입니다. 사실, 제가 이 교회를 위해 할 수 있었던 가장 훌륭한 일은, 바로 이 교회를 떠나 한국으로 가서 여러분의 그리스도인 선교사가 되는 것이었다고 자주 생각합니다. 셰익스피어는 그의 한 희곡 속 인물을 두고 "그의 삶에서 가장 아름다웠던 일은 바로 그것을 떠나는 방식이었다"라고 말했습니다. 그리고 그리스도인들이 예수 그리스도의 복음을 온 세상 끝까지 전하기 위해 자신을 헌신하는 일은, 그 어떤 것으로도 대신할 수 없는 가장 귀한 일입니다. 그래서 우리가 한국으로 돌아가는 것은, 여러분의 선교사로, 여러분의 교회를 대표하여 돌아가는 것입니다. 그리고 부디 믿어주시기 바랍니다. 우리는 여러분의 관심과 우정, 기도와 헌금을 필요로 합니다. 왜냐하면, 하나님께서 우리에게 그분의 아들 안에서 주신 이 생의 사명을 함께 완수해 나가야 하기 때문입니다.

그리고 다시 한 번 말씀드리자면, 우리는 한국 사람들과 그리스도인 교회를 위한 여러분의 기독교 선교사들입니다. 여러분은 뉴스 등을 통해 한국전쟁에 관한 많은 이야기, 곧 그 용기와 신앙, 가난과 고통, 그리고 이 민족의 절실한 필요를 들었을 것입니다. 우리가 이토록 풍요로운 환경 속에 살며 그리스도를 믿는 자들이면서도, 이토록 고통받고 깊은 상처를 입은 민족인 한국을 위한 기독교 선교 사명을 오늘날 감당하지 않는다는 것은 도저히 납득할 수 없는 일입니다. 그리스도의 사랑을 부인하지 않는 한, 우리는 반드시 오늘날 이 고통받는 백성과 그리스도의 복과 은혜를 함께 나누어야 합니다. 그러나 우리가 다시 한국으로 돌아가는 것은 낯선 나라로 가는 것이 아닙니다. 오히려 익숙한 친구들 곁으로 돌아가는 것입니다. 우리는 이미 많은 편지를 받았습니다. 우리가 함께했던 성경공부 모임의 수많은 어린이들이 남쪽의 제주도에서부터 38선 바로 아래에 위치한 서울까지 거의 모든 곳에서 환영회를 준비하고 있다고 합니다. 얼마나 흥분되는 일입니까! 수천 명의 소년 소녀들이 기독교 교회 안에서 제대로 된 교육을 받고, 진정한 그리스도인 청년으로 자라나는 모습을 보게될 것입니다. 이 모든 것은 바로 여러분과 우리가 함께 이룬 "우리의 기독교 선교 사역" 덕분입니다. 그리고 우리는 과거에 함께 세웠던 고아원들을 방문하게 될 것입니다. 예를 들어 대구 근처 호숫가에 위치한 "믿음과 행함(Faith and Works)" 고아원에는 60명 이상의 아이들이 그리스도인 가정환경 속에서 행복하게 자라나고 있습니다. 또 다른 예로는 거리에서 구해진 60여 명의 아이들이 매일 기독교적 사랑과 기쁨 속에서 살아가고 있는 해육(Hei Yuk) 아동의 집이 있습니다. 그리고 소년의 집이라 불리는 두 개의 고아원에는 약 100명의 소년들이 깨끗하고 강건한 몸과 진정한 그리스도인 믿음을 갖고 자라가고 있습니다. 이 모든 것이 바로 우리 모두가 함께 해온 기독교 선교 사역의 열매입니다. 서울에 도착하면, 매일 장로회신학교로 가서 백여 명의 한국인 청년 남녀들을 만나 그리스도의 복음의 풍성함, 우리의 기독교 유산에 대해 가르치게 될 것입니다. 그들이 훈련을 마치고 한국의 모든 마을과 도시에 나아가 그리스도의 이름으로 사람들을 섬기게 될 것입니다. 다시 말해, 이것도 역시 우리의 기독교 선교 사역 때문입니다. 그리고 주일에는, 또는 특별한 모임 때에는, 저에게 주어진 특권으로서, 크고 작은 한국의 기독교 교회들을 방문하게 될 것입니다. 여러분의 선교사로서 그들의 진실한 기독교 신앙과 교제를 함께 나누며, 오직 하나의 희망, 곧 그리스도와 그의 나라의 도래를 함께 기다리게 될 것입니다. 이것이 바로 한국에서의 우리의 기독교 선교 사명입니다. 이 사명을 통해 우리는 그 땅의 사람들을 섬기며, 하나의 공동체적 기독교 교제를 세워가고, 그리스도의 나라가 임하는 그날을 준비하고 있는 것입니다.

그러나 궁극적으로 우리가 기독교 선교 사명을 가진 이유는 바로 우리가 하나님 자신에 의해 보내졌기 때문입니다. 이것이 제 본문입니다. "아버지께서 나를 보내신 것 같이 나도 너희를 보낸다." 이것이 기독교 선교의 핵심이며, 보내심의 위대한 신적 사명입니다. 만약 이것이 없다면, 세상에는 선교가 존재하지 않을 것이며, 전 세계적인 교제도 없을 것이며, 사람들의 마음 속에 그리스도의 사랑도 없을 것입니다. 우리의 선교적 부르심은 우리의 믿음의 중심적인 진리로 돌아갑니다. 그것은 바로 "하나님이 세상을 이처럼 사랑하사 독생자를 주셨으니, 이는 그를 믿는 자마다 멸망치 않고 영생을 얻게 하려 하심이라"는 진리입니다. 사람이 이 기독교 복음을 믿고, 예수 그리스도의 아버지이신 하나님께 자신의 신뢰를 두며, 이 세상과 다음 세상에 대한 모든 희망을 그 안에서 찾게 될 때, 그 사람에게 기독교 선교 사명이 속하게 됩니다. 우리는 하나님 아버지의 무한하고 구속적인 사랑에 대한 믿음, 단지 위대한 사람 중 하나로서가 아니라, 우리의 죄를 위해 죽으시고 다시 살아나셔서 우리에게 살아 있는 희망을 주신 독특한 하나님의 아들 예수 그리스도에 대한 믿음을 통해 삶의 목적을 찾고, 선교의 의미를 이해하기 시작합니다. 그리고 그때 비로소 우리는 예수님의 말씀의 의미를 알게 됩니다. "아버지께서 나를 보내신 것 같이 나도 너희를 보낸다." …… 이것이 바로 우리의 기독교 선교입니다. 여러분과 우리의 선교입니다. 이 사명 안에서 하나님께서 앞으로의 세월 동안 우리에게 축복해주시기를 바랍니다!

3

나의 복음 전도사역 1962년

웹스터 사전에서는 전도를 "특히 부흥 예배에서 복음을 전파하거나 선포하는 것"이라고 정의합니다.

저의 전도 활동에서는 몇몇 택시 기사들, 수업 외의 몇몇 학생들, 그리고 몇몇 어려운 사람들과 대화를 나누었지만, 주로 강단과 교실에서 복음을 전하는 일에 더 많이 전념해 왔습니다.

안식년 이후, 저는 여름 방학을 제외하고 매주 일요일에 한두 번 또는 세 번 복음을 전하도록 초청을 받았습니다. 지난 반년 동안 저는 춘천, 성주, 남해 섬의 교회 사경회에서 복음을 전했습니다. 이 사경회는 보통 5~6일 동안 진행되며, 하루에 네 번씩 설교를 합니다.

여름에 열린 전국 장로교 목회자 수련회, 장로교 여성 모임, 그리고 서울 지역 기독면려회 단체에서 주관한 다양한 교회 예배에서 복음을 전할 수 있는 특권을 누렸습니다. 또한 경기대학교, 서울대학교 의과대학, 그리고 한국 군의 육군사관학교 예배당에서 말씀을 전할 기회도 있었습니다.

성경구락부 운동은 한국의 어려운 환경에 처한 소년 소녀들에게 복음을 날마다 전하는 직접적인 전도 활동으로 볼 수 있습니다. 저는 이 사역 가운데 서울과 인천에서 열리는 성경구락부 지도자들의 월례모임에서 매달 한 번씩 말씀을 전하고, 반년마다 열리는 지도자 회의에서도 서울, 안동, 천주 지역에서 말씀을 전하고 있습니다. 성경구락부 연합대회, 연합졸업예배, 졸업식 등에서도 구락부원들에게 말씀을 전할 기회가 있습니다.

　한국 군대의 군목단에는 복음을 전할 수 있는 기회가 있습니다. 우리는 군목 회의, 연대 및 사단 본부 회의, 그리고 서울에 있는 중앙 장교 정보학교에서 복음을 전하는 특권을 누렸습니다.

　전도에는 덧셈식 전도와 곱셈식 전도가 있습니다. 덧셈식 전도는 사람을 한 명씩 전도하는 것이고, 곱셈식 전도는 다른 사람들을 훈련시켜 그들이 나가서 그 노력을 여러 배로 확장하는 것입니다. 이번 학기에는 예배 시간을 포함하여 복음을 매주 14시간 가르쳤습니다. 이는 신학생들이 미래에 복음 사역을 여러 배로 확장할 수 있도록 훈련시키는 믿음에서였습니다.

4

한국의 대구 지역 고아원들

희망 고아원(남아 고아원).

고아 50명. 원장 최찬영 목사. 헌법(규정)과 이사회가 있으며, 좋은 새 집과 넓은 부지를 보유. 선교회에서 500달러와 토지 기부금을 지원. 신학생들이 최 목사 아래에서 고아원 운영을 도움. 제25후송병원 직원들이 많은 기여를 했으며, 우물 파기, 화장실 및 창고 건설 등을 도왔음. 자주 많은 식량을 제공하며, 월 100달러 정도의 운영비도 지원. 대부분 고아들은 성경구락부에 참석하며, 일부는 성경학교(B.I.), 일반 학교에 다님.

새희망 고아원

고아 50명. 원장 최창영 목사. 헌법과 이사회 있음. 좋은 부지 위에 새 집을 건축 중이며, 500달러 상당의 토지 기부금이 있음(자체 보유 및 희망 고아원과 공동). 신학생 한웅과 아내 차 씨 부부가 조리사 및 도우미와 함께 일함. 체비 체이스 장로교회에서 건축비와 월 달서의 운영비를 지원. 선교회에서는 의류, 식량 등을 제공. 고아 대부분은 성경구락부에 참석하며, 일부는 성경학교(B.I.), 다른 학교에 다님.

실행(믿음-실천) 고아원

고아 50명. 원장 신학생 장선금 장로. 신학생 곽이 함께 도움. 헌법과 이사회 있음. 기숙사 형태의 건물 2채, 교실 겸 예배 및 창고용 목조건물 1채 있음. 지역 집사가 토지를 기증했고, 선교회가 500달러 상당의 기부 토지를 약속. 91공병대가 거의 매일 트럭으로 쓰레기를 가져다줘 수입원으로 사용. 밥 피어스 박사(Dr. Bob Pierce)가 기숙사와 목조건물 건축 자금을 대규모로 지원. 성경구락부 매일 진행, 3명의 고아는 성경학교(B.I.)에 다님. 선교회가 아동 의류, 식량, 기관 등 다양한 지원 제공. K-2 군목이 선물, 재봉틀, 식량 등을 기증.

경산(애덕)원 고아원

고아 63명. 원장 데이비드 김 사모. 헌법과 이사회 있음. 선교회가 좋은 건물과 부지를 확보했으며, 록스바로 장로교회의 도움으로 350달러 상당의 토지 기부금도 확보. 정기적인 성경공부 프로그램 있음. 학교 연령의 아동은 공립학교에 다님. 고아원은 매우 청결하게 유지되며, 닭, 돼지 사육 같은 실용 프로젝트도 성공적으로 운영. 선교회 및 교회에서 의류, 식량, 게임, 사탕 등 풍성한 지원.미국 교회 및 개인들로부터 직접 지원도 받고 있음.

기독아동훈련원(예육원)

고아 64명. 원장 정종윤 장로. 헌법과 이사회 있음. 정 장로는 자신의 집과 모든 재산(트럭, 정미소 포함)을 법인 설립을 위해 헌신함. 선교회가 500달러 상당의 토지 기부금 약속. 신학생이 고아원에 거주하며 아이들을 관리. 성경구락부 프로그램 운영. 선교회가 의류, 땔감, 식량, 오르간 등으로 구호 지원. 미국 군목단에서도 도움 제공.

시온 고아원

고아 71명. 원장 신영민 장로. 현재는 강변의 부유한 사람 저택을 임시로 사용 중. 헌법과 이사회 있음. 선교회에서 600달러 보조금과 원장이 모은 기부금으로 과수원을 기부 토지로 구입. 신학생 김항성이 아이들 교육과 성경구락부 프로그램을 담당. 많은 아이들은 공립학교에 다님. 의류와 식량 등 많은 구호품을 지원받았으며, 미군 부대에서도 간헐적으로 도움을 줌.

박애원 고아원

고아 80명. 현재 헌법을 제정하고 교회 산하의 이사회를 구성하려는 의지를 가지고 있음. 원장 신학생 윤고성. 좋은 건물과 재산이 있어 법인 설립이 거의 가능한 수준. 신학생 김흥규가 운영하는 성경구락부 프로그램이 훌륭하게 진행되고 있음. 아이들은 공립학교에 다님. 선교회의 지원은 거의 없지만, 기독아동기금으로부터 충분한 지원을 받음.

장로교 (애양원) 고아원

고아 90명. 원장 박병훈 목사. 많은 건물과 교회를 포함한 훌륭한 시설 보유. 헌법이 있으며 법인 설립에 필요한 자원 충분. 1,000달러 상당의 토지 기부금은 밥 피어스 박사의 기부로 구입됨. 기독아동기금, 월드비전, 미군 부대(G.I.) 등으로부터 풍성한 지원을 받음. 피어스 지지자들로부터 구호물품도 발송됨.

애상원 고아원

고아 130명. 원장 교회 전 집사. 고아원은 두 개의 부지에 나뉘어 있고, 두 곳 모두 번창하는 원예업자인 전 집사 소유. 헌법과 이사회 있음. 신학생 최창수가 훌륭한 성경구락부 프로그램 운영. 선교회로부터 간헐적인 구호 지원이 있음. 선교회의 토지 기부금이 필요한 상황.

에덴 고아원

고아 45명. 원장 이신원. 자택에서 고아원을 운영 중. 건물은 미군으로부터 기증받음. 아이들은 공립학교에 다님. 월별로 재정 지원을 받음. 헌법과 이사회 있음. 선교회로부터 땔감 형태로 약간의 구호 지원을 받았음.

임마누엘 고아원

고아 40명. 원장 이수철 목사. 헌법과 이사회 있음. 금촌 근처에 위치. 큰 건물과 좋은 시골 부지 보유. 선교회는 건축 보조금과 구호 지원 일부를 제공함. 원장이 새로운 분리 장로회를 지지하여 이사회 내 갈등이 발생, 그러나 선교회의 조언은 수용할 의사 있음. 원장이 선교회 지시를 따르고, 재산을 원장, 이사회 의장, 선교회 대표 3인의 명의로 등록한다면, 선교회에서 토지 기부금 제공 제안 가능.

애경원 고아원

고아 145명. 원장 방성원. 오랜 역사를 가진 고아원이지만 운영은 다소 미흡함. 노인 요양원과 연계되어 있음. 선교회는 새 건물을 기증해 노인원과 분리시킴. 헌법과 이사회 있음. 서문교회와 비공식적으로 연계됨. 신학생 박성신이 운영하는 성경구락부 프로그램 우수. 아이들은 공립학교에 다님.

일민원 고아원

고아 167명. 원장 이감철. 이사회와 헌법 없음. 운영 미흡. 넓은 토지를 보유하고 있으며, KMAG 장교 숙소 바로 뒤 강변에 새 건물 있음. 신학생 배기성이 성경구락부 프로그램 운영. XCOM2 군목 에스토스가 1,000달러 기부, 식량과 생필품 구입을 위해 1년 동안 매달 신학생 이기성이 관리 예정. 이사회 구성과 교회 연계가 장려될 수 있음. 단, 원장 남편은 아직 신자가 아님.

베다니 고아원

고아 60명. 원장 북에서 온 장로의 미망인. 헌법과 이사회 있음. 미랑 지역에서 선교회가 부지 및 재산 구입. 성경구락부 프로그램 훌륭하며, 고아원은 청결하게 유지됨.

어린이의 집

고아 48명. 원장 이백환, 목사의 아들. 건물은 선교회 시공업자가 희망 고아원처럼 지음. 고아원은 822 공병대대에서 설립하고 자금을 지원함. 이사회 구성되어 있음.

소윤학원 고아원

고아 147명. 원장 조종덕. 오랜 역사를 가진 기관으로, 적절한 건물 보유. 교회와의 연계는 있으나, 이사회는 없는 것으로 보임. 헌법은 존재함. 신학생 최창수가 운영하는 훌륭한 성경구락부 프로그램 있음. 선교회로부터 구호 지원은 거의 없음.

삼육학원

고아 170명. 원장 박태준 장로. 정부가 지원하는 기관으로, 나병환자 부모를 둔 감염되지 않은 아이들을 위한 고아원. 아이들을 위한 적절한 교육 프로그램이 마련되어 있으며, 기독교적 연계가 있음.

상주 고아원

아동 200명 이상. 원장 유능한 교회 집사, 농지 보유. 이사회, 헌법, 교회 후원이 적절히 갖춰져 있지 않음. 신학생이 소규모 성경구락부 프로그램을 운영 중. 과거에 선교회로부터 300달러 정도의 재정 지원과 우유 등의 구호 물품을 받은 적 있음.

경주-예성 고아원

아동 약 100명. 원장 신학생 신진옥. 경주에 있던 본관이 지난 겨울 전소됨. 현재 고아들은 대부분 대구에, 일부는 예성과 경주에 분산되어 있음. 법인 설립에 필요한 개인 재산은 충분함. 현재 헌법과 법인을 구성하고 교회 산하로 들어갈 준비와 의사가 있음. 화재로 잃은 시설을 재건하기 위해 재정 지원이 필요하며, 대구에 영구 정착을 희망함.

소년보호소

아동 약 100명. 정부 소유 및 운영 기관으로, 비행 청소년을 위한 보호 시설. 신학생 최창수가 운영하는 훌륭한 성경구락부 프로그램이 있음.

5
대구 지역 선교 관련 구호 프로젝트

대구 맹아학교

재학생 수: 약 150명(통학생 포함). 관리자: 이성익 목사.

헌법과 이사회를 갖추고 있으며, 현재는 '보유 위원회' 명의로 되어 있는 재산이 최종적으로는 노회 소속으로 귀속될 예정임. 최근까지는 시 정부에서 임시로 대여한 한 동의 건물만을 사용하여, 교실과 기숙사로 동시에 활용하고 있었음. 현재는 시 외곽 서쪽의 새 부지에 새로운 기숙사 건물을 신축 중임. 해당 부지는 시 정부가 제공함. 건축비용으로는 미 제3군(Third U.S. Army)에서 5,000달러 기부, 장로교 선교 구호기금에서 5,000달러 지원, 그리고 C.A.C.에서 건축 자재 제공.

노(老) 성도 안식원

입소자: 20명(남녀 교회 전직 사역자). 헌법과 이사회를 갖추고 있음. 현재 부지는 선교부에서 매입. 관리자: 방성원 장로. 선교부는 의류, 식량, 가끔의 개인 방문 등을 통해 구호 활동 제공 중.

애경 양로원

남녀 노인들이 애경원 고아들과 같은 부지 내에서 함께 생활하고 있으며, 다소 과밀한 상태임. 서문교회(West Gate Church)가 관심을 갖고 있음. 헌법 및 이사회 보유.

베다니 모자원 자립원

입소자: 30명의 과부. 관리자: 차태화 목사. 도심의 복음관(Gospel Hall) 근처에 주택을 매입하여 자립 환경 조성. 재봉틀 7대, 밧줄 제작 기계, 방적기 보급됨. 추가 장비도 약속되어 있음. 선교부가 UNCRA (유엔한국재건단) 자금을 통해 주택을 구입하고 기계류를 제공함. 식량과 의류로 구호 지원 중.

대명 피난민센터-아이를 둔 전쟁미망인들

아이를 둔 과부 47명을 위해 네 채의 대형 구호 건물이 마련되어 있음. 건물은 선교회의 구호 자금으로 개보수되었음. 의복과 식량은 선교회로부터 때때로 제공됨. 북부 과부 자활 사업. 12명의 과부가 북부 교회와 선교회가 제공한 작업실에서 일을 함. 재봉틀 2대는 선교회에서 대여하였으나 추가로 더 필요함. 북부 교회 주도로 교회 부지 내에 대형 작업장이 신설되어 최대 30명의 과부에게 일자리를 제공하고 있음. 교회 목사가 이끄는 교회 위원회가 전체 사업을 관리하고 있음. 선교회로부터 700달러의 대출이 있었고, 6개월 이내에 상환 예정임. 적절한 계획이 수립되면 이 자금은 다시 과부들을 지원하는 데 재사용될 수 있음.

대명 탁아소

한시 간호사가 관리자, 교회 지도로 운영됨. 보조 인력과 함께 운영, 대부분 전쟁미망인의 자녀인 100명의 아이들이 하루 종일 먹고 자며 돌봄을 받음. 기도, 성경 구절, 찬송 등을 교육받음.

북부 탁아소

매일 85명의 아동이 이용함. 전쟁 과부인 조 씨와 선우 씨가 교회 위원회의 지도 아래 운영함.

선우교회 탁아소

40명의 아동이 위와 같은 방식으로 교육받으며 운영됨.

대구 및 인근 지역에서 운영 중인 20개의 성경구락부도 잊지 마십시오.

6

무제-1956년 연례회의

한국 선교부는 한국 교회의 강건하고 독립적인 성장에 대해 기쁨을 느낍니다. 선교부는 오늘날 에큐메니컬(교회 일치) 의식이 점점 높아지고 있는 가운데, 한국 교회와 미국 교회, 그리고 모든 자매 교회들 간의 관계가 점점 더 중요해지고 있다는 점을 인식하고 있습니다. 그리스도의 교회의 에큐메니컬 선교 사명에 기여하기 위해, 선교부는 선교활동의 역사와 한국 교회의 성장을 되돌아보며 다음과 같은 현실을 인식하고 있습니다.

(1) 대한예수교장로회(한국 교회)는 완전히 독립적이고 자치적인 교회입니다. 이 교회의 한국인 교인들은 총회, 노회, 그리고 각 지역 교회 회중에 해당하는 모든 교회 치리 기관을 전적으로 통제하고 있습니다. 또한, 학교와 병원과 같은 교회 관련 기관들도 교회 법정과 자체 헌법에 따라 운영되는 이사회를 통해 전적으로 통제하고 있으며, 이러한 이사회는 모두 한국인 위원이 과반수를 차지하고 있습니다.

(2) 한국 교회에서 활동하는 선교사들은 한국 교회가 교회 치리 기관 및 기관 운영 기구를 통해 표현하는 뜻에 따라 임명되며, 그들의 사역 역시 이에 의해 지시를 받습니다. 선교사가 어떤 기관의 책임자 또는 그 밖의 역할로 활동할 수 있는 유일한 경우는, 한국인이 통제하는 해당 치리 기관이나 운영 기구가 그러한 임무를 부여할 때뿐입니다.

(3) 선교부는 교회의 삶과 사역에서 점점 더 작아지고 있는 부차적

인 역할을 하며, 교회가 원할 경우에만 협력하는 임시적 성격으로 기능합니다. 그리고 교회가 물질적 자원과 인적 자원에서 더 이상 실질적인 도움이 필요하지 않을 만큼 충분한 자립 수준에 도달할 때까지 그 역할을 수행합니다.

(4) 총회-선교부, 그리고 선교지부-노회(들) 간의 교회-선교 협의회는 미국 교회와 한국 교회 간의 에큐메니컬(교회 일치) 교제의 깊은 의미를 온전히 표현하는 조직적 수단이다. 이러한 의식적인 기구를 통해서만 두 자매 교회가 에큐메니컬 선교에 협력한다는 의미가 온전히 표현되며, 이는 개별 선교사들이 각자 맡은 사역에 헌신하는 것만으로는 전달될 수 없는 더 깊은 차원의 의미를 담고 있습니다.

(5) 한국 교회의 현재 발전 단계에서 이 에큐메니컬 교제는 주로 미국 교회로부터 인적 자원(선교 인력)과 재정 지원의 형태로 이루어지고 있으며, 이 두 가지는 하나의 선물로서 함께 전달되어야 합니다. 이 두 요소는 함께 있을 때 비로소 미국 교회가 한국이라는 자매 교회를 향한 에큐메니컬 관심을 표현하는 의미를 지닙니다. 선교부는 교회 성장의 역사 속에서 다음과 같은 경험을 해왔습니다. 즉 인격적 관계나 삶과 분리된 채 재정만을 제공하는 것은 미국 교회의 증언을 제대로 대표하지 못하며, 자립적 국가 교회의 자유롭고 자연스러운 성장을 방해하고, 책임 있는 위치에 있는 사람들에게 비정상적인 유혹을 제공하게 됩니다. 따라서 인력과 재정이 분리되어 전달될 경우, 이는 에큐메니컬 교제에서 한 걸음 뒤로 물러나는 결과를 초래하게 됩니다. 진정한 에큐메니컬 교제의 약속을 온전히 누릴 수 있는 것은 독립적이고 자립적인 교회만이 가능하다는 것입니다. 로버트 스피어(Robert Speer)의 말처럼, "자치 교회는 반드시 자립 교회여야 한다."

7
(……), 한국선교, 1956년

…… "갑자기 나는 아이의 노래소리를 들었습니다. 살을 에는 듯한 추운 겨울 아침이었고, 나는 지름길로 교회에 가기 위해 서둘러 강둑길을 따라 걷고 있었습니다. 강둑을 따라 늘어선 판잣집과 임시 움막, 다리 밑이나 강바닥에 살고 있는 가족들을 생각했습니다. 그들의 집은 얼마나 작고 어둡고 비좁을까 생각하였습니다. 하지만 그 아이들은 늘 다정했고, 종종 나를 향해 "안녕하세요, 많이 추워요!"라고 인사하곤 했습니다. 하지만 이 바람 부는 일요일 아침, 작은 움막들은 모두 비어 있는 듯 보였습니다. 평소 같으면 몇몇 어머니들이 연기가 자욱한 연탄불 위에서 음식을 준비하던 그 오솔길에도 사람 그림자 하나 보이지 않았습니다. 나는 발걸음을 늦췄고, 달콤한 노랫소리를 들으며 그 노래 곡을 알아챘습니다. ─ "예수님 계신 곳이 하늘나라." 목이 메어 나는 걸음을 재촉했습니다. 수천 개의 그런 피난민 움막 중 몇 개나 과연 하늘나라의 조각일 수 있을까, 문득 그런 생각이 들었습니다. ……

…… "바로 이 점, 즉 교실에서 아이들이 전통적으로 참여하지 않기 때문에, 성경구락부 프로그램은 한국에서 꼭 필요한 역할을 합니다. 초등학생부터 고등학생에 이르기까지 아이들이 회의를 진행하고, 불가능한 주제뿐만 아니라 가능한 주제에 대해 토론하고, 선거를 하고, 선생님의 도움 없이 예배를 인도할 줄 압니다. 저는 14살짜리

학생이 300명의 남녀 아이들이 모인 회의에서 의장을 맡아 훌륭하게 질서를 유지하고, 수정안에 대한 또 다른 수정안을 어떻게 처리할지 침착하게 결정하는 모습을 본 적이 있습니다. 물론 이 구락부들이 단순한 지적 사회적 훈련을 위한 것만은 아닙니다. 우리는 이 성경구락부를 통해 한국의 아이들이 그리스도와 함께하는 일상적인 삶을 살아가도록 돕고, 그들을 격려하는 것입니다!" ……

…… "학교에서 저는 지금도 영어 회화를 가르치고 있습니다. 지난 1년 동안 거의 300시간에 달하는 수업을 했습니다. 저는 학생들로부터 여러 가지 제안과 요청이 담긴 많은 편지와 쪽지를 받았습니다. 그중 비교적 잘 쓴 편지의 한 예는 다음과 같습니다. "회화 선생님께, 저를 위해 기도해 주세요. 학교를 졸업한 후 저는 군인이 되어 조국을 위해 제 임무를 다할 것입니다. 저는 좋은 군인이 되고 싶습니다. 그래서 지금 열심히 공부해야 합니다. 저를 위해 기도하는 것을 도와주세요... 기도해 주시겠어요? 당신의 사랑하는 학생이..." 영어를 2년 넘게 가르친 뒤에 이룬 가장 큰 성과 중 하나는, 이제는 단지 절반의 학생들만이 (여자) 선생님을 'Sir(선생님)'이라고 부른다는 것입니다." ……

…… "병원 내의 영아 영양 클리닉은 올해 좋은 성과를 거두었습니다. 영양실조로 허약했던 아기들이 이곳에서 처방하고 조제한 분유를 먹고 건강해지는 모습을 보는 것만큼 만족스러운 일은 없습니다. 매주 아기들이 체중 측정과 소아과 의사의 검진을 받기 위해 내원할 때마다, 우리가 이 작은 생명들을 위해 이런 도움을 줄 수 있다는 것에 감사함을 느낍니다. 현재 분유를 먹고 있는 아기들은 약 60명입니다. 곧 시작되기를 바라는 새로운 프로젝트는, 가정을 방문하고 어머니 교실을 운영할 보건 간호사를 채용하는 것입니다."

…… "이문동 교회의 청년들이 저에게 특정 기독교 교리에 대해

네 번의 토요일 저녁 모임에서 말씀해 달라고 부탁했습니다. 그 중 어느 한 날, 교회로 운전해 가는 도중에 동대문 외곽의 한 교차로에서 갑자기 볏짚으로 만든 인형을 보게 되었고, 바로 이날이 구정 달력으로 정월 대보름이라는 것을 떠올렸습니다. 저는 차에서 내려 그것을 주웠습니다. 왜냐하면 그것은 '처용'이라 불리는 작은 볏짚 인형으로, 해마다 이날이 되면 비기독교인들이 가족의 액운을 털어내기 위해 교차로에 버리는 것이기 때문입니다. 이 인형을 줍는 사람은 그 가족의 일 년치 액운을 대신 짊어지게 된다고 합니다. 옛날에는 인형의 머리에 동전을 넣어두어 거지들이 주워 가게 했는데, 거지들은 이미 충분히 불행하니 조금 더 불행해도 상관없다고 생각했던 것이지요. 이 인형에는 지폐 여러 장이 머리, 팔, 다리에 꽂혀 있었습니다. 저는 그것을 가지고 교회로 갔고, 그날의 주제인 '예수는 누구신가'에 대해 말씀을 전했습니다. 설교 마지막에 저는 이 인형을 들어 보이며, 이것이 과거 한국이 의지하던 최고의 것이었지만, 이제 우리는 그보다 훨씬 더 나은 분, 곧 그리스도를 가졌다고 상기시켰습니다." ……

…… "우리는 의족 보조기 제작훈련센터(V.T.C.)를 떠난 후 절단 장애인들이 어떤 삶을 살아가는지에 대해 늘 관심을 가지고 있습니다. 하지만 대부분과는 연락이 끊기게 됩니다. 최근 저는 두 명의 보조자와 함께 충주 지역의 전직 환자들을 방문하기 위해 짧은 여행을 다녀왔습니다. 산속 깊은 마을, 큰길에서 한참 떨어진 곳에서 우리는 김진곤이라는 23세 청년을 만났습니다. 그는 팔꿈치 밑으로 한쪽 팔을 잃었고, 센터에서 받은 의수를 착용하고 있었습니다. 그는 독실한 기독교인으로, 작은 마을 교회의 집사이자 30~40명의 학생들이 참여하는 성경구락부 지도자이기도 했습니다. 이처럼 3년 반 동안 진행된 절단 장애인 재활 프로젝트의 고무적인 성과를 확인할 수 있었습니

다. 작년 가을에도 비슷한 여행을 했는데, 그때는 졸업생 중 한 명이 산속 벌목 작업팀에서 나무꾼으로 일하며 생계를 꾸려가고 있는 모습을 볼 수 있었습니다." ……

…… "우리의 기독교 방송국 HLKY는 개국 2년 차에 접어들었고, 하루 방송 시간을 기존 5시간에서 7시간으로 늘렸습니다. 한국 전역을 대상으로 하고 있으며, 우회적인 방법을 통해 한국교회의 라디오의 소리가 공산주의 북한의 수도 평양과 압록강 유역에서도 들렸다는 사실을 알게 되었습니다. 한 한국군(ROK) 군목으로부터 감동적인 편지를 받았는데, 그 편지에는 다음과 같은 내용이 있었습니다. "최전방에 있는 한국군 병사들보다 주일 아침 라디오 예배 방송을 더 열심히 듣는 사람은 없을 것입니다. 각 부대가 분산되어 있고, 적의 기습 공격에 항상 대비해야 하므로 예배를 드리는 것이 거의 불가능합니다. 하지만 라디오를 통해 훌륭한 예배를 드릴 수 있습니다. 한 손에는 소총을, 다른 손에는 성경을, 머리에는 무거운 철모를 쓴 채 말입니다. 음악과 설교는 병사들에게 큰 영감과 위로를 줍니다!" …… 오토 디캠프 박사―현재 W 지역의 건강센터에서 일하고 있으며, 이 사역에 책임을 맡고 있었습니다.

…… "2월은 올해의 언어 고군분투 중 가장 중요한 순간을 나타냅니다―제가 처음으로 한국어로 연설을 시도한 순간이었기 때문입니다. 다행히도, 한국의 여전도회 회원들은 마치 원형경기장에서 사자와 맞서는 사람들처럼 대단한 인내심을 가진 성도들로 구성되어 있는 것 같습니다. 물론 제가 연설을 시도하기 직전, 목사님께서 미리 상황을 설명하시며 그들에게 너그러움을 당부하셨습니다. 영의 노력은 받아들이되, 육신의 약함은 이해해달라고 하시며, 만약 그들 자신이 단 2년간의 영어 공부 후에 영어로 연설을 해야 한다면 얼마나

서툴겠는지를 상기시켜 주셨습니다. 이런 경고가 저의 데뷔 이후가
아니라 그 전에 있었다는 점이 그나마 조금은 위안이 되었습니다.
하지만 하나님의 말씀에서 몇 마디 축복의 말을 전할 수 있었고, 이후
따뜻한 악수를 받으며 감사의 마음을 느낄 수 있었던 건 참으로 멋진
경험이었습니다. 한국 사람들은 정말로 은혜를 표현할 줄 아는 분들
입니다!"

…… "우리가 만나는 미군 병사들, 특별한 필요나 영적인 문제를
안고 찾아오는 그들을 도울 수 있다는 것은 큰 특권입니다. 선교사들
이 매주 화요일 저녁에 주관하는 고향 기독교 교제 모임(Back Home
Christian Fellowship)은 이제 전방의 여러 부대에서 주일 저녁마다 분회
로 모임을 갖고 있습니다. 많은 젊은 군인들이 이 모임을 통해 그리스
도를 만나고, 변화된 삶과 간증을 통해 훌륭한 신앙의 증인이 되었습
니다. 어떤 이들은 여기서 경험한 하나님의 역사와 다양한 사역을
보며, 앞으로 기독교 사역에 헌신하겠다는 뜻을 밝히기도 합니다. 우
리는 이 지역의 장로교 군목들을 초청해 점심 식사를 대접했고, 우리
사역의 주요 장소들을 보여드리기 위해 시내 투어도 마련했습니다."

…… "올해 동안, 학교 부지의 일부를 점유하고 있던 한국군 부대
가 12월에 철수하면서, 학교는 자유롭게 교육 프로그램을 확장할 수
있게 되었습니다. 매우 초라했던 오래된 공장은, 내부를 가득 채우고
있던 고철과 쓸모없는 장비들을 치우고 나서, 이제는 아주 보기 좋은
예배당으로 탈바꿈했습니다. 움푹 들어간 연단 양쪽에는 미술 교사
가 그린 대형 유화가 걸려 있는데, 이는 그리스도의 생애를 다른 유명
한 그림들을 모사한 작품들입니다. 제가 예전에 학교를 방문해 예배
시간에 말씀을 전했던 날은, 기온이 거의 영하에 가까웠고, 매서운
바람이 부는 날이었으며, 마땅한 실내 공간이 없어 체육장에서 (서

서) 모임을 가졌던 기억에 남는 날이었습니다. 그런 경험이 있었기에, 이번에 학생들이 새롭게 단장된 이 낡은 건물 안에 모여 있는 모습을 보니, 정말 감격스럽고 힘이 났습니다."

8

한국 교회의 성장

대한예수교장로회는 1959년, 기독교 복음이 한국에 전해진 지 75 주년 기념 준비를 하고 있습니다. 75년 전, 한국에는 개신교회가 단 하나도 없었습니다. 한국인이 기독교인이 되는 것은 불법이었고, 이 땅의 어느 시민이든 세례를 받으면 사형에 처해질 수 있었습니다.

오늘날 서울에는 세계 어느 도시보다도 많은 장로교회들이 존재 합니다. 이들 대부분은 1년 365일 매일 새벽기도회를 열고 있습니다. 서울의 영락교회는 매주 주일 오전에만 약 4,000명의 성인이 예배에 참석합니다. 세계에서 가장 큰 장로교 신학대학원도 서울에 위치하 고 있습니다. 한국 장로교회가 설립한 숭실대학교 또한 이 도시에 자리하고 있습니다. 서울에는 6개의 장로교 고등학교가 있으며, 수많 은 한국 청소년들이 이 학교들에 재학 중입니다. 또한, 시내 교회들에 서는 약 30개의 교회 주일학교 성경구락부와 여러 유치원이 매일 운 영되고 있습니다.

한국 교회는 순탄하게 성장한 것이 아닙니다. 처음에 한국 사회는 이 새로운 외래 종교에 대해 강한 반감을 보였습니다. 기독교는 전통 종교와 우상숭배를 뒤흔드는 낯선 존재였기 때문입니다. 이어 35년 동안 한국을 지배한 일본 제국주의 정부는 교회의 성장을 막기 위해 온갖 힘과 술수를 동원했습니다. 그리고 나서 북한의 공산주의 정권과 남한을 향한 침공은 이 땅의 기독교회 존재 자체를 위협했습니다.

이 사실은 500명 이상의 한국인 목회자들이 흘린 피를 통해 웅변적으로 증언되고 있습니다. 그러한 격동의 세월 동안에도, 한국 장로교회는 3,000개 이상의 조직된 교회와 30만 명 이상의 세례 교인, 그리고 총 100만 명에 이르는 신자 공동체로 성장했습니다. 이 교회의 영향력은 숫자를 훨씬 뛰어넘습니다. 한국 군대의 군목 절반이 장로교 목사입니다. 한국 교회는 현재 태국에서 4명의 한국인 해외 선교사를 자립적으로 파송하고 있습니다. 한국의 대통령, 부통령, 국무위원 과반수, 그리고 국회의원의 약 3분의 1이 기독교 신앙을 고백하고 있습니다.

이 땅에서 한국 교회 성장의 비결은 무엇일까요? 한국의 신자들은 그 핵심이 예수 그리스도의 복음과 사랑의 능력에 있다고 믿습니다. 물론, 한국의 역사와 민족적 특성, 국제 정세, 그리고 절박한 인간적 필요도 영향을 미쳤습니다. 그러나 한국 교회 지도자들과 선교사들의 확신은 이렇습니다―바로 한국 그리스도인들 가운데서 자유롭고 막힘없이 역사하시는 성령의 생명력이 이 교회의 성장을 설명해 준다는 것입니다. 한국 개신교 역사의 시작부터 자치, 자립, 자전의 목표가 분명히 세워졌습니다. 한국 기독교인들은 언제나 스스로 예배를 인도하고, 스스로 신앙을 살아내며, 스스로 사역과 봉사를 전개해 왔습니다.

1907년, 최초의 신학교 졸업생들이 배출되었습니다. 이들은 곧 목회자로 부름받아 한국의 교회를 맡게 되었습니다. 이들 중에는 길선주 목사가 있었는데, 그는 북한 평양의 중심 교회인 중앙장로교회의 강단으로 위임받았습니다. 그가 교인들과 함께 성경공부를 인도하던 중에 한국의 대부흥이 이 모임에서 시작되어 전국으로 퍼져나갔습니다. 이 강력한 성령의 역사는 한국의 젊은 교회들을 정결케 하고, 신자들을 강하게 하며, 수많은 새 신자들을 복음으로 인도했고, 오늘날까지 한국 교회와 그리스도인들의 삶 속에 그 영향을 끼치고 있습니다. 이것이야말로 진정으로 자유롭고 얽매이지 않은 한국 교회 안에서 역사하는 성령의 생명과 능력의 극적인 증거였습니다.

1912년, 한국 장로교회의 총회가 조직되었으며, 그날 이후로 지금까지 교회의 삶을 이끌어오고 있습니다. 그 이전에도 한국 장로교회는 형성되어 있었으며, 한국 목회자들과 선교사들은 언제나 이러한 치리회의 권위 아래에서 함께 사역해 왔습니다. 오랜 기간 동안 선교사들은 이 노회들과 한국 총회 내에서 극소수로 존재해왔습니다. 오늘날 경기도(서울) 노회에는 약 200명의 한국인 목사 및 장로들이 소속되어 있고, 그 중 선교사는 7명뿐입니다. 어떤 노회는 선교사가 한 명만 있거나 아예 없는 곳도 있습니다.

교회 사역 관련 기관들—예를 들어 장로교 고등학교 및 학원들—은 처음부터 교회의 권한 아래 있는 이사회에 의해 운영되어 왔습니다. 초창기에는 선교사들이 설립한 기관들이 많아 이사회의 선교사 비중이 높았지만, 점진적인 정책적 조정에 따라 한국인 이사 수가 점점 늘어났습니다. 1935년까지는 대부분의 학교 이사회에서 한국인과 선교사의 수가 동등해졌습니다. 현재는 모든 장로교 학교 이사회에서 한국인 이사가 선교사 이사를 훨씬 초과하고 있습니다. 예를 들어, 장로회신학대학교 이사회는 30명의 한국인 이사와 5명의 선교사 이사로 구성되어 있습니다. 이들 기관에서 사역하는 선교사들은 항상 이사회의 감독을 받아왔으며, 현재는 기관의 한국인 행정 책임자들의 지휘를 따르고 있습니다.

선교사들은 교회 사역에 있어서는 교회 치리회의 관할을, 학교 사역에 있어서는 학교 이사회의 관할을 받아왔지만, 미국 북장로교의 한국 선교부는 여전히 선교 인력과 재정을 교회 사역에 어떻게 배치할지를 자체적으로 조율하는 기능을 수행해 왔습니다. 1948년에는 선교 인력과 재정의 교회 사역 배치를 전반적으로 협의하기 위한 교회-선교 협의회가 조직되었고, 여기에는 한국인과 선교사 대표가 동등하게 참여하였습니다. 1956년, 선교부 실행위원회는 이 교회-선교 협의회가 연간 선교 사업 예산의 최종 배정 권한을 갖도록 결정하였습니다.

1956년 연례 회의에서 한국선교회는 한국 교회 내에서의 자기 위치에 대해 다음과 같은 "입장 성명"을 발표하였습니다. (1) 한국 장로교회는 완전히 독립적이고 자치적인 교회이다. (2) 한국 교회에서 사역을 맡은 선교사들은 그 사역에 있어 한국 교회의 임명과 지시에 따를 의무가 있다. (3) 현재의 조직 아래 있는 선교부는 교회 안에서 점점 축소되는 일시적인 협력자로 기능하며, 교회가 물적·인적 자원 면에서 더 이상 실질적 도움이 필요 없을 때까지, 교회가 원할 경우에만 협력한다. (4) 이 기간 동안 한국 교회와 미국 교회 간의 에큐메니컬 교제의 의미를 온전히 표현하는 조직적 수단은 교회-선교 협의회이다. 이는 단지 각각의 선교사들이 개별적으로 사역하는 데 그치지 않고, 교회 간 상호 협력이라는 의식적 행위를 통해 진정한 교회 연합과 협력을 구현하는 것이다.

1957년, 한국 교회와 한국 선교부의 관계에 있어 또 하나의 진전이 이루어졌습니다. 교회-선교 협의회와 미 북장로교(PCUSA)의 해외 선교부 대표들은 상호 협약서를 작성하였으며, 그 내용에 따르면 선교부는 더 이상 선교 인력과 재정 배치에 대한 행정적 권한을 행사하지 않기로 하였습니다. 이제 이 기능은 한국 교회 내 선교 협력 위원회로 명명된 교회-선교 협의회가 수행하게 됩니다. 이 협약은 한국선교회와 한국장로교 총회 양측에서 만장일치로 승인되었습니다.

이 상호 협약서는 한국에서의 선교 사역이 시작된 이래로 그 사역을 이끌어온 기본 원칙들을 다음과 같이 밝히며 시작합니다. (1) 한 교회가 다른 교회에 제공하는 인력과 재정은 본질적으로 교회 간 교제의 단일한 표현이며, 이 둘이 분리될 경우 그 가치가 크게 손실된다. (2) 자치, 자립, 자전은 어떤 교회의 영적 활력과 정체성을 위해 필수적이다. (3) 기독교 교회는 스스로의 치리 기관, 직원, 사무실, 그리고 교회 활동을 재정적으로 자립해서 유지해야만 생명력 있고 독립적인 교회로 남을 수 있다. (4) 자매 교회로부터의 재정 지원은 반드시 헌신적이고 희생적인 자발적 헌금을 장려하고 고무하는 방식으로 운영되어야 하며, 그렇지 않을 경우 오히려 부정적인 영향을 미칠 수 있다. (5) 주권을 가진 독립 교회는 언제 자매 교회의 도움이 더 이상 필요하지 않은지를 스스로 결정할 권리를 가진다. 그러나 그러한 지원이 계속되고 있는 동안에는, 자매 교회의 인력이 그 교회의 위원회에 참여하여 자매 교회로부터 제공된 인력과 재정의 배정에 관여해야 한다.

이 교회 간 협약은 한국 장로교회 이름으로 수행되는 모든 사역, 기관, 프로젝트에 대한 최종 권한은 하나님의 주권 아래 교회의 치리회에 있음을 인정합니다. 또한 이 협약은, 한국장로교 총회와 미국 장로교 총회 간의 공식적인 관계는 한국 총회의 협동사업부를 통해 운영되도록 규정하고 있습니다. 아울러 한국에서 생활하는 선교사들의 사적 및 생활적 문제를 감독하고 협의하기 위한 선교사 친목회의 지속적인 운영도 허용하고 있습니다. 이 상호 협약은, 한국장로교 총회, 한국 선교부, 미국 장로교 해외선교위원회라는 세 기관 모두가 최종적으로 비준하면 발효되며, 이는 한국에 복음이 전해진 지 75주년을 기념하는 해에 시행될 예정입니다.

9

성명서

대구에 있는 총회의 신학교 2학년 1학기 초에, 세 명의 교수들이 건강 및 개인적인 사유로 인해 갑작스럽게 강의를 지속할 수 없게 되었습니다. 이에 캠벨 박사는 교수진의 재편이 불가피하다고 판단하였습니다. 그는 대구제일교회의 오태환 목사를 찾아가, 4학년을 대상으로 하는 교회정치 과목(주 2시간)을 맡아줄 것을 요청하였습니다. 오 목사는 일정이 너무 바쁘고 강의를 준비할 시간도 부족하다는 이유로 처음에는 이를 사양하였습니다. 그러나 캠벨 박사는 이 상황이 긴급하며, 교회정치 과목은 단순히 대한예수교장로회 헌법을 가르치는 것이기 때문에 오 목사께서 충분히 맡을 수 있다고 설득하였습니다. 결국 오 목사는 마지못해 수락하였으나, 본인의 교회 일정으로 인해 강의를 바로 시작할 수는 없었고, 일주일 뒤부터 수업을 시작하기로 하였습니다.

오 목사는 5월 13일 화요일 아침, 4학년 수업을 위해 학교에 왔습니다. 그는 일찍 도착하여 수업 시작을 기다렸지만, 아무도 그에게 말을 걸지 않았습니다. 출석을 부른 후, 오 목사는 강의를 시작하려 했고, 그때 한 학생이 이 수업이 교회정치 과목이 맞느냐고 물었습니다. 오 목사는 그렇다고 대답했습니다. (해당 과목은 이미 학기 수업 일정표에 공지되어 있었습니다.) 그러자 그 학생은 오 목사의 강의를 수강할 수 없다고 말했습니다. 이에 오 목사는 자신이 학교의 학장으로부터 정식으로 요청을 받아 성실한 마음으로 수업을 맡으러 온 것이라고 설명했지만, 그 학생은 다시 한 번 수강할 수 없다고 말했습니다. 오 목사가 이유를 듣고 싶다고 하자, 학생은 이유를 논의할 필요가 없으며, 오 목사가 교실을 떠나든지 학생들이 교실을 나가겠다고 말했습니다. 결국, 오 목사는 교실을 떠났습니다.

이번 행동에서 학생들이 최소한 세 가지 점에서 중대한 실수를 저질렀다는 것은 명백해 보입니다. 그 시간에 오 목사를 그들의 교사로 받아들이기를 거부함으로써, 학생들은 신학교 학장의 권위와 임명을 거부한 것이며, 이는 사전에 아무런 언질도 없이 이루어진 일이었습니다. 따라서 이것은 신학교 행정에 대한 의도적인 불복종 행위로 간주될 수 있습니다. 이러한 행위는 당연히 대한예수교장로회의 교회 정치 질서에 대한 명백한 위반이자 도전이며, 이 교회의 장래 목회자가 될 이 학생들은 교회 정치를 성실히 준수해야 할 의무를 지니고 있습니다.

이 반 학생들이 처음으로 오 목사가 강의실에 나타났을 때 그의 수업을 거부함으로써, 오 목사를 교회의 교사로서 자격이 없다고 판단하고 정죄했다는 점 또한 지적되어야 합니다. 학생들은 오 목사를 심사하고 정죄할 권한이 없었지만, 그를 교사로 받아들이기를 단호히 거부함으로써, 그를 자신들의 교사로서 부적격하다고 단정 지은 것입니다. 이들은 이러한 행동을 통해, 오 목사를 대한예수교장로회 소속의 신학교, 경북노회, 대구제일교회가 모두 인정한 '신앙적으로 문제가 없는 목회자'로 받아들인 사실에 도전한 것입니다. 또한, 그들은 오 목사를 시험해 보지도 않고 그의 이야기를 들어보지도 않은 채 정죄함으로써, 예수 그리스도의 가르침과 정신을 위반하였습니다. 그들은 대한예수교장로회 총회의 신학교에서 배우는 학생이라는 위치에 있음에도 불구하고, 섣불리 판단하고 정죄하였던 것입니다. 이는 예수께서 말씀하신 "비판하지 말라, 그리하면 너희가 비판을 받지 아니하리라"는 가르침을 어긴 것이며, 또한 신약 성경의 사도 바울의 말씀, "남의 하인을 비판하는 너는 누구냐? 그가 서 있는 것이나 넘어지는 것이 자기 주인에게 달려 있느니라"라는 교훈에도 어긋나는 것입니다.

10

무제

성경구락부 교회학교 운동은 초등학생 그룹 수가 감소하던 시기를 지나, 중학생 그룹 수와 그 강도 면에서 증가하는 단계로 발전했습니다. 현재 한국 전역에서는 약 475개의 성경구락부에서 37,000명이 넘는 남녀 어린이들이 매일 모임에 참석하고 있습니다. 37년 역사상 처음으로, 전국 각 지역의 성경구락부 지도자들이 함께 모이는 3일간의 겨울 컨퍼런스가 개최되었으며, 이 자리에서는 성경구락부의 역사, 방법론, 기독교 생애, 교육의 원칙에 대한 검토와 더불어, 향후 과업에 대한 문제점, 기회, 목표에 대해 논의했습니다. 미국 장로교 '5천만 달러'의 지원을 받아, 전국 17개 서로 다른 지역에 '모범 성경구락부 교회학교'를 하나 이상 설립하는 캠페인이 시작되었습니다. 모범 학교의 기준은 다음과 같습니다: 지역 교회의 전폭적인 지원, 부지와 건물의 합법적 소유, 성경구락부의 기독교 교육 프로그램 전면 시행, 매일 100명 이상의 학생 출석, 세 명 이상의 전임 교사-지도자, 교육시설 확장을 위한 건축 프로젝트 진행. 이 캠페인에 대한 반응은 매우 고무적입니다.

수백 개의 구락부와 수천 명의 한국 어린이들이 참여하는 수많은 활동들—지역 단위의 하루 종일 진행되는 '성경구락부 연합대회,' 졸업식, 지도자 훈련원, 지도자 월례모임, 긴급 상황 대응, 개인 상담, 본부 업무 시간, 성경구락부 월간지 기고, 창립 기념행사 등—을 일일

이 나열하기에는 시간이 부족할 정도입니다. 이는 성경 말씀 중 "너희와 항상 함께 있는 가난한 자들"을 온전히 실현하는 활동입니다.

이 성경구락부 사역은 확실히 계속 성장 중입니다. "예수는 지혜와 키가 자라가며 하나님과 사람에게 더욱 사랑스러워지시더라"는 말씀을 좌우명으로 삼아, 성경구락부 어린이들의 자라나는 삶을 네 가지 전인적인 기독교적 삶과 신앙 안으로 이끄는 것을 목적으로 합니다. 우리는 다음과 같은 면에서 교육 활동의 질적 향상을 확인하고 있습니다. 즉 교사 및 학생의 활동 수준, 교실과 야외 시설, 교회의 후원교육부의 이해가 그것입니다. '염광 성경구락부'는 서울 근교에서 학생 수 1,100명으로 성장했으며, 정부로부터 사립학교 인가를 받았습니다. 이 구락부는 예수 중심의 성경구락부 교육 프로그램을 온전히 시행하고 있으며, 올해는 전국 400개 정부 학교 중 실천적이고 삶 중심적인 교육활동의 우수성으로 인해 정부 상금 15만원을 수상하였습니다.

예년과 마찬가지로 우리는 장로교 신학교에서 매주 12시간 강의를 맡아왔습니다. 강의 과목은 신약개론, 복음서 역사, 바울서신, 일반서신, 요한계시록, 신약신학, 기독교 교육의 실제(성경구락부 원리 및 실천) 등이 있으며, 현재는 신학대학원 과정에서도 강의하고 있습니다. 수많은 헌신적인 한국의 청년 남녀들이 하나님의 교회에서 일생을 주님을 위해 섬길 수 있도록 준비되는 이 사역에 참여할 수 있음을 우리는 진심으로 감사하고 있습니다.

성경구락부 프로그램은 오늘날 한국에서 많은 젊은 기독교 남녀 지도자들의 헌신 덕분에 가능하게 되었습니다. 이들 중 많은 사람들은 신학교 재학생이거나 졸업생들입니다. 또 다른 이들은 교사나 대학생들로, 전쟁으로 인해 이전의 경력을 이어갈 수 없게 된 사람들입니다. 이들 중 다수는 남편과 집을 잃은 전쟁미망인으로, 지금은 많은 아이들에게 기독교 삶을 가르치는 일에 헌신하고 있습니다. 이 프로젝트는 미국 교회들의 후원으로 이루어진 구호 예산, 즉 한국장로교 선교회의 구호기금으로 가능해졌습니다.

이 운동에는 놀라운 기독교 지도자들이 여럿 있습니다. 그중 한 사람은 제주도에서 피난민과 섬 주민을 대상으로 성경구락부 운동을 이끄는 김희선 목사입니다. 2년 전만 해도 그곳의 아이들은 기독교에 대해 거의 알지 못했지만, 지금은 3,000명이 넘는 아이들이 매일 성경구락부에 참석하고 있습니다. 김 목사는 700명 이상의 아이들이 모인 한 그룹을 직접 책임지고 있으며, 나머지 모든 구락부도 총괄 감독하고 있습니다. 그는 제2차 세계대전 이전에 성경구락부 사역을 배웠고, 이후 공산주의자들에 의해 1년 넘게 강제 노역으로 하루 20시간씩 탄광에서 일해야 했던 고난을 겪었습니다. 그러나 그의 지도 아래 진행된 성경구락부 사역은 수많은 아이들과 그들의 부모들을 교회로 인도하게 되었습니다. 특별 프로그램이 열릴 때면 도지사를 비롯한 고위 관료들이 참석하여 이 사역을 높이 평가하고 있습니다.

놀라운 구락부 지도자인 박순선 여사는 약 20년 전 성경구락부에서 처음으로 교육을 받았습니다. 그녀는 한국전쟁 중 남편과 집을 잃고 자녀들과 함께 남쪽 도시인 경주로 피난했습니다. 그곳에서 그녀는 성경구락부를 조직하고 약 200명의 아이들을 대상으로 사역을 이끌며 지역 교회들의 후원을 이끌어내고 있습니다. 김찬호 목사는 공산당 점령 당시 가족과 생이별한 채 목숨을 구하려 북한 국경 도시인 신의주에서 탈출한 전직 공립학교 교사였습니다. 그는 5년 넘게 가족의 소식을 듣지 못했지만, 장로교 신학교를 졸업한 후 성경구락부 운동에 전념하게 되었고, 현재는 서울 지역에서 7,000명 이상의 아이들을 위한 사역을 감독하고 있습니다. 장영철 목사는 신학교를 갓 졸업한 젊은 목사로, 교회를 개척하고 세 개의 성경구락부, 탁아소, 고아원, 미망인 보호소까지 운영하고 있으며, 대구의 가장 큰 피난민 센터에서 사역하고 있습니다. 이처럼 헌신된 젊은 한국 기독교 지도자들이 오늘날 한국에서 성경구락부 운동을 가능케 하고 있는 것입니다.

지금은 한국 전역에 성경구락부가 생겨나고 있으며, 그 수는 계속해서 증가하고 있습니다. 서울 지역에는 7,000명 이상, 충주 지역에는 1,200명, 대구 지역에는 2,000명, 부산 지역에는 1,500명, 제주도에는 3,000명, 거제도에는 2,000명, 인천 지역에는 1,500명의 아이들이 성경구락부에 참여하고 있습니다. 총 25,000명 이상의 한국 어린이들이 성경구락부에서 '네 가지 기독교 생활'을 배우며 교육받고 있습니다. 경험 많은 교회 지도자들은 앞으로 5년 또는 10년 간의 이같은 사역이 이 세대 안에 한국 복음화에 큰 기여를 하게 될 것이라고 말하고 있습니다. 이 아이들은 교회 안에서 자라나며 기독교 신앙을 배우고 있으며, 언젠가는 교회의 강력한 지도자가 될 것입니다. 이미 많은 아이들이 부모들을 교회로 인도하고 있습니다. 우리는 "어린아이 하나가 그들을 인도하리라"는 말씀처럼, 이 성경구락부 운동을 통해 하나님의 나라로 많은 이들이 이끌려가길 간절히 바라며 기도하고 있습니다.

진심을 담아,
프랜시스 킨슬러 드림

11

성경구락부 운동 – 1968년

현황

지난 가을 통계 보고서에 따르면, 전국적으로 약 475개의 성경구락부가 운영 중이며, 그 중 3개 구락부는 1,000명 이상의 학생, 7개는 500명 이상, 17개는 300명 이상, 30개는 200명 이상, 77개는 100명 이상, 162개는 60명 이상으로 보고되었습니다. 올해 봄 보고서에 따르면 신입생 등록 수가 100명, 200명, 300명, 심지어 400명에 이르며 사상 최대를 기록하고 있습니다. 일부 성경구락부의 학생 수가 급증한 현상은 성경구락부 운동의 새로운 발전 양상을 보여줍니다. 대다수 성경구락부는 중학교 수준에서 운영되고 있으며, 초등학교 수준의 구락부도 일부 남아 있고, 고등학교 수준으로 확장된 구락부도 소수 존재합니다. 성경구락부 교사 훈련 과정을 운영하는 구락부가 하나 있으며, 일부 성경 교육기관에서도 이와 유사한 과정을 개설하고 있습니다.

각 성경구락부는 지역 교회의 당회(또는 임원회)의 승인과 지원을 받아 조직되고 운영됩니다. 각 지역의 구락부는 지역 위원회의 지도 아래 운영되며, 이 위원회는 정기적으로 노회에 보고서를 제출해야 합니다. 전체 성경구락부 운동은 성경구락부 본부 위원회의 지도 아래 이루어지며, 그 위원회는 총회의 교육부 산하 성경구락부 위원회의 감독을 받습니다. 수년 동안, 이 성경구락부 운동의 연례 보고서는 총회에 참석한 모든 위원들에게 제출되어 왔습니다.

성경구락부 운동의 교육 활동은, "예수께서 지혜와 키가 자라가며 하나님과 사람에게 더욱 사랑스러워지시더라"(누가복음 2:52)는 말씀을 본보기로 하여, 학생들을 지적, 신체적, 영적, 사회적 측면에서의 전인적인 기독교 삶으로 훈련시키는 것을 목표로 합니다. 이 교육 프로그램의 네 가지 핵심 원리는 다음과 같습니다. (1) 예수님의 본을 따르는 교육, (2) 삶 전체를 위한 교육, (3) 학생 중심, 활동 중심의 교육, (4) 그룹 활동을 통한 교육. 매주 '구락부의 날' 활동은 다음의 다섯 가지 시간으로 구성되어 있습니다. (1) 예배 의식, (2) 음악 시간, (3) 업무 회의 시간, (4) 체육 활동 시간, 그리고 (5) 주간 프로그램.

이러한 활동들은 이 네 가지 원리를 학생들의 삶에 적용하고 실천하기 위한 것입니다. 또한 매일 예배, 체육 활동, 일반 교육 과목 수업이 있으며, 해당 수업에서는 교육부가 발행한 교과서를 사용합니다.

자립가능한 성경구락부를 '영구적 교회학교'로 설립하기 위한 캠페인이, 미국 연합장로교의 5천만 달러 기금 일부 지원으로 가능해졌습니다. 예산이 허락되는 범위 내에서, 아래 조건을 충족하는 성경구락부에 대해 최종 재정 지원이 제공됩니다. (1) 지역 교회의 관리와 지원의 확증, (2) 교회 당회가 이사회를 조직할 것, (3) 부지와 건물의 명확한 소유권 확보, (4) 100명 이상의 학생 등록 및 최소 세 명의 전임 교사 고용, (5) 성경구락부의 기독교 교육 원리 및 프로그램의 완전한 시행, (6) 가장 가난한 학생들을 위한 장학금 지원 프로그램, (7) 장기적 지속 가능성에 대한 확실한 보장, (8) 교실 건물 신축 프로젝트와 그에 따른 재정 지원 필요.

작년에는 이러한 계획에 따라 13개의 영구적 성경구락부 교회학교가 설립되었고, 앞으로 비슷한 수의 학교가 더 추가될 것으로 예상

됩니다.

문제점

"성경구락부"이라는 명칭 사용에 관한 문제가 있습니다. 이 명칭은 일제 강점기 시절, '학교'라는 용어 사용이 금지되던 시기에 사용되기 시작한 것으로, 당시에는 특별한 의미를 지닌 대체 용어였습니다. 이 이름은 시간이 지나면서 널리 통용되게 되었고, 오늘날까지도 일반적으로 사용되고 있습니다. 그러나 성경구락부가 정부 인가를 받아 "고등 공민학교(고등 공민)"로 등록하게 될 경우, "학교"라는 명칭 사용이 필수적입니다. 그럼에도 불구하고, 성경구락부와 관련된 모든 기관들은 학생 활동에 있어서 여전히 "성경구락부"라는 명칭을 사용하고 있습니다. 이러한 상황 전체를 포괄할 수 있는 보다 종합적인 명칭의 필요성이 제기되고 있습니다.

적절히 훈련된 성경구락부 지도자의 문제가 있습니다. 교사들에게 생활이 가능한 급여를 제공할 수 있는 재정이 부족하여, 많은 교사들이 단기간만 봉사하거나, 생계를 위해 다른 일을 하면서 시간제 근무를 하는 경우가 많습니다. 지도력 양성을 위해 일부 지역에서는 월례 지도자 회의를 운영하고 있으며, 방학 기간에는 대규모 지도자 수련회가 개최되고, 월간 잡지『지도자』도 발행되지만, 이 문제를 충분히 해결하지는 못하고 있습니다. 성경학원이나 일부 성경구락부 내에서 지도자 훈련 과정을 운영하여 향후 지도자를 양성하고 있습니다.

독립적인 성경구락부 교회학교들이 늘어나면서, 이들 간의 일정 수준의 상호 의존성과 소통 유지가 필요한 상황입니다. 이를 위해서는 공통 교재 사용, 지도자 훈련, 교사 컨퍼런스, 학생 성경구락부 집단 활동, 그리고 어쩌면 독립 성경구락부 교회학교 협의체 같은 것 등이 고려될 수 있습니다.

지속적인 최대의 문제는 성경구락부가 주로 운영되고 있는 농촌 지역이나 도시 빈민가의 극심한 빈곤과 너무나 제한된 자원입니다. 성경구락부 사역을 위해 협력 사역 부서를 통해 배정되던 선교 보조금이 해마다 줄어들어, 현재는 원래 들어오던 연간 지원액의 3분의 1에도 미치지 못하는 수준입니다.

의제

성경구락부 운동의 지원과 진전을 위한 연구 과제는 다음의 내용을 포함하고 있습니다. (1) 사회적 약자 계층의 청소년에게 충분하고 효과적인 기독교 생애 교육을 제공할 수 있도록, 재정적 지원이 필요한 성경구락부에 충분한 재정 지원을 제공할 것, (2) 현직 및 예비 교사–지도자들을 위한 보다 효과적인 지도자 훈련 프로그램을 개발하고 제공할 것, (3) 교사와 학생 모두에게 유익한 교육 자료와 콘텐츠를 개발 및 보급할 것, (4) 성경구락부 운동과 노회에서 운영하는 성경 교육기관 및 평신도 지도자 훈련기관 사이에 보다 직접적인 연계를 구축할 것.

12

"한국 – 고래 싸움에 새우 등 터진다"

1. 하나의 한국 – 지난 2,000년

한국에는 "고래 싸움에 새우 등 터진다"는 속담이 있습니다. 이에 대해 아시아 문제 전문가인 데이비드 I. 스타인버그는 다음과 같이 언급했습니다. "한국인은 자신들을 2,000년 넘게 동아시아 주요 열강의 권력망 속에 얽힌 새우에 비유해왔습니다. 한국 역사를 살펴보면 이 속담이 사실임을 알 수 있습니다. 그것은 외세의 영향과 압박, 위협과 침략의 역사였습니다. 그럼에도 불구하고 한국 민족이 지속적으로 국가를 유지해 온 것은 그들의 강인한 회복력과 문화적 저력을 증명합니다."

한국은 동아시아의 교차로에 위치한 반도로, 남북 길이는 약 800마일(약 1,300킬로미터), 동서 폭은 150마일(약 240킬로미터)에 불과합니다. 한국을 둘러싼 고래들은 중국, 일본, 그리고 최근에는 러시아입니다. 수 세기 동안 중국과 일본은 번갈아 가며 한국을 침략하고, 조공을 요구해왔습니다. 1894~1895년의 청일전쟁은 한때 중국을 밀어냈고, 1904~1905년의 러일전쟁은 일본을 일시적으로 승리한 "고래"로 만들었습니다. 그 전쟁 이후 일본군은 한반도에 계속 주둔했고, 1910년 일본은 한국을 공식적으로 병합하여 일본 제국의 일부로 만들었습니다. 고통 받는 "새우"였던 한국은 쓰러졌지만, 결코 사라지지는 않았습니다.

2. 두 개의 한국 - 1945년 이후

제2차 세계대전이 막바지에 접어들면서 루즈벨트, 처칠, 스탈린 등 연합국의 수뇌들이 흑해 연안의 얄타에서 전후 전략을 계획하기 위해 회담을 가졌습니다. 그들은 일본이 항복하는 즉시, 러시아군이 한반도의 북쪽 절반으로 진입해 일본군을 무장 해제시키고, 미국은 남쪽 절반에서 같은 역할을 하기로 결정했습니다. 38선은 남북한을 나누는 경계선이 되었고, 이는 어디까지나 임시적인 조치로, 이후 한반도 전체에서 국민들이 자유롭게 자신들의 정부를 선출할 수 있을 때까지 유지될 예정이었습니다.

하지만 남한에는 약 2천만 명, 북한에는 약 1,200만 명의 인구가 있었기 때문에, 모두 공산주의자였던 소련의 괴뢰 세력은 총선에 대한 모든 논의를 반대했습니다. 그 결과, 1948년 미국과 유엔의 후원 아래 남한에서는 자유선거가 실시되었고, 이승만이 대한민국의 초대 대통령으로 선출되었으며, 수도는 서울로 정해졌습니다. 같은 해, 공산주의자들은 나라의 반쪽인 북쪽에 소련식 체제를 본뜬 국가를 수립했고, 이를 조선민주주의인민공화국이라 부르며 평양을 수도로 삼았습니다. 그리고 오늘날까지 김일성은 그 국가의 수반으로서 통치해 왔다. 세계는 김일성의 '인민' 공화국에서의 삶에 대해 거의 알지 못하지만, 그곳이 지구상에서 가장 잔혹하고 억압적인 국가 중 하나라는 사실만큼은 분명히 알고 있습니다.

남한의 약 4천만 명 시민들이 살아가는 삶과 관련해 주목할 만한 점이 세 가지 있습니다.

1. 한국인은 세계에서 가장 강한 반공(反共) 의식을 가진 민족입니다. 러시아가 북한을 점령한 날부터 수만 명이 38선을 넘어 남한으로

향하기 시작했으며, 이들 중 많은 사람들은 목숨을 걸고 탈출했습니다. 1945년부터 1950년 사이에 최소 400만 명이 자신이 가진 모든 것을 버리고 남쪽으로 도망쳤습니다.

1950년 여름, 북한군이 남한 대부분을 침공해 점령했을 때 남한 사람들은 공산주의 탄압의 실체를 직접 체험하게 되었습니다. 다행히 맥아더 장군의 인천 상륙 작전으로 김일성의 한반도 통일 계획은 무산되었고, 남한 사람들은 그 끔찍한 경험을 다시는 겪고 싶지 않다는 확고한 의지를 갖게 되었습니다.

2. 한국은 해외에서 미국의 가장 충직한 동맹국 중 하나입니다. 대부분 서구 열강의 식민지가 되어 착취를 당했던 제3세계 국가들과 달리, 한국은 주로 중국과 일본 등 아시아 강대국들로부터 고통을 받아왔습니다. 그런 한국을 도와준 유일한 국가는 미국이라는 서구, 그리고 주로 백인 국가였습니다. 지난 100년 동안 선교 운동이 한국에 끼친 영향은 과소평가할 수 없습니다. "은둔의 나라"였던 한국에 교육, 의학, 과학, 여성의 지위 향상 등 다양한 분야에서 선교사들의 기여는 지울 수 없는 흔적을 남겼습니다. 이후 거의 40년간 이어졌던 가혹한 일본의 식민통치는 미군의 무력에 의해 끝났고, 한국전쟁 때는 미국의 도움으로 공산주의자들의 남한 지배 시도가 다시 한번 좌절되었습니다. 이런 배경에서 남한 국민이 미국에 대해 깊은 감사를 느끼는 것은 지극히 당연한 일입니다.

3. 한국인은 반공주의자이자 친미주의자일 뿐만 아니라, 한반도의 남쪽 절반을 생존 가능하고 번영하는 국가로 재건하겠다는 강한 의지를 가지고 있습니다. 그들의 수도 서울은 인구 900만 명에 달하며 고층 빌딩과 잘 갖춰진 지하철 시스템을 갖추고 있습니다. 한국전쟁 이후 1인당 국민소득은 100달러에서 1,700달러로 상승했습니다. 약

100개에 이르는 제3세계 국가들 중에서, 한국은 경제적 성취 면에서 대만 다음으로 높은 순위를 차지하고 있습니다. 그리고 이제 대한민국은 1988년 올림픽 개최를 앞두고 있습니다.

적어도 남한은, 확실히 '작은 새우'입니다.

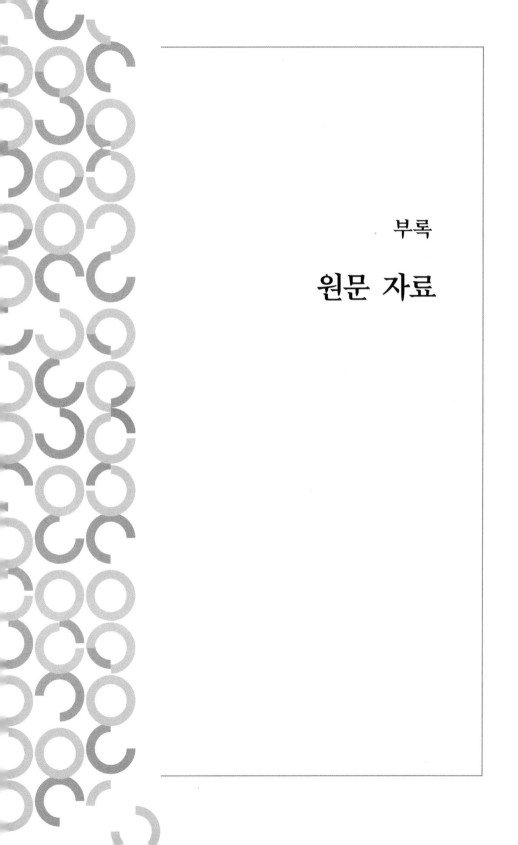

부록

원문 자료

Formal Call

From First Presbyterian Church
East Hampton, N. Y.

To

Rev. Francis Kinsler:

The congregation of the First Presbyterian Church of
East Hampton, N. Y. being, on sufficient grounds, well
satisfied of the ministerial qualifications of you,Francis
Kinsler and having good hopes from our past experience of
your labors, that your ministrations in the Gospel will be
profitable to our spiritual interest, do earnestly call
and desire you to undertake the pastoral office in said
congregation; promising you in the discharge of your duty
all proper support, encouragement and obedience in the Lord.
And that you may be free from worldly care and avocations,
we promise and oblige ourselves to pay you the sum of twenty
seven hundred dollars yearly in regular monthly payments
during the time of your being and continuing the regular
pastor of this church, together with free use of the manse
and one months vacation each year. And we agree to pay or
to continue to pay monthly or quarterly in advance to the
Board of Pensions a sum equivalent to seven and one half
per cent of said salary.

In testimony where of, we have respectively subscribed
our names this 22nd. day of November 1942, at the request
and on behalf of the congregation.

C. Louis Edwards
Ralph H. Dayton
Charles O. Gould
L. Stanley Talmage
Eugene L. Smith
Gilbert E. Miller

Ernest Miller
Frank B Eldredge
Frank H Tillinghast
John H. Dayton
Stanley G. Miller
William H Strong

- 1 -

East Hampton, N. Y.
July 1, 1947

Dear Dr. Rhodes,
                    we are returning herewith the form which
you asked us to fill out. Although our three children
are not married yet, they are certainly growing up. Helen
is bigger than her mother, has a dollar an hour job this
summer (with not too many hours), and all of us are quite
busy and happy here in East Hampton. We get to the beach
a lot in the summer, and have lots of outings with our
Young People's Groups.

    We feel more or less far off from happenings in Korea.
After we answered your letter as Chairman of Ex. Com.,
last winter we received a further letter from Dr. Fletcher
describing opportunities for work in Korea, and we wrote
him that we would like to come to Korea again if the way
opened, but since that we have no word of any kind from
him or others on the subject.

    Dr. Blair's letter on his trip North made a great im-
pression in this country. Dr. Leber described it as the
greatest missionary letter he'd read; and at a regional
Conference in Atlantic City last month we voted to have
it sent out to all chairmen of Presbyteries' Committees.

    On the other hand since the latest negotiations between
Americans and Russians began in Korea there has been no
end of silence about it in the papers here. We hope that
they are cooking up something good, but the Russians are-
n't showing up very warm-hearted elsewhere in the world.

    Otto tells us that he is planning to go out in the Fall
with his family. Dr. Reishauer says that our resigning
from the Board when we did makes no difference as to our
return. He is trying to tell Livesay the same thing, but
Livesay seems to be unconvinced.

    May the Lord bless you all in your work.

                            Cordially yours,

                            Stan Kinsler

- 2 -

REV. FRANCIS KINSLER, MINISTER

East Hampton, N. Y.
February 20, 1948

Dear Parent,

Your son or daughter is going to have
an entirely new course of study in our Sunday School
in the near future. A new and attractive series of
text-books for training in the Christian life and
faith has been worked out by the Board of Christian
Education of our Presbyterian Church. This new pro-
gram for Sunday School work is streamlined for our
world of to-day, and we seek to bring our boys and
girls into a Christian experience and knowledge that
will fit them for to-day.

We need your help and cooperation. This new pro-
gram of studies and text-books has a place in it for
fathers and mothers. There will be a Parent-Teacher
magazine, and some homework for the children.

You are therefore invited to come out to our
Session House next Wednesday evening to hear this whole
new program explained to you. The new text-books will
be displayed, and a motion picture of the plan of work
for the Sunday School will be shown. Please come.
The meeting begins at seven thirty o'clock.

Cordially yours,

Superintendent

Francis Kinsler
Pastor

- 3 -

THE FIRST PRESBYTERIAN CHURCH

East Hampton, N. Y,

May 16, 1948

Dear Friends,
On the eve of the Three Hundredth Anniver-
sary of our Church and community I want to share with
you some of the unlift I experienced recently in going
back over its long and illustrious history.

We think with gratitude of the great names appearing
in this history. Thomas James, Nathanael Huntting, Sam-
uel Buell were men of outstanding character and Christ-
ian service. They and the people who settled here cared
more for their faith in God and their Christian convic-
tions than for anything else. Otherwise they wouldn't
have come here as they did. Their influence for good
reaches down to us here to-day.

There are other illustrious names connected with this
Church. George Whitefield, the man who stirred Eighteenth
Century England with his eloquence preached in this Church
and prepared the way for one of its remarkable revivals.
Jonathan Edwards, the foremost thinker and believer in
early America preached here at the ordination of his friend
Samuel Buell. David Brainard, one of the noblest souls of
all Church history, was almost called to this Church at
one time. We are familiar with the name of Lyman Beecher,
pastor of this Church and preacher of nationwide fame;
and his children Henry Ward Beecher, perhaps the greatest
of American preachers, and Harriet Beecher Stowe, author-
ess of Uncle Tom's Cabin, were a mighty influence for
Christ in their generation.

The names of others may not be so familiar: fathers,
mothers, elders, Sunday School teachers, humble workers
and people in the Church who have gone before and left us
a rich and glorious heritage for us to carry on!

But I'm not beginning another sermon, or even leading
up to an appeal for money. I just want to begin the cel-
ebration of our Tercentenary with you in the right way,
with out minds on the important things - thinking of the
Christian ideals and aspirations that have come to us
through the Church of our allegiance.
Your pastor and friend,

- 4 -

PRESBYTERIAN FOREIGN MISSIONS AND OVERSEAS INTERCHURCH SERVICE

Rev. Francis Kinsler
Seoul, Korea
October 5, 1950

Dear Friends:

When the war broke out in Korea I soon found myself doing relief work in Pusan and thereabouts. Our other mission members were working in and around Taegu. Providentially, a large supply of Church World Service relief goods (almost two thousand bags of wheat, beans, barley, peas; several hundred bales of used clothing, over a thousand tins of lard, over fifty bales of cotton, some ninety drums of powdered skim milk, and small amounts of soap, shoes, thread) had been left in a warehouse in Pusan, and not taken to Seoul. Our Seoul Station chauffeur had also brought the large mission truck down to Pusan. I also had the loan of a good Methodist jeep. Dr. Fletcher's experienced relief worker and his assistant both came to Pusan and we carried on the work together.

Christian refugees naturally gravitated to the Churches. There they lived, sleeping on floors, benches, tables, almost anywhere. Many, many thousands of other refugees stayed in temporary refugee centers set up by the government, in private homes, in the fields, under bridges everywhere. The government granted a daily ration of a fistful of barley grain to refugees located in officially recognized refugee centers, but nothing more.

We set up our relief headquarters in one of the large Churches in Pusan and labored for three months to make the best possible distribution to the most needy people. We gave some kind of relief to more than sixty thousand people who came for it. We gave extra help to the Church relief centers. We tried to supervise and inspect as much as possible to insure fairness. When the nights grew cool we managed to make provision for over a thousand Korean quilts with the cotton we had, for families with children without bed covers. This item alone would equal W30,000,000.00 (around $15,000.00) in Korea today. At times it almost seemed like the miracle of the loaves and fishes, and at other times it was hard not to be able to help more. Many Koreans expressed gratitude for this expression of Christian love from the American Church.

We also made trips in the truck loaded with relief goods to countryside Church relief centers. One day we headed for Pohang, but were stopped near the city by a line of U.S. tanks. That was the day the Reds took Pohang by surprise. One day we went to Masan to find the inhabitants streaming away from the city toward Pusan. Next day we learned that the communists had come within five miles of the city and almost made a break-through to Pusan. On one of our trips to Chinyung we found the pastor and many people packed up ready to leave because the sound of artillery had been so heavy that morning. But the night I took a military train to take relief money to Taejun even the colonels thought our cause was hopeless. But now we are looking for a new day in Korea, one of unprecedented opportunity for constructive Christian missionary service.

Sincerely yours,

Francis Kinsler

- 1 -

PRESBYTERIAN FOREIGN MISSIONS AND OVERSEAS INTERCHURCH SERVICE

Rev. Francis Kinsler
(Seoul, Korea)
Presbyterian Mission
APO 301, P.M. San Francisco
October 22, 1950

Dear Friends:

It was a cool October Sunday morning in Seoul today. I went to preach to a refugee congregation on a hill near the edge of the city. About a thousand people had filled that Church when I visited it last May. This morning about two hundred of them came and sat on boards and bricks on the ground charred by the fire that burnt the Church to the ground. The Church and many homes around it were destroyed before the communists retreated. These people had fled from communism up North before the war, and now most of them had fled again to the South. They are only beginning to return. Some have been killed. The young pastor was taken by the Reds and nobody knows where he is. The people worshipped quietly, in much sadness, but their main words were of gratitude to God for their deliverance from a terrible scourge.

Seoul is like that today. Coming home I stopped by another Church, and found some women still there, weeping. They told me they had heard nothing of their pastor. One brave pastor kept his Church going up to within two weeks of liberation, and then had to run for his life because the Red police were coming for him. Young Pastor Ho Jun Yoo left his office just thirty seconds before the officials came for him. About twenty Presbyterian pastors have disappeared, and we don't know whether they are dead or alive.

Many homes and buildings were destroyed by fighting, but more by the retreating Communists who poured gasoline on buildings and set them ablaze. Homes still intact were robbed of clothes and food. We are grateful that our missionary homes on the compound are still intact (the Reds didn't have time to burn them when they retreated), but all our possessions, including books and papers and life-long notes, are all gone. I have met no Christian who has lost his faith. Their first expression is one of gratitude for survival; then of contrition for the sins of Korea that brought this trouble about, and then one of hope for a new day in Korea. They say the ordeal of the past three months under Communist rule was simply unendurable. Many say, "I died, but I'm alive again." The people are cured of Communism, they add. One pastor called this afternoon and said he thought maybe all the people of North Korea would come into the Christian Church now. They have nowhere else to turn.

This is not an appeal for relief help — not yet. The army does not allow us to use the above APO address for receiving relief packages. But soon civil administration will be restored, and this country will need and accept the ministry of the Church in the name of Christ as never before.

Cordially yours,

Francis Kinsler

- 2 -

Rev. Francis Kinsler
Presbyterian Mission
c/o U.S. Consulate
APO 59, FM, San Francisco
February 15, 1951

Dear Friends;

The story of the Koreans suffering in the present war is still unfinished, but accounts that come from the refugee Christians here in Pusan are sad enough. Church workers have compiled the following figures of losses in the Church, which are not complete. Christian ministers killed or missing in South Korea: 136 Presbyterian ministers; 24 Methodists; in North Korea; 111 Presbyterian ministers, 31 Methodists; for all Korea: 6 Holiness Church ministers, 4 Salvation army, 6 Angelicans, 80 Roman Catholic; 32 Foreign Missionaries, 7 Y Directors, and one Y Worker. It is estimated that 470,000 civillians in South Korea are casualties in the war.

At the present time we know of 12,000 Christian refugees in the Island of Quelpart, 1,700 members of pastors' families; perhaps one third that number in the Island of Kujedo; and others scattered about South Korea in numbers which we have no way of determining.

But the stories of individual Koreans whom we know as personal friends seem more sad than large statistics. Day by day they come and tell us their experiences. We knew Pastor Pak as a fellow teacher in the Bible Institute in Pyengyang some years ago. He came to Pusan saying that he alone of eleven pastors escaped alive from SunChun Presbytery North of Pyengyang. Pastor Duchwa Hu was a leader in the West Presbytery. I met him here after twelve years. He said he was able to escape with his family from Chinnampo, where he had charge of the large First Church, because the UN army provided boat space for them to go, but that the pastors of other Churches in that area didn't have the chance and were all left behind. One young woman dropped in to see us and told us how she escaped from Inchun with her three little children, but that her husband was caught by the Reds. One quiet man told me he had come from the Northeast Coast of Korea. He had served Churches there for twelve years, but had never been ordained, lest the Japanese, and later the Communists should hinder him from doing Church work. One evening he went to Church early to pray, when friends came to tell him that the police had called at his house to take him. So he had to run away without even going home. So he left his wife and little children (he could do nothing for them in that situation) and after walking fifty miles got to the UN lines, then got out in the Hung Nam Evacuation, came to Pusan, and is now on Kujedo, still strong in his faith, but with heavy heart about his family.

A pastor Cho called this morning. We knew him in the Pyengyang Seminary before the Second World War. He had gone to Ham Hung Province and worked as a minister. At the time of the Chinese invasion he had to run for his life, also unable to save his family (they would be safer without him around, anyway, when the Communists began to investigate). He came here in very ragged coat, and trousers. But he soon got a job as an interpreter here, and received permission to take time off on Sundays to preach to Korean groups in the army. He had nothing left of his possessions. But we were able to give him a New Testament, thanks to the Bible Society; some better clothes, thanks to Church World Service; and we wrote the note he needed to have the permission to preach; and he also received the Mission grant to refugee pastors of W50,000 ($20) for emergency relief.

But by and large the Christian refugees are being taken care of on the Islands with a government ration, the help of native Christians, and jobs of one kind and another that they find. Ministers organize themselves to look after their people and do evangelistic work to the unbelievers. It seems that the hardships caused by the Communist attack in Korea have served to quicken the Christian faith of many.

Sincerely yours, Francis Kinsler

- 3 -

Rev. Francis Kinsler
(Seoul, Korea)
Presbyterian Mission
c/o U.S. Consulate
APO 59, San Francisco
March 20, 1951

Dear Friends,

The island of Quelpart, Korea, got its name many years ago when some French sailor sighted it from the sea and said, "What part is it?" It is an island, formed by a mile high volcano, now extinct, about two hundred miles from the mainland port of Pusan, Korea. The islanders lived their peaceful, superstitious existance until disturbed by recent events. In a communistic uprising a couple of years ago some 70,000 of the 300,000 inhabitants are said to have been killed. So the native population is made up largely of women. But our interest was centered more particularly in the tens of thousands of refugees, including more than ten thousand Christians, and over 400 Protestant pastors, who have gone to the island of Quelpart during the last three months.

Two weeks ago Ray Provost, Jim Phillips and I of the Presbyterian Mission, Charles Stokes of the Methodist Mission, and Ed. Kilbourne of the Holiness Church went in a U.S. Landing Craft, manned by Japanese to the island to visit our Christian friends there. We received a most warm welcome from the Christians. On our first day there we went to Church in the Southern port town of Sukepo. A Korean minister was being installed. The Church was packed, and the yard on both sides filled with people who shared in the service through wide open windows. There must have been forty or fifty ordained ministers there. A highly trained choir sang beautiful anthems. It was pointed out that this one pastor had been sent by the Korean Church as a missionary years ago and now the Church was strong enough to support him entirely; and that in this time hundreds more of Christian pastors had been sent to the island to evangelize the people more fully. There was a packed Church again that night.

The next day meetings were held from day-break to night time. Besides worship and Bible Study hours, there was a service of welcome for the missionaries out in the park by a beautiful waterfall. The Koreans expressed great appreciation for all the Missions and the Churches behind them had done for Korea. In the afternoon a meeting was held to plan more carefully for the work of evangelism in the island. Many new Church groups have already been formed, and the young men have undertaken to organize the children (who can get practically no schooling in war-torn Korea today because the army is occupying even school buildings) into Bible Club groups and give them a full Christian training during the next few months at least. Some forty to sixty such groups are either begun or in the planning stage.

We drove around the island to the capital city of Cheju. It has two Presbyterian Churches and they have the two most imposing buildings in the city. Meetings were held for three nights, and a big overflow of people stood outside unable to get in, even though the children were given a story and sent away. There, too, greatest interest centers in doing a Christian work in the island before the refugees return to the mainland.

In Sung San Po over 50 ministers welcomed us. We sat on the green slope of a mountain overlooking the blue sea and worshipped and talked and planned from three to after six o'clock one evening, and then had an earnest daybreak prayer meeting before departing the next morning. It was like that all around the island. We came home with the impression that the Korean Church is very much alive in Korea today. It faces an unprecendented opportunity. Pray for it.

Sincerely yours,

Francis Kinsler

- 4 -

Presbyterian Mission
% U. S. Consulate
APO 59, SanFrancisco
March 29, 1951

Dear Friends,

Easter in Seoul, Korea in the year 1951 - what a setting for the Ressurrection story! We arrived there by truck on the evening of Good Friday, and found a dead city. It was not so much the fact that large sections of the city have been reduced to rubble during the North Korean and the Chinese Communist occupations of the city, but the weird appearance of a large city that has no people in it. Except for a lonely Korean policeman standing guard at some intersection, or some U. S. army truck rushing by, or the distant rumble of artillery to the North and the East, the stillness of death had settled over Seoul. There were a number of quite old ladies, and little children to be seen here and there on the streets; but it is said that the Reds compelled all the men and women of military age to go with them when they withdrew from the city.

To our surprise we found that most of the Church and Mission property in Seoul was left intact during the second occupation of the city. Some parts of the city were destroyed during the winter, but practically all of the Church buildings and Mission houses are standing just as they were left last Fall, with some broken windows and some fallen plaster. We were astonished to find on entering the Korean Churches that most of them seem not even to have been entered by the enemy troops during their second occupation of the capital city. On the pulpit of the West Gate Church we found a hymnal and the treasurer's book of the congregation's missionary society lying just as they had been left by the Church members when they fled Seoul. In the office of the Bible Society and the rooms of the Pierson Memorial Bible School we found religious text books and Testaments and Gospels just as they had been left by our people before they left the city. The Sung Dong Church, in the center of the city, still had its doors locked as they may have been left after some Sunday services. The few old people who had stayed in the city with whom we talked said that the only thing the troops seemed to want was food. They searched each home and carried off what grain they could find. The shortage of food supplies and the fearful bombing of the city seem to have caused the withdrawal of the communist forces.

But on Easter Sunday we celebrated the Ressurrection of Christ in Seoul. We held a daybreak service on South Mountain, with about six Americans (Captains Howard Moffett and Charles Bernheisel, sons of Presbyterian Missionaries in Korea), John Underwood, Ray Provost, James Philips of our Mission; and about eight Korean people. It was raining, the Presbyterian Seminary building was badly shattered, and the city below was deserted and in ruins; but we thought together of the power of the Risen Christ at work in Korea to-day. We also held an Easter Worship for all the city in the new Gothic-like Church of the Bethany congregation. Where usually about three thousand people met in that Church before the war, we scarcely had forty people from all over the city, practically all of them elderly women and little children. But again the promise and hope of our Christian Faith and ressurrection life was real to us all.

- 5 -

On our return from Seoul to Pusan we stopped at all the large towns along the way to see how the Churches fared. Most of the people, especially the Christians, had fled South and had not returned home yet. In many places the Church buildings have been completely destroyed. That highway from South South to Taejun has become known as "Heart-break Highway"; and it surely a heart-break highway for the Church people. They will have to return empty-handed, hungry, and worn-out to homes that have been destroyed, and to towns that have been wrecked, and to Churches that have been burned to the ground.

But our observation of the Korean Church is that it does have a living faith and a real experience of the Ressurrection power of the Christian Gospel. At Suwon we visited the Presbyterian Church and learned from some Korean soldiers there that some elderly lady came once every day to the deserted Church and there prayed quietly and alone in the Christian sanctuary. A Church Helper also made himself known, and said that he had returned to look after the Church buildings and the few Christians left here and there about the city until the Christian pastors and people should return.

In Taejun we had to stay overnight in the building of the First Presbyterian Church. This Church still stands although all around it lies the rubble of many destroyed buildings. We arrived there after dark, and found some refugees living in the Church. They were very cordial and told us their experiences in flueing from the Northern city of Sinweiju, away from the ruthless persecution of the Reds. Then we fell asleep on our cots and were awakened about five thirty in the morning by the sound of individuals praying aloud. Then at six o'clock a goodly number of people had gathered quietly and they began a formal prayer meeting. After some singing and Bible reading and remarks by the presiding officer they all began to pray aloud together. It was very earnest and even intense prayer. As I listened to the words I was impressed by the conviction of these Korean people, their awareness of the need of the Korean people, and God's judgment upon them in the present war for their past sins. One man cried out in his prayer, "O God, wake us up, O God, wake us up." These people were holding daybreak prayer meetings like this every morning all the year round and they were doing it without any ordained minister to help them, and in the midst of their poverty and hardship.

In Kumchun we found the Church full of refugees. The minister was there and he told us that he conducted the daybreak prayer meeting every morning for all the people, and that they also held a meeting every evening for worship and Bible study. He said that the refugees had found new faith and courage as they lived together in the Church. One woman had had to flee on foot from Seoul with five children and had wanted to commit suicide to escape her misery some five times, but now she had found a new hope and faith in the fellowship of these meetings.

Out of the ruins of old Korea perhaps we are seeing today the rising of a new Korea in the days to come. Out of the sufferings is coming a humbled people, a chastened Church, and a new Korea that with God's help will become Christian throughout the land. Pray for this ressurrection hope in Korea.

Yours sincerely,

Francis Kinsler

- 6 -

Rev. Francis Kinsler
Presbyterian Mission
c/o U.S. Consulate
APO 59, San Francisco
June 16, 1951

Dear Friends,

Last Sunday morning it was my privilege to preach to the Yung Nak Church in Pusan. That is the famous refugee Church that met in Seoul; and now, a refugeeing refugee Church, it continues its congregational life supporting its pastor, having its Sunday School, Young Peoples groups and so on. There must have been between 500 and 1000 people present Sunday morning. A number of other Seoul congregations have reorganized and continue their Church life in this busy war center. So the Korean Church is thriving on every hand.

The refugee pastors on Chejudo just sent in their report that every pastor has his Christian work assignment on the island. Some conduct Churches, some Sunday Schools, some do pioneering where the Gospel has never been heard. Many of the Church workers have organized Bible Clubs for the children and they now have about 25 such groups on the island teaching daily about 2500 children the Christian life.

The Presbyterian Seminary reopened on a refugee basis in Pusanjin the first of May. We thought maybe as many as 100 students might come, but now there are over 275 enrolled. That is in spite of the fact that most young men who would be in seminary have gone to war. One morning I went up to their daybreak prayer meeting. The students conduct this daybreak meeting every morning on their own, the professors do not even attend very much. They sang, read the Scripture, had a talk, and then prayed. They prayed in unison for over a half an hour, many in tears, crying out to God not just for food, or homes, or country (things they sorely lack now); but almost altogether for a better, truer Christian life for themselves, their Korean Church, and the whole Korean people. We in the West just don't have the same earnest devotion and love for the Lord that might be seen here, in the same way.

I wish I might tell you of some of the wonderful stories of Christian Korean chaplains in their army, of the many pastors who have gone into the Korean army hospitals and won a big place for themselves and their Christian work there. Not having the time for a detailed account, I do want you to know that in poor, war-torn Korea today the Church of Jesus Christ is the most alive, active, and victorious of enterprises in this land.

Sincerely yours,

Francis Kinsler

- 7 -

PRESBYTERIAN FOREIGN MISSIONS AND OVERSEAS INTERCHURCH SERVICE

Rev. Francis Kinsler
Presbyterian Mission
APO 20, San Francisco
November 7, 1951

Dear Friends at Home,

We in the Korea Mission and our Korean friends wish to express our heartfelt gratitude for the generous emergency relief funds given by the Church in America for Korea in her hour of greatest need. Perhaps the best way to express our appreciation is to tell you of the special war-time activities of our Korean Presbyterian Church made possible by your gifts, especially through the "One Great Hour of Sharing."

Many of our Christian leaders are among the thousands of war refugees who still have to wait out the war on the islands off the coast of Korea. With your help these leaders have risen up to serve their fellow refugees and the island people in the name of Christ. They have established 40 new Churches on Cheju Do, and more on Koje Do. They are conducting Bible Institutes, High Schools for boys and girls, a school for adults for their people. They are conducting Bible Clubs for more than 3000 schoolless children in a well-rounded program of Christian training every day. Some of these Christians even tithe their pitiable daily ration to help support this work. Each Christian worker is assigned a specific job and he is expected to fulfill it.

Through your special gifts the Christian Chaplaincy is being maintained in the army of the Republic of Korea. There are now some 40 Korean Presbyterian Chaplains, including the Chief of Chaplains, serving the Korean soldiers everywhere from the front line to the base hospitals. The Korean navy has also appointed its own Christian chaplains, without any help from our Mission. There are also about fifty other Korean Presbyterian ministers and Bible women serving the wounded Korean soldiers in all their hospitals on a civilian basis. There are also some 14 Korean Presbyterian ministers serving as Christian Chaplains in all the government prisons in Korea. All this is something new in the history of the countries of the Far East. And it has been made possible by the special gifts of the home Church to wartime Korea.

It has become possible for many Korean refugees to return to their war-torn homes and communities up as far as the fighting area of the war zone. These people return empty-handed to scenes of desolation and destruction. But the Church goes back with them. In the Presbyterian program of rehabilitation more than 70 Presbyterian ministers and Bible Women have been sent back to rebuild their congregations and minister to all the people in these areas. They restore the Church life and Church and Sunday School services of their people, look after orphanages, plan Bible Clubs to train children, and minister in many other ways to these needy people. They could not do it without special help from the Church at home.

The New Presbyterian Theological Seminary has opened in Taegu with some 500 students in attendance. More than half of them have come from North Korea, where fathers and brothers have been martyred, and whole families separated. They study in temporary quarters, using churches for classrooms and dormitory space. In addition to their studies they are all giving practical Christian service under faculty direction in street preaching; personal work; visitation in church parishes, army hospitals, government prisons; the establishing of new churches, in teaching children in Bible Clubs, and so on. Your gifts have made all this possible for these Korean Christians.

Sincerely,

Francis Kinsler

F

- 8 -

Presbyterian Mission
APO 20, San Francisco
November 7, 1951

Dear Friends,

    This is just a letter of thanks. We are always grateful
for the gifts of the home Church that make possible our whole Christ-
ian Mission program in Korea, but at this time we are especially grate-
ful for the emergency relief funds, especially that of the 'One Great
Hour of Sharing' which have enabled us to carry on our special wartime
program of Christian work and service in Korea. Perhaps the best way
to express our thanks is to tell you of the special wartime activities
of our Korean Christian friends made possible by your special gifts.

    The great majority of Korean war refugees still have to wait out the
war on the islands off the coast. Among these people our Christian work-
ers have risen up, and with the help you have sent, have been doing a great
Christian work. They have established 40 new Churches on Cheju Island a-
lone; and more on Kojedo. On these two islands more than 3000 schoolless
children are receiving every day Christian training in the Bible Clubs,
thanks again to your emergency girts. The Church leaders have also es-
tablished and conduct Bible Institutes, private High Schools for boys
and girls, a school for grown-ups, and many of them tithe their piteable
ration to help support the work. Each refugee Church worker is assigned
a Church work and he is expected to carry it out.

    Again, special gifts from the homeChurch have made it possible to sup-
port the Christian Chaplaincy in the army of the Republic of Korea. There
are now some 40 Presbyterian Korean Chaplains, including the Chief of Chap-
lains, and they serve the Korean soldiers everywhere from the front line
to the base hospitals. There are also some Korean navy chaplains, but we
don't have statistics about them, because they were appointed without any
help from our Mission. This is something new in the history of countries
in the Far East.

    There are also over fifty our our Presbyterian Korean ministers and
Bible women serving on a civilian basis in all the Korean army hospitals,
under the direction of the regular army chaplains. They visit, preach,
hold services, and minister in every way that Christian service suggests.

    It has become both necessary and possible to give help to the Christ-
ian ministers now serving in all the Korean government prisons on a full-
time basis. There are fourteen Presbyterian ministers now devoting their
lives to this ministry and they could de do it without the financial help
given through our Presbyterian Mission to enable them to secure their daily
needs.

    It would not have been possible to open the new Presbyterian Theological
Seminary in Korea without help from the Church at home. 500 students are
now in attendance; more thanhalf of them having come from North Korea, where
fathers, brothers, and friends have been martyred for their faith in Christ.
These students give practical service each week in Street Preaching, Person-
al Work, Sunday School Teaching, Bible Club Leadership, Hospital and Prison
Evangelism, the Establishing of new Churches, and so on. Believe me, he
who sows bountifully in Korea to-day will reap bountifully.

                             Yours sincerely,

- 9 -

Dr. John Smith
Presbyterian Foreign Board
156 Fifth Ave., New York

Dear John,

Thank you for your letter of October 17, and the information about our relief work budget. We knew in general that $200,000 had been granted, but we did not know how much C. U. S. was to get of it, or how long it would have to last.

We will try to get you a more accurate and later budget at a future date, but I would like you to know that we are operating on a monthly budget at present as follows:

Church Workers' Families' Relief

Kaigeju Island	$3,300
Anje Island	1,250
Pak Yung Island	600
Pusan Area (Activeworkers' families)	900

Presbyterian Minister Chaplains

Korean Army Chaplains	600
Korean army (civilian) Chaplains	320
Korean prison chaplains	130

Presbyterian Church Rehabilitation	900
	8000

These figures do not include regular budget items, nor items paid by money from other sources. These figures change from month to month. Above figures for chaplains include in some cases the relief grant to their families. Grants to our refugee academies are taken from the regular budget. The above budget figures do not exhaust the total amount granted, but the dollar is dropping here at present, and more dollars will probably be required to pay the same amounts in Won next month, and possibly thereafter. The budget has a tendency to increase each month when we find it possible to do so. On the other hand we are extending every effort to make no unnecessary payment of money. The above is the regular monthly payments we make, and does not include special relief grants. This week Otto is going in the truck to the whole Seoul area to visit our Churches and may find it desirable to use up to $2000 for food and bedding. The above program will be just as necessary next year unless conditions change a lot.

We deeply appreciate the great generosity of the Board and the home Church in this hour of Korea's need. I have tried to write a letter to convey a sense of our gratitude and our responsibility to make the most of this blessing. I have enclosed this letter and if you can use it in any way as coming from us all and our Korean friends to the home Church please do so. (Otherwise, would you please have it mimeographed and sent out to my mailing list in the file?)

Cordially yours,

Presbyterian Mission
1 Nam San Dong
Taegu, Korea
July 21, 1952

Dear Friends,

We want to th ank you for th e wonderful flow
of relief packages which you have been sending to our Pres-
byterian Mission in Korea during th e last few months. A-
bout a thousand packages of food an d clothing have been
received by us in Taegu and Pusan, and we would like you
to know how they have been used.

Many of the five hundred students in our Theological Sem-
inary have families without enough to eat, so we help them
some with these packages. One day when I asked one of them
if he would like to have one of the food packages I didn't
know wheth er he was going to laugh or cry he was so grate-
ful.

The many Korean Church workers who are still living as
refugees on the islands got some financial help from our
Mission, but at best they live a very meager existenc. Nev-
ertheless th ey are very zealous in their work of forming
new Churches and Sunday Schools there, an d in maintaining
educational training for the young in Bible Institutes, High
Schools, and Bible Clubs. So whenever we have enough pack-
ages we give th em some, too, and they are very grateful.

Many refugees still live in refugee camps in places like
Taegu an d Pusan. Seminary graduates have gone into the two
big est camps in Taegu, established Churches, and preach to
overflowing congregations. They also conduct Christian work
every day in the week, with Bible Clubs for the Christian
training of many children, day nurseries for the smaller chil-
dren (we feed almost a hundred children in them every day),
in homes for war widows with children, and th ere is even an
orphanage in one of them. We give food packages to the widows'
families as often as we can. We don't have enough to go around
to all the orphanges, as we are helping more than twenty orphan-
ages in Korea at the present time. A good number of the pack-
ages go to the War Widows' homes in Seoul, and Chunan, and Kyung-
ju, and Taegu.

Packages also go to the brave widow Bible Club Leaders where
thousands of ch ildren are giving a Christian training for life
in Church buildings all over Korea, because these widows have
children of their own to bring up and they get very little else
for all their work in the Clubs. So you can see that your pack-
ages go a long way and mean much to many people. We thank God for
your generosity.

Sincerely yours,

Francis Kinsler

- 11 -

KOREA MISSION

PRESBYTERIAN CHURCH IN THE UNITED STATES OF AMERICA

APO 234, San Francisco
September 30, 1952

Dear Friends of Korea,

Many and timely are the packages of clothing and food we have received for our Korean friends during the last two years. We appreciate your gifts deeply. Our Korean friends are most grateful. We do not like to ask for more. But the Korean war drags on. Conditions are not getting any better. Winter is coming. So we are writing again to mention the need of so many of our Korean friends.

There are almost 500 students in our Theological Seminary in Taegu. Most of these ministerial students have fled from the communism of North Korea. Their families and financial resources are gone. Their great hope is to serve the Church of Christ in Korea. But it often seems as if they would not have enough food and clothing to keep body and soul together.

We are trying to help 20 war orphanages in Taegu and vicinity. None of them get a sufficient ration from the government, and that is only barley grain. Many of these orphans receive the Bible Club training program, but some of them never have enough food or clothes. The various Homes for War Widows with children with which our Mission is connected are in much the same fix.

More than 24,000 children are getting their only education in the Christian training program of the Bible Clubs conducted daily in Churches all over Korea. These children have studies, prayers, singing, games, and special programs, but many of them don't have enough to eat or wear. We can use any amount of relief clothing, food, cheap notebooks and pencils.

Refugee Centers in cities like Taegu will be just as crowded and just as cold this winter as ever. Countless families live there in tiny huts, shacks, tents, or temporary board shelters. They are worn out from hunger and want, weary with waiting. Church groups have been formed in these places and Christian workers are serving the people and they make the best use of all relief materials that come. We are most grateful for all you are doing for the people of Korea in her hour of greatest need for the name of Christ. First class mail (6¢ air mail stamp) may be addressed Rev. Francis Kinsler, PRESBYTERIAN MISSION, APO 234, SAN FRANCISCO; but packages of relief must be sent International Parcel Post, addressed REV. FRANCIS KINSLER, PRESBYTERIAN MISSION, 1 KII SAN DONG, TAEGU, KOREA.

Sincerely yours,

- 12 -

K O R E A   M I S S I O N

PRESBYTERIAN CHURCH IN THE UNITED STATES OF AMERICA

                                    APO 234, San Francisco
                                    November 10, 1952

Dear Friends,
            We wish you could have seen the hundreds and thous-
ands of children who gathered in the big towns and cities of Korea
on different Saturday afternoons this Fall for Bible Club Rallies.
500 in Chungju, 500 in San gju, 500 at the Central Church in Taejun,
1,400 in Inchun, 1,200 in Taegu, and 3,300 at the Athletic Grounds
in Seoul!

            Bible Club Rallies in Korea begin with the Worship Ceremonial.
Children preside and participate in the whole program. First all
sing "Onward Christian Soldiers" together; then twenty or so lead
in Sentence Prayers; another twenty or so stand and recite Bible
Verses; then all stand and recite Luke 2:52 the Club Motto, Luke
2:52, "JESUS INCREASED IN WISDOM AND IN STATURE, AND IN FAVOR WITH
GOD AND MAN", and give the four-finger salute denoting the four
sides of the Christian life, and then all sing the Club Hymn toge-
ther. After a short address on the meaning of the Christian Life
the children close the Ceremony by reciting the Mizpah benediction.

            Other programs follow the Worship Ceremonial. The children stand
in rows over the field and perform their own Club gym drills together.
Then there may follow a track and field contest between the different
Bible Clubs; or there may be a Special Program of Songs, Plays, Re-
citations, and Plays. We had trouble preparing for oneRally because
three different groups wanted to recite the whole Sermon on the Mount!
Each Club takes part and many children participate and their play-
mates look on and give rounds of applause.

            These Bible Clubs are made up of Korean Children who have no schools
to go to. They come to a Bible Club conducted three hours or more each
day of the week in some Korean Church Building. They have study class-
es, a prayer hour, exercise and game, period every day, and oneday
each week is known as Club Day. Lessons are set aside and a spec-
ial order of Worship Ceremonial, Music, Exercises, and Special Prog-
ram is followed. The whole work is patterned after the Life of th e
Boy Jesus as described in Luke 2:52, and includes the Intellectual Side
of Life (Jesus increased in wisdom), the Physical Side of Life (and
in stature), the Spiritual Side of Life (and in favor with God), and the
Social Side of Life (and in favor with man). It is not just an educa-
tion of book learning, but a Christian Training Program for Life so
that these Korean children can grow up into a well-rounded life of
Christian Faith .

- 13 -

KOREA MISSION

PRESBYTERIAN CHURCH IN THE UNITED STATES OF AMERICA

AFC 234, San Francisco
February 14, 1953

Dear Friends,
            We receive so many gifts and relief packages for our
work in Korea that we want to keep thanking you and telling you a-
bout the work. This time we want to tell you about the Refugee
Center in Lee Kyung Tong in Taegu. A year or so ago the place was
just a bare hillside outside the city. Now row after row of ten-
porary shelters have been erected to house thousands of refugees
made homeless by the war. We want to tell you of the Christian
activities going on there to-day.

        Our story begins with the young pastor, Mr. Chang Young Choi.
He had already had three years experience with our children's work
in Seoul, and has graduated from the Theological Seminary last year.
He agreed to work in this Refugee Center. A temporary shelter was
set up for Church and children were gathered each day for a Christ-
ian training program in a Bible Club.

        At the same time begger boys were gathered from the streets and
an orphanage was begun. Gifts from home and from G. I.s made it
possible later to build a comfortable Korean style home for 50 of
such children, who are now living in a Christian home environment
with daily Christian training for life. The project was so success-
ful that we have begun a second such orphanage with 50 more boys.

        45 widows' families occupy space together in the shelters and we
help them with building materials, bedding, clothing, and some food
from time to time. We began Day Nurseries for little children from
3 to 6 years old, and now have about 100 of them coming daily so
their mothers can be free to go out to earn a living. We feed,
watch, and teach the children prayers, hymns, songs, and Bible ver-
ses. The Bible Clubs for the older children have expanded and now
some 200 of them come daily for Christian training. The Church has
grown and now over 300 adults meet on Sundays. They have enlarged
the Church, built a bell tower, bought an organ, and support the
young pastor's family. Through this Church we may also been able
to distribute relief clothing to the more needy families. This is
the story of the ministry of the Christian Church in one Refugee
Conte in Korea to-day. Other stories will have to wait until ano-
ther time. The Lord bless you.

                                            Sincerely yours,

(Address for Relief Packages)
Rev. and Mrs. Francis Kinsler
Presbyterian Mission
1 Nam San Dong
Taegu, Korea

- 14 -

Taegu, Korea
May 22, 1953

Dear Friends,

Once again we want to thank you all for the many gifts you have sent to us for our Korean friends. We've been almost overwhelmed by the flood of relief goods and gifts for our work this past year. We have handled some 5,000 relief packages, distributing the goods to countless orphanages, widows' homes, refugee camp s, destitute Churches, old people's homes, school students, and so on. Many gifts of money have been used to begin new relief projects and to carry on old ones. We are both astonished and grateful for the tremendous response from America for the tremendous need in Korea.

We have been in close contact with about 20 orphanages in the Taegu area alone. All the help some of these orphanages have received has been through us. U. S. army groups have helped others, working through us. We have had 3 day nurseries feeding and caring for the little children of widows and other destitute mothers every day. We have been able to help three different old people's homes, securing the property of one of them. Four different work projects for war widows have been developed here. There are some 3000 poor children getting their only education in the Bible Clubs in Taegu.

The Children's Bible Club program has grown unbelievably. There are at latest report over 10,000 children in the Seoul area, 7,000 in the Andong area, 3,000 on Cheju Island attending daily. We attended a Bible Club rally of over 4,000 children in Seoul two weeks ago, and over 1,000 in Andong last week. Tomorrow we go to Kyungju for the children's rally there. The children meet all day for Worship Ceremonial, gym exercises together, picnic lunch, and games and races in the afternoon. Many big cities in Korea have these Bible Club rallys once or twice each gour now.

The Presbyterian Seminary has moved forward during the year. More than two hundred Korean young men and women applied for admission this year. Two dormitories have been built, a faculty-residence is going up, the library is getting organized. The enrollment is over 450 students. We have been more than busy trying to teach, house and guide these many students day by day. We have also been happy to see the Korean Armed Forces Christian Chaplaincy built up until there are now around 150 Korean Presbyterian Chaplains in the corp.

It has been great to have a share in this tremendous Christian movement, but we are ready for furlough and plan to return to the States in July. We hope that we may see many of you personally and have the opportunity to report at first hand on what the Lord is doing in Korea to-day.

Very sincerely yours,

Presbyterian Mission
APO 234, San Francisco

- 15 -

K O R E A   M I S S I O N
PRESBYTERIAN CHURCH, U. S. A.

Presbyterian Mission
APO 72, San Francisco
November 21, 1954

Dear Friends,

We returned to Korea last September and are now living in
Seoul in the Presbyterian Compound. We are busy teaching in the Theo-
logical Seminary, preaching in the Churches, and supervising the work
of the Bible Club movement for Korean children.

We have attended a Bible Club Rally somewhere in Korea every week-end
this Fall. What a thrilling sight it is to see the thousands of Korean
children come together for an all day program of worship, singing, games,
and races in some big city park or athletic grounds: 6,000 in Seoul;
1,500 in Kyungju; 1,500 in Chungju; 300 (rain) in Sangju; 1,000 in Andong;
4,000 in Taegu; 2,350 in Pusan; 700 in Onyang.. It has become a standing
custom for almost every city to have a Bible Club Rally once or twice a
year.

The Bible Clubs are made up of Korean boys and girls who never get to
school. (There are enough schools in Korea for only half the children in
the land.) These poor children meet in the Church buildings in city and
in country every day in the week and follow the Bible Club program of
Christian education conducted by their Korean Christian leaders. They
have regular periods of worship, periods of study for reading, writing,
arithmetic, geography, history, Bible, and periods for music, physical
exercises, and so on.

One day each week is known as "Club Day." It begins with the Worship
Ceremonial, when the children preside, sing the Bible Club hymn, offer
sentence prayers, recite Bible verses, repeat the Club Motto (Luke 2:52),
sing the Club Song, listen to a talk on the Christian faith and life by
one of their leaders, and recite the Mizpah benediction. Then follow per-
iods of singing, games and physical exercises, and a very special weekly
program. This program may be a song and story contest, a debate, a clean-
up day, a hike into the hills, or inspection day, when the leader inspects
the four sides of the children's four-fold Christian life, and most import-
ant of all, the Decision Day, when the children are invited to put their
faith in Christ, or if already Christians, to consecrate their lives to
Him, and offer to serve God in whatever way He may call them in the future.
Each Bible Club has its weekly Club Day, and each city has its annual Bible
Club rally to dramatic their growing up in the Christian life and faith.

More than 70,000 children are growing up in the Christian Church liter-
ally to-day in the Bible Clubs, with as few as thirty children in small vil-
lage Churches, over a thousand in the largest city group, and the movement
is growing and holds great promise for the future. Pray for these Bible
Clubs in Korea.

Yours sincerely,

PRESBYTERIAN FOREIGN MISSIONS AND OVERSEAS INTERCHURCH SERVICE

Rev. Francis Kinsler
Box 256, Kwang Wa Moon P.O.
Seoul, Korea
March 21, 1955

Dear Friends,

The uneasy Korean truce still holds, but there is no truce for the Christian forces struggling against ignorance, poverty, and sin in this land cut in half at the 38th parallel, desolated by war, filled with refugees, ground down by poverty, and facing the constant threat of a new attack by the armies of Communism. And there are evidences that the Church of Christ is marching on to triumph in this land of Korea and that the gates of hell will not prevail against it.

It was a thrill to give the charge last week to 84 Korean young men and women at the graduation exercises of the Presbyterian Theological Seminary of Korea, attended by some 3,000 people seated in the Young Nak Church, and by 2,000 more who were standing outside. Already a new entering class of 130 students has been received, increasing the total seminary enrollment to about 570 students.

The Bible Clubs in Korea are also moving forward and giving a real Christian training for life to Korean boys and girls who have no other opportunity to get an education. Hundreds of them received their diplomas for completing the grammar school and high school work, and there are hundreds more entering the grammar school and high school level Bible Clubs for the new school year. There will soon be around 100,000 Korean boys and girls growing up every day in the Christian Church, learning the life of faith in Jesus Christ.

There are also scores of standard Christian schools of grammar and high school level graduating Christian boys and girls each March, the month of graduations in the Orient. It is wonderful to see how Christian schools that once flourished in North Korea have now reorganized on a refugee basis and continue to educate the children of Christian refugees by the hundred. Soong Sill Academy has an illustrious school name in the history of modern Korea, and it is now operating in makeshift frame shacks and tents, attempting under very adverse circumstances to provide a Christian education for 1,000 boys this next school year.

We are happy to share in the fellowship of the Christian pastors in the Seoul area in their monthly meetings. These meetings have been held recently in the quonset hut left by the army on our compound, and last month our missionary ladies bravely served lunch to over 80 pastors. Now the chaplains of the Korean army have requested us to hold a monthly meeting with them for spiritual and social fellowship. We look forward to scores of these faithful chaplains coming to these meetings.

Please note that we will no longer be able to use the APO mailing address, but all correspondence with us must be through the International Postal Service, to this address: REV. AND MRS. FRANCIS KINSLER, PRESBYTERIAN MISSION, Box 256, Kwang Wa Moon P.O., Seoul, Korea. But be sure to write us soon at this new address. We are most grateful for all your letters, interest, and support in our common Christian task in this land of Korea. The Lord bless you all.

Most cordially yours,

Francis Kinsler

Presbyterian Mission
APO 301, San Francisco
February 8, 1956

Dear Friends at Home:

We thought we would like to share with you the following little story as an illus-
tration of what is happening in the Bible Clubs of Korea, which are really an Inde-
pendent Christian Educational Movement.

There is a tiny island, no more than a small mountain rising out of the sea,
known as Peyangdo, just off the bigger island of Chejudo, many miles South of Korea
in the Yellow Sea. There was not a Christian on that Island six years ago. The
people had been Buddhists from time immemorial. They had their Buddhist priest,
their Buddhist temple, and their Buddhist beliefs and practices. These people, cut
off from the rest of the world on their little island, lived in deep poverty and ig-
norance, doing the most primitive kind of farming and fishing. The children didn't
know what it was like to wear shoes. These Islanders didn't even have a well, but
had to catch the rain water for all purposes of drinking and washing.

Then came the Korean War and the flight of many Christian refugees to the Island
of Chejudo. These refugees began to preach the Gospel, organize Sunday Schools and
Churches, and Bible Clubs among the island people. (More than three thousand of
these island children still attend Bible Clubs daily.) One young seminary student,
Mr. Sei Hyun Ha, found his way to the Island of Peyangdo, saw the need of the people,
decided to stay and work there in Jesus' Name. He is still there today.

The first thing he did was to organize a Bible Club for the children of the
Island. They came slowly, shyly at first, suspicious of outsiders, opposed to any
new ideas. But they soon came to love the Bible Club program of lessons, singing,
prayers, games, and exercises. Then they were willing to offer sentence prayers,
recite Bible verses before their fellow Club-members at the weekly Club Day program.
Some of the Island children said to their leader: "We like the Bible Club, but we
are afraid we will become Christians." Soon they were on their way to an education,
learning especially the Christian Faith and Life, giving their pledge of allegiance
by reciting Luke 2:52, the Bible Club motto: "Jesus increased in wisdom and in sta-
ture, and in favor with God and with man."

Today, six years later, all the children on that island attend the Bible Club,
and practically all the grown-ups have become Christians. Even the Buddhist priest
decided to accept Christ. Then these people decided that each family should raise
an extra pig, and use the proceeds to buy the Buddhist Temple from the National
Buddhist Organization, renovate it, and change it into their Christian Church. Now
they meet there to worship God each Sunday morning and each Sunday and Wednesday
evening; and every day in the week all the children on the Island find their way to
that Church to attend the classes of the Bible Club, where they are growing up learn-
ing and loving the Lord Jesus Christ. We thank God for this work. Pray for all
these children in Korea.

Yours sincerely in Him,

Dorothy and Fran Kinsler

- 18 -

Presbyterian Mission
APO 301, San Francisco
December, 1957

Dear Friends,

At this Gift Season we remember the supreme gift of God's Own Son, and the many gifts that come with Him. "When He ascended on high He gave gifts to men."

We think of the gifts that He gives to us in the Gospel, and especially in this needy land of Korea. We rejoice in God's gift of the Gospel and the Christian Church in Korea. We love to share from week to week in the Services of the Churches, in the Conferences of the ministers, and in the classroom studies of the students. What a privilege it is to teach in the Presbyterian Theological Seminary in Seoul, and to see a hundred or more students graduate each year and go out to serve Church and country in the name of Christ.

We cherish the gift of the Bible Clubs in Korea. They are really Church Schools and provide a true education for some 60,000 Korean boys and girls in the four-fold Christian Life as described in Luke 2:52. We never tire of visiting Bible Clubs large and small to see the children growing up in the Church to become its future leaders. We also enjoy the stimulation of the many devoted Bible Club Leaders' monthly meetings in Seoul, and in Inchun, and occasionally, in other cities in Korea.

We thank God for the gift of the Christian Chaplaincy in the Korean Armed Forces. One half of the more than 300 Korean Christian Chaplains are Presbyterian ministers, and we hold a monthly meeting together in our home for worship and fellowship. We are also grateful for the measure of help our Mission has been able to give to the many Presbyterian Widows' Homes in Seoul.

We do not forget the precious gift of home. Our son Arthur has come to Korea to teach in the three Seoul Presbyterian Boys' Academies for two years; daughter Helen is serving in a doctor's office in California; Ross has entered Princeton Seminary, and our little Helen Choi has just gone to the States to her adopted home where she will get expert training that the deaf-mute need. We also thank God for the gift of friends like you who share in our faith and our work in Korea.

Sincerely yours,

II Corinthians 9:15

- 19 -

Presbyterian Mission
AFO 301, San Francisco
June 10, 1959

Dear Friends,

We have a furlough coming up - and that means a lot to a missionary. It means that he has come to the end of another term of service. It means that he gets a trip home to see his friends. It means that he is not so indespensable on the field. It means that the work will go on without him - and that is most important, that the work goes on.

The work is certainly going on in the Churches here in Korea. We see that every Sunday as we are invited to preach in large city Churches, in smaller country Churches, in poor refugee tent Churches, and even in new groups of believers led perhaps by a seminary student who wants to do his bit for the Lord.

The work is going on in our Theological Seminary here in Seoul, too. That we see in the daily classes of a hund ed or so eager students preparing themselves to out to serve the Churches and the people in every part of the Land in the name of our Lord Jesus Christ.

The work goes on also in the Korean Armed Services. It is a new thing in the history of the countries of Asia that there is a Christian Chaplaincy in the army, navy, and air force of the Republic. We have been sharing meetings every month with from fifty to a hundred Korean Presbyterian Chaplains and they give good evidence that the work of the Lord is going ahead in this important service.

The work of the Bible Club Movement in Korea is going on stronger than ever. There is no shortage of children in Korea. Sixty thousand boys and girls are studying daily in the Bible Clubs conducted in the Churches in all parts of South Korea, and they are getting a real Christian training for life. Thousands of these Korean children have gathered in various Korean cities this year to celebrate the Thirtieth Anniversary of the founding of the Bible Club Movement in this country, and their enthusiasm is proof enough that the work is going on.

So we have come to the end of another term of service in Korea, and are getting ready for furlough. We will be here until the middle of July, and our address after September 15 will be Payne Hall, 38 Alexander St., Princeton, New Jersey. We look forward to seeing you some time after that.

Cordially yours,

- 20 -

Presbyterian Mission
APO 301; San Francisco
July 13, 1959

Dear Friends:

We are about to take off on our trip home by way of Europe. Dorothy and I have completed a full term of missionary service in Korea, and son Art a short, two-year term as English teacher in our Presbyterian Schools in Seoul. Art has ordered a Volkswagon, so we expect to drive in style thru the European countries. We will have the following addresses en route (among others)

August 1   YMCA, Jerusalem, Jordan

August 20   Hotel de L'Union
             Geneva, Switzerland

September 5   Foreign Missions Club
             20 Aberdeen Park
             London, N. 5
             England

We expect to arrive at our furlough address, 38 Alexander St., Princeton, N. J., September 18, 1959, if all goes according to schedule.

Some friends have asked about continuing to send gifts for the work while we are gone. Such gifts can be sent either to us in Princeton, or to the Treasurer, Presbyterian Mission, APO 301, San Francisco, designated for one of the following accounts: Bible Club Account, Theological Seminary Account, Needy Student Account, Mr. Kinsler's work account, Mrs. Kinsler's work account.

We sure do look forward to seeing you some time during this year at home in the States. The Lord bless you.

Cordially yours,

Francis Kinsler

- 21 -

Dear Dr. Clark:

Your letter of January 15 has made me do
some thinking, and I would like to clear up a few points
about the Moffett Fund. I know the Commission has been
sending the interest out to the field for the Seminary
there (and that it is to be kept anonymous. I also know
that Sam Moffett was made a member on the field of that
Committee. Is Howard also on it officially?

As long as you and Dr. Blair stay on the committee that
is all right, but if in the course of time the committee
becomes just me and the two Moffet boys, its character
would be changed, as you indicate.

I think you and Dr.Blair should stay on the committee
as long as possible. But would it be wise for you to
take action for the record as to those who are to take
your places? If Sam and I are on the committee, would
it het be good to put your son Allen on eventually to
make up the third member and continue it as a committee
of three.

I do not have my records here on furlough, so I am
not sure what actions are down in writing; but if it could
be written out briefly as an action of the present committee
that it continue with Clar, Blair, Kinsler, S. Moffett, and
Allen to succeed the next member who drops out, I would
like a copy, and the Commission must have an official copy
As it is now, as you say, they just send the money out to
Korea, and assume the Moffet boys are connected with it as
a family affair.

When the dust settles in Korea, and the Seminary gets on
its way again (who knos when) I would like to use the Fund
money for a memorial building for Dr. Moffett — but this is
of course quite indefinite now.

I should like very much to see you again before return-
ing to Korea, and will keep it in mind. Perhaps at Assembly
time, or on our way back, we will be able to arrange it. I
am enclosing your letter for Yerekis, in view of the above
thoughts.

                                        Sincerely yours,

- 22 -

December, 1960

Dear Friends:

Christmas in a revolutionary world! This is true for many lands to-day, and certainly it is true for Korea. These Korean people are in a revolutionary mood. The students won a great victory in the otherthrow of the corrupt regime of old Shigman Rhee, and they are now more eager for revolution than ever. There is vast unrest and dissatisfaction with the old order of things and a great desire for a new and better order of things.

What has this to do with the Christmas message? Well, it is the most revolutionary of all forces at work in the world. It was certainly revolutionary when Jesus was born King of the Jews in the evil reign of Herod the Great. It was revolutionary when He grew up and uttered His great cry in the world, "Repent, and believe in the Gospel." It was revolutionary when he confronted the proud Nicodemus with His declaration, "You must be born again." Was anything ever half so revolutionary as the fact that Jesus died and rose again from the dead? This is the way to a better order of things.

So the Christian Gospel has been a revolutionary force in old Korea. No Christians there eighty years ago; some two million to-day. Idols and ancestor worship on every hand then, some six thousand Christian Churches to-day.

We feel the revolutionary power of the Gospel as we teach the many young men courses in the Gospels of the New Testament, the Letters of Paul, the Revelation, Christianity and Democracy, in the Presbyterian Theological Seminary in Seoul. It reminds me of the man who said he believed in the whole Bible - from Genesis to Revolution.

Do not all people in the Churches share in this revolution? We get excited when we get invitations to hold a week's Bible conference with meetings mornings and evenings, as in the fine Sung Kwang Church in Seoul the other week. God bless the many humble, earnest, warm-hearted believers living 'in the midst of a crooked and perverse generation.'

But the Bible Club Movement is our most revolutionary work in Korea. 50,000 children from poor homes come to Church School Bible Clubs every day in the week and get their only education - a training in the Christian faith and life. The whole program of Christian education there is based on the example of the growing boy Jesus as described in the Gospel of Luke 2:52. We believe this movement is working a Christian revolution in the lives of countless boys and girls in this ancient land for time and for eternity. We send you our best wishes for this blessed Christmas Season.

Sincerely yours,

air mail address:
Rev. and Mrs. Francis Kinsler
Presbyterian Mission
APO 301, San Francisco

other mail address
Rev. and Mrs. Francis Kinsler
Presbyterian Mission
Box 1125 International P. O.
Seoul, Korea

- 23 -

Presbyterian Mission
APO 301, San Francisco
September 5, 1962

Dear Friends:

Although our work is in Korea our thoughts are often at home with our friends and supporters there. We only wish that we might share our missionary experiences more closely with you. Perhaps the best we can do right now is to give you a preview of our schedule this Fall so that you can at least look forward with us in spirit.

Of course it is our privilege to preach in some Korean Church each Sunday; this week in a resort town by the Yellow Sea where the Church has a flourishing Bible Club Church School, and Sunday night, in the Yun Dong Church, one of the three oldest Presbyterian Churches in Seoul, located right next to our compound; then next Sunday, in a new Church located near the Defense Department of the Korean Government, where the pastor is a recent graduate of our Seminary undergoing the difficulties of most new pastors.

Our Theological Seminary holds its opening exercises for the Fall term this afternoon, and classes begin tomorrow morning. Our new Seminary buildings are located on a hillside with a breath-taking view of the Han River valley for miles. Incidentally, the Korean government is investing five million dollars in a Tourist Center with hotels, motels, pool, a night club with a seating capacity of 500, and a gambling casino; and this new Center is located on the hill right above our Seminary! So we have more incentive to preach the Gospel than ever. We still experience a thrill in teaching young men of Korea preparing for the ministry courses of study in the Major Prophets, New Testament Introduction, Gospel History, Contemporary Problems of Church and Society, Bible Club Christian Education, and last and least, New Testament Greek, every Fall term.

The Bible Club work is developing with requests from many Churches for help in setting up new Junior High age groups. This work calls for Leaders' Training Institutes, Leaders' monthly Meetings, Reports, Club Rallies, and Club visitation, and we would like you to go along with us very much.

You would also find visits with Korean Chaplains to their military posts quite interesting, such as a trip we are to make this Fall to the Front Lines for meetings in various posts there. The army calls these meetings 'Religious Lectures' and that means the Gospel to us. Once at the front lines the Korean soldiers told us they were all Christians there, and when we expressed surprise they said that the army would send only Christians there as they were the only ones that could be trusted on the front lines. That's a good idea for a sermon, isn't it?

You should also attend the meetings of our Station, our Department of Cooperative Work, City Pastors' Association, the Presbytery, the Seminary Faculty, and this year the General Assembly of the Korean Presbyterian Church is celebrating its 50th Anniversary and that will call for more than one meeting, and long, too, I can assure you. You will miss quite a bit if you are not here.   Very sincerely yours,

- 24 -

Presbyterian Mission
APO 301, San Francisco
September 15, 1963

Dear Friends:

We just received a letter saying, "Tell us what you are doing as missionaries", and we are taking the opportunity to write the answer to all our friends and supporters.

The Fall term has just begun in the Presbyterian Theological Seminary and that means three hours of teaching a day for me. The failure of the Korea barley crop has sharply increased the financial difficulties of most of our proverbially poor 250 seminary students. 35 of them work their way through school by teaching each evening in Church School Bible Clubs in and around Seoul, and many more students beg for a similar opportunity, but our resources are limited. The Bible Club was organized in Whachun Village about 8 years ago by seminary students and out of it has come the only local Church, many Christian young men and women, including most of the Church membership. Now the 4 seminary students working there say they cannot subsist in the village without more financial aid.

The headquarters of the Bible Club Movement, on our compound, is as busy as a beehive with the beginning of the Fall term. Church workers, Club leaders call daily for advice, conference, and assistance. These 'Bible Clubs' are really Church Schools providing the only education tens of thousands of Korean youth receive - and it is Christian in spirit, method, purpose, and program.

Only 20 people attended the Ungchun Town Church five years ago, then the pastor began a Bible Club for Junior High youth, and now 120 boys and girls attend daily. They are now building a two story Church edifice, one floor for the sanctuary, one for Club classrooms, of concrete block, and all they need is small assistance to complete the roof; and some 120 people now attend the Church services.

Mr. Chong Yul Kim is a bright young Korean lawer in the Changsuk Suburb of Seoul Church. He became impressed with the Bible Club program, organized a Club in his Church. It now has 300 boys and girls attending each day. He has begun a much needed building program with materials given by the U. S. 8th Army, but is desperate for the building expenses involved.

Our Korean Chaplains' Commission held a thrilling Retreat for the Senior Chaplains, 76 strong, this summer and heard exciting reports of their work in the Korean army, navy, and air force. The navy chaplains at the Chinhae naval base have built a "Center" for evangelistic work with the many officers and men that come and go there, but alas, they lack operating expenses, and ask us what to do!

The Kum Ho Dong Presbyterian Church is located in a section of Seoul crowded with tens of thousands of refugees. This Church broke off from our denomination four years ago, but just returned with 400 members, and the Bible Club this summer, and pastor and people insisted that the missionary serve as associate pastor in the reconstruction of the Church life and work. So you can see what one of the missionaries is doing right now in Korea. Pray for the Christian Cause in Korea.

Sincerely yours,

- 25 -

Korea Mission

of the Presbyterian Church in the United States of America

P.O.Box #1125 Seoul International Post Office
Seoul, Korea

May 29, 1964

Dr. Francis Kinsler
Presbyterian Mission
Seoul

Dear Fran:

You may not be receiving any public recognition and credit for your
work in hammering out the Mutual Agreement as passed at Onyang, lest
the Korean delegates resent credit being given to a missionary. But
I want you to know from this office that we all very clearly recognize
that the whole thing would probably have failed without you. I've
had a number of Southern Presbyterian missionaries come up to me to
express their personal gratitude for what you were able to do in
keeping the talks going.

We appreciate more than we can say your patience under considerable
abuse and your perseverance in working out the final compromises.
Everyone recognizes that this is a tremendous achievement and I
personally believe that our working Church-Mission relationships is
the best we have on any field.

Sincerely yours,

Samuel Hugh Moffett

SHM:mas

- 26 -

Telephone: RIVERSIDE 9-2200   Cable: "INCULCATE, NEW YORK"

THE UNITED PRESBYTERIAN CHURCH IN THE UNITED STATES OF AMERICA

COMMISSION ON ECUMENICAL MISSION AND RELATIONS

475 RIVERSIDE DRIVE, NEW YORK 27, NEW YORK

June 25, 1964

The Reverend Francis Kinsler
Presbyterian Mission
APO 301, San Francisco
CALIFORNIA

Dear Fran:

Just a note to tell you how very much we all appreciated your
letter of May 31. I shared it with others on the staff and with the
Executive Committee of the Commission.

They wanted me to express to you our own appreciation for the
way in which you personally, and then other representatives in Korea,
worked during these last months in preparation for this conference.

We are greatly encouraged by the way in which we have been able
to work more closely with the U.S. Presbyterians beginning in Korea,
but also in Mexico, and Brazil. I suspect we will have a joint staff
meeting this fall to talk about further ways in which we can cooperate
together.

May God bless you in all that you do.

Sincerely,

John Coventry Smith

JCS/ml

- 27 -

Presbyterian Mission
APO 301, San Francisco
October 1, 1964

Dear Friends at Home:
　　　　　This is a year of great change and opportunity
for missionaries in Korea. We begin our Fall work facing unlimited
possibilities and open doors for Christian work in this ancient land.
The Korean Presbyterian Church General Assembly has just made great
decisions for our work for Christ in every part of the nation.

　　The Assembly approved our plan to unite the work of the mission-
aries from the United Presbyterian, the Southern Presbyterian, and
the Australian Presbyterian Churches in Korea. We will no longer
work in separate mission areas, but in one nation-wide Department
of Cooperative Work representing these four Presbyterian Churches.

　　The Assembly also reaffirmed its plan for forward evangelism and
new missionary outreach. It includes a campaign for a hundred new
missionaries to share in the goal of the evangelization of Korea in
the next 25 years, especially in the fields of
　　　　　　　　(1) rural evangelism
　　　　　　　　(2) industrial evangelism
　　　　　　　　(3) university students
　　　　　　　　(4) underprivileged youth (the Bible Club work)
　　　　　　　　(5) military personnel

　　The Assembly also indirectly endorsed discussions begin by some
of us Theological Seminary teachers looking toward reconciliation
with the churches that split off from our denomination five years
ago, by appointing a committee of reconciliation of twelve men
to promote possible negotiations.

　　During the Assembly a great 35th Bible Club Movement Anniversary
Service was held and many of the present and former Club leader-teach-
ers were given recognition, including the present and past Moderators
of the Church. It was noted that some 35,000 Korean boys and girls
have graduated from Church grade and secondary level Church School
B le Clubs since the liberation of Korea. Great expectations for
the future of this work were also expressed.

　　Yes, this is a time of great opportunity for Christian Missionary
work in Korea. The doors are wide open. We want to share with you
our hope in the Gospel for this land of many needs.

　　　　　　　　　　　　　　　　Sincerely yours in Christ,

　　　　　　　　　　　　　　　　Francis Kinsler

- 28 -

Telephone: RIVERSIDE 9-2200   Cable: "INCULCATE, NEW YORK"

THE UNITED PRESBYTERIAN CHURCH IN THE UNITED STATES OF AMERICA

COMMISSION ON ECUMENICAL MISSION AND RELATIONS

475 RIVERSIDE DRIVE, NEW YORK 27, NEW YORK   Room 932

April 23, 1965

Dr. and Mrs. Francis Kinsler
United Presbyterian Mission
APO San Francisco 96301

Dear Dorothy and Fran:

Recently we received news from Stan Wilson of the great honor which was bestowed
upon you, Fran, by the Government of the Republic of Korea in awarding to you the
Order of Cultural Merit, National Medal. Of course, the staff and members of the
Commission join your colleagues in Korea in rejoicing in this recognition of your
great contribution to the life of Korea. We are proud to be related to the very
significant ministry which you have carried on through your years of service in
that country. I felt that you would be interested to know that an official action
of the Commission has been taken which makes the award of this medal a matter of
record and extends congratulations to you on the receipt of this well deserved
recognition.

I am glad to hear also from Stan that you, Mrs. Kinsler, have been returned to
good health. We were concerned about your earlier problems and are now most
pleased to know that you are in good physical condition.

We all look forward to your being here in the New York area this coming year.
It will be a great pleasure to have a chance to hear more in detail from you in
regard to the developments at the Seminary and about the Department of Cooperative
Work.

                                        Faithfully yours,

                                        L. Newton Thurber
                                        Secretary
                                        East Asia Office

LNT:djl

- 29 -

Presbyterian Mission
APO San Francisco 96301
July 15, 1965

Dear Friends:

Greetings from the Kinslers in Korea! And soon it will be greetings from the Kinslers at home, for we are returning to the States on furlough this summer.

Our furlough comes after five years in Korea – and what a five years! Demonstrations, revolutions, and vast changes as this ancient land takes its place in the modern world! Yes, and more: great advances in the Christian Movement in Korea.

Our Presbyterian Theological Seminary now has excellent recitation and dormitory buildings, a new chapel–library, some 250 eager students, and a beautiful site overlooking the Han River valley. The Bible Club Movement is growing: one Junior High Church School Bible Club has expanded from some 20 students five years ago to about 700 now. There are at present 465 Bible Club Church Schools with 33,000 boys and girls attending daily. The Chaplains have grown more effective in their work for Christ in the Korean Armed Forces. The Churches are filled, and young people are eager for a fuller Christian life. The Korean Presbyterian Church has launched a campaign to 'win Korea for Christ' in the next twenty-five years, and this year is witnessing a countrywide, interdenom-inational evangelistic campaign with the slogan 'Thirty million Koreans for Christ.'

Our Seminary has requested us to return to Korea in time to teach in the Spring Term, 1966. So we will have only about six months at home in which to visit our supporting Churches and friends. We plan to live in one of the missionary apartments at Princeton Seminary. From the middle of September our address will be 38 Alexander Street, Princeton, New Jersey – please write, or better still, come and vist us.

Very Cordially Yours,

Francis Kinsler

- 30 -

Presbyterian Mission
Box 1125
International Post Office
Seoul, Korea
January 15, 1967

Dear Friends:

The correspondance we have with our friends and supporting Churches is a precious part of our life and work in Korea as missionaries. We always treasure your letters, and we were especially grateful at this past Christmas Season for the many beautiful cards, messages, and gifts which we received for our work.

Your Christian concern and generous gifts have enabled us to do far more in the Name of Christ for students in our Theological Seminary, the forty-thousand underprivileged boys and girls in the Bible Club Church School movement, widows and orphans and other needy people, than would otherwise have been possible, and we thank God for you all.

Now we have to change our mailing address. Because of the Status of Forces agreement between the United States and Korea we will no longer be allowed to use the Army Post Office (APO). We will have to use the International Postal Service.

Our address will be:
Rev. and Mrs. Francis Kinslor
Presbyterian Mission
Box 1125
International Post Office
Seoul, Korea

We sincerely trust that this change of mailing address will not interfere with our sharing together as heretofore in the task of missionary service in Korea, for the needs of people, the grace of God, and the opportunity for Christian work and service remain the same.

Very Sincerely Yours,

- 31 -

Presbyterian Mission
I.P.O., Box 1125
Seoul, Korea
Summer, 1967

Dear Friends:

     We are taking the liberty of sending you herewith
a copy of the personal report of our work in Korea this past
year. We want to share our work with you in this way since you
have already been sharing with us in our work with your Christian
concern and generous gifts.

     While teaching in the Theological Seminary we have developed
a project of having about 50 students go out in the evenings to
teach in Church Schools (Bible Clubs) in and around the City of
Seoul. In this work these future ministers of the Gospel learn
and carry out the Christian Educational principles and methods
of the Bible Club Church School program, give Christian service
to many Korean underprivileged boys and girls, and at the same
time earn their own living expenses. It is a fruitful program,
but it is also a heavy financial burden, without a mission budget.

     We face exciting opportunities for bringing the Gospel of Christ
to the young men in the Korean armed forces, especially in the de-
veloping plan of "Servicemen's Centers", to the prisoners in the
government penitentiaries, and to the sick in the provincial hospi-
tals. These Korean instituions welcome, and even clamor for this
kind of Christian service, but our resources are sadly limited.

     Our Bible Club Church School movement faces vast needs and op-
portunities to extend this work of Christian education to the under-
privileged youth of this land, and there are endless requests for
assistance in conducting programs, training leaders, repairing build-
ings and erecting new ones. In this tremendous Christian task we
are not sufficient of ourselves, but we believe that our sufficiency
is of God. In this faith in God we share in the service of His Son.

     Sincerely yours,

     Francis Kinsler

- 32 -

Christmas, 1967

Dear Friends:

The Season's Greetings from the Land of Korea.

Christmas begins with the Gift of gifts - that "God so loved the world that He gave His only Son. He is the gift that gives meaning to our life, our faith, our Church, and our missionary task in the world.

As we go to the Presbyterian Theological Seminary in Seoul each day to teach the hundreds of Korean young men and women in preparation for their Christian service, we are reminded of your generous giving that has made possible the fine campus of recitation building, chapel, library, and dormitory.

The Church School (Bible Club) Movement in Korea is a very special gift of God and our friends and supporting Churches both here and at home to the tens of thousands of Korean boys and girls who get their education in this program of Christian training for life.

A recent gift from the Fifty Million Dollar Fund at home made possible the fine, new Servicemen's Center at the Korean Army's Main Training Center at Nonsan. First reports tell of over 200 new trainees coming to the Center every day and finding a warm Christian welcome.

This Christian business of receiving and giving involves us in work with students, orphans, wayward girls, needy people, Church workers and we share with these the words of Paul: "Thanks be to God for His unspeakable Gift."

God's gifts to us include our children and their children: Helen and Bruce and their little ones in California; Art, here in Korea; Ross and Gloria and their little ones in Guatemala where Ross is teaching in the Presbyterian Seminary.

The best blessings of the Season be yours,

Sincerely,

Fran & Dorothy

- 33 -

Dear Friends: Christmas, 1969
          The Gift is the Symbol of Christmas. The Gift of Him Who was
born on Christmas Day transforms all other gifts. As Paul said, "He Who did
not spare His own Son but gave Him up for us all, will He not also give us
all things with Him?"

     We cherish the gifts received in His service in Korea: the opportunity of
teaching hundreds of Korean young men preparing for the Christian ministry
in the Theological Seminary in Seoul; the work of the Bible Club Church Schools
with tens of thousands of Korean boys and girls growing up as they learn of
the Boy Jesus "Who increased in wisdom and in stature, and in favor with God
and man.": the privilege of sharing in the Korean Chaplains' task in prisons,
hospitals, military posts all over the land; the experience of participating
in the Korean Church's ministries of bringing the love of Jesus to those who
have known Him not.

     We cherish the gifts we have received in our own family: our children and
their children: Art and Sue serving in the United States Army Chaplaincy;
Ross and Gloria and their three children serving in the Theological Seminary
in Guatemala; Helen and Bruce and their three children living in California.
We do not forget the precious gift of friends and Churches back home making
it possible for us to live and serve in His Name here in Korea. "Thanks be
to God for His unspeakable Gift." May His Best Gifts be yours at this happy
Season.

                                             Sincerely yours,

                                             Dorothy and Fran Kinsler

- 34 -

July, 1970

Dear Friends:

We are taking the liberty of sending this personal report of our work in Korea to all our friends who support us here in Korea so generously in so many ways:

As we approach the end of our years of missionary service in Korea we are haunted by a question Jesus put to His disciples at the end of His public life on earth: "Did you lack anything when I sent you without purse, or bag, or sandals?" They answered. "Nothing." But just suppose that question had been put to me at the beginning of these years in the future tense: "Will you lack anything?"

Depressed by the barren hills surrounding the harbor of Pusan when I first arrived in Korea I said to my sister who met me there: "Well, let's go get a bowl of rice." But she took me to a full course breakfast of bacon and eggs at the railroad hotel, and it has been something like that ever since. Thanks to God, the Commission, and many good people, we have been blessed with a full family life and now have one son serving as a chaplain in Vietnam; another, as a seminary teacher in Guatemala, and a daughter living with her family in California, and seven grand children in addition.

Memory of my first experience of preaching in Korean after six months in the country still brings me embarrassment. Did I lack anything?! Only vocabulary, grammar, pronunciation, not to mention content and the wit to say, "No, thank you, not just yet." In spite of the continuing and persistant lack we have been privileged to preach the Gospel ever since in Church services, Bible Conferences, ministers' meetings, prison and hospital meetings, and at military posts. It was a special privilege to preach at the sixtieth anniversary of the historic South Gate Presbyterian Church in Seoul last Fall.

During our first term in Korea I was assigned to teach English and Bible in Union Christian College; then during the summer before returning to the field I received a letter asking me to teach in the Seminary beginning in the Fall term with courses in the Book of Isaiah; the Prophecy of Ezekiel; the Minor Prophets; and New Testament Greek. Did I lack anything?! Wow! But the Lord stood by me, and strengthened me, and believe it or not, I have been teaching in the Seminary ever since — plus four days of four hours each of special lectures in the Honam Seminary this Spring. At the Sunday night meeting of the last General Assembly of the Korean Presbyterian Church it was mentioned that I had shared in the teaching of over a thousand ministers of the Gospel, including some twenty Moderators of the General Assembly.

On a cold winter night during our second year in Korea we gathered six beggar boys from the streets to sleep by a stove in the attic of the Christian Book Store in Pyengyang, and this began the Bible Club Movement in Korea. Did we lack anything? Only a budget, a classroom, equipment, teachers, a program, a philosophy of education, any idea how to run a school! But in spite of interference from the then ruling Japanese government, the dark years of the second world war, communist uprisings, the devastation of the Korean war; the poverty of the students, the work grew and last year the Fortieth Anniversary was celebrated with a Bible Club Teachers' Convention of some 400 experienced men and women from every part of South Korea; a Bible Club Rally of some 12,000 boys and girls in the Seoul area in a day-long program of worship and athletic events. The annual December Union Baccalaureate Service was held in the Young Nak church for some 3,000 boys and girls graduating from Junior High School Bible Clubs in this area. I managed to get pretty good mileage out of a pretty poor talk by speaking at 14 different Bible Club School Graduation Exercises. We thank God that through this work some 600,000 boys and girls from poor, and mostly non-Christian homes with no other opportunity to get an education have heard something of the love of Jesus and received some training for living the Christian life.

Still the question haunts me: "Did you lack anything?" The answer might be one of embarrassment to me and weariness to you. I would rather leave it with these words from the New Testament: "Not that we are sufficient of ourselves to claim anything as coming from us: our sufficiency is from God. Such is the confidence we have through Christ toward God."

Sincerely yours,

Presbyterian Mission
Box 1125, I. P. O.

Presbyterian Mission
Box 1125 I. P. O.
Seoul, Korea
September, 1970

Dear Friends:

        We write this letter with the mixed emotions of
saying "good-bye" and "hello". We are leaving Korea and re-
turning to the States. It is not easy to leave the country
we have come to love, but it is not hard to return to our na-
tive land.

        We had expected to work longer years in Korea but our Com-
mission has lowered the retiring age for its missionaries, be-
lieving that they should return earlier to find a Church posit-
ion at home and readjust to American life. To serve a Church
at home will be a happy sequel to serving the Church abroad.
We will be looking for such an opening either in an ad interim
capacity or as pastor of a modest-sized congregation as soon
as we return to Princeton, N. J. this month.

        But our first thought is one of vast gratitude to all those
at home who have made our life and work in Korea possible thru
the years. We thank you sincerely for your faithful and gener-
ous support of us as your missionaries in the Lord's work in
this part of the world.

        The work of the Korean Church goes on with tremendous vital-
ity, and the Bible Club Movement continues unabated. It is un-
der the supervision of the Korean Church's Department of Educa-
tion. Our Headquarters' Committee includes a former Moderator of
the Church, a Chaplain in Yunsei University, the Principal of a
Presbyterian Junior-Senior High School of 2,500 students that
has grown up in the Bible Club Movement, the General Secretary,
and our Mission Representative, Dr. Otto Decamp.

        To our surprise the Committee has insited that I continue as
'Director' of the Bible Club work although we will be living in
the States. From now on correspondence related to this work
should be addressed either to: us in the U. S.; or, to the Bible
Club Work in Korea, care of the Presbyterian Commission, 475
Riverside Drive, New York 10027; or, to the Bible Club Movement,
care of the Presbyterian Mission, Box 1125, I. P. O., Seoul,
Korea.

        We look forward to visits with our supporting Churches and
friends and telling about our work when we reach home.

                                        Very Sincerely Yours,

(address after September 15, 1970
    Rev. and Mrs. Francis Kinsler
    38 Alexander Street
    Princeton, New Jersey

- 36 -

Annual Report, Francis Kinsler, July 17, 1953

A year ago I was relieved of the responsibilities of the chairman of the Executive Committee of the Korea Mission with the return of Dr. Edward Adams to the field, but at the same time the responsibilities of the Presbyterian Theological Seminary fell to me as acting president as Dr. A. Campbell left for the United States. Mission acting treasurer Mr. James Philips had also been working in Taegu, and as he also left for home the lack of missionary personnel in Taegu Station become more acute than before. The lack was more than made up for me personally with the return to Korea of Mrs. Kinsler from Japan, after we had sent our two boys home to the States and college and academy work there.

The constant stream of visitors, constantly arising problems, the pressure of Station business, dealings with Station and institution secretaries, chauffeurs, servants, the visits and conferences with Korean friends, Church leaders, Seminary and Bible Institute students, Bible Club leaders from all over Korea, U. S. and Korean armed forces chaplains took much time and attention during the past year.

Seminary The work of the Presbyterian Theological Seminary involved many difficulties but also showed some progress during the year. The problems of almost 500 students: problems of dire economic needs, of the involved and changing requirements of the Korean military draft; of the teaching staff and the standards of study of the students; of negotiations with the government; of a wise distribution of relief clothes, food, finances, and vitamin pills took much time and energy. Professors or teachers were secured for all courses in the Main and Preparatory Departments for the first time. The charter of the Seminary was secured from the Ministry of Education. Seventy-five students were graduated in March, 1953, and a new class of students enrolled. The program of practical Christian for each student each week was maintained. Dormitories for men and for women students were erected during the year, and also a fine new faculty residence. The main building and the recitation building were renovated. The campus was somewhat landscaped, and a new entrance and arrangement for the grounds was established. The residences of Dr. Pak and Dr. Kim were renovated, and Mr. Hyun's repaired. The English and Japanese library books were installed in the library room.

clubs The work of the Bible Clubs for poor children increased greatly and the latest reports indicate that about 45,000 Korean children are now enrolled and attend the daily classes of these Clubs in Church buildings in all parts of Korea. The planning of the work, meeting leaders, organizing the relief finances, distributing relief goods, inspecting Bible Clubs, issuing a monthly leaflet took much time but proved very rewarding. Many week-ends were spent in trips to participate in all day Bible Club rallies in the cities of Seoul, Inchun, Taejun, Chungju, Andong, Kyungju, Taegu, Pusan, Sangju.

Orphans We maintained contact with about twenty war orphanages in and around Taegu during the past year, bearing practically all the responsibility for some of them, very little for others. Much time and effort was spent to help the orphanages to secure constitutions, boards of directors, Christian education programs, especially in the Bible Club plan, seminary students as religious education directors, farm endowment land with Mission relief money, semi-permanent assistance from U. S. army units for particular orphanages, and Mission relief in the form of clothes, food, vitamin pills, games, and an occasional organ and sewing machine.

- 1 -

Many relief projects were carried on, instituted, or enlarged during the past year. Three Day nurseries are now being conducted daily in Taegu Refugee localities, with war widows caring and feeding and keeping and giving Christian training in prayer, singing, and Bible verses to about 220 little children, mostly from the families of war widows. The widows families in the Taenyung and Pook Bu Refugee Centers, over 70 in number, received help during the year in the form of relief clothes, food, shelter, financial assistance, as well as in a Christian ministry in the Gospel. The Bethany Widows' Work Home, in the center of the city of Taegu, has grown to about thirty women earning their living with Mission assistance in the form of sewing and other machines, occasional food and clothing relief, and the securing of living and working quarters. It is to be noted that these women work all day for their living and at night attend the classes of the Taegu Night Bible School connected with the institution. The Blind School now looks forward to its own home and buildings and property for the first time in its history, especially due to special gifts of $5,000 each from the Presbyterian Mission Relief Fund, and a gift of the Third U. S. Army, a grant of land from the Korean city government, and building materials from C. A. C.

Many opportunities for preaching the Gospel of Christ were enjoyed during the year, in addition to a full schedule of three hours teaching daily in the Seminary. Preaching in Korean army hospitals, refugee Churches, and regular Churches are most rewarding to-day. Ten days of a preaching-teaching Mission in Chunju of the Southern Presbyterian Mission territory during the winter holiday was much enjoyed.

- 2 -

Annual Report of Francis Kinsler 1954-1955

It is my task to-day to write this Annual Report, but an Annual Report must cover the work of ma ny days. "It's all in the day's work" might be a good summary of any missionary's work, and I find that the verse "As thy day, so shall thy strength be" is a good motto for any missionary day. I will limite my report to a few typical and outstanding days for me in the past year.

My typical day begins at eight in the morning when I leave the house to teach in the Presbyterian Theological Seminary on the top of South Mountain in Seoul. The first period may be a course on New Testament Introduction, or the Synoptic Gospels to the Class of 130 Juniors; the second period, a course in the Gospel of John, or the Prophecy of Israel in the Middle Class of 120 students; then it may be my turn to lead Chap el for 580 students, and then another period with the Senior Class of 100 students on Paul's Epistle to the Romans; or, the Minor Prophets, or Contemporary Problems in Church and Society, or the General Epistles. Between and after classes students will approach me for some explanation on the Lesson of the Day, or a problem in a Bible Club, or the Practical Christian Service Program for every Student in the Student Body, or an introduction to an army unit for a new Church, a hospital for some pills, or a scholarship in the United States.

There are also sp ecial days in the life of the Theological Seminary, like the Day of my installation as a professor and I had to preach to a congregation that included perhaps 1000 Korean ministers, 500 seminary students, not counting the women and children. There was also Commencement Day, for which I was responsible as Acting President in the absence of the Korean President on his trip abroad, when diplomas were given to 84 graduates before a congregation of 3000 people, with 2000 more standing outside.

I would like to share with you some outstanding days in the Bible Club work of the past year. There was the bright autumn day of the Seoul Bible Club Rally. Groups of children large and small began early in the morning to file into the Seoul High School grounds until over 6,000 boys and girls were standing in straight rows to conduct their Ceremonial of Worship, with hymn singing, sentence prayers, Bible Verses, the Bible Club Motto of Luke 2:52, a talk on the meaning of the Christian Life, and then an all-day-long program of games, races, songs, folk dances, stunts, and parades until the sun began to decline and the children went home tired and happy. Days like that last Fall, with 900 children in Sangju, 1,500 in Kyungju; 1,000 in Andong, 1,500 in Chungju; 1,500 in Taegu; 1,500 in Pusan; 900 in On Yang; and 4,000 in Taegu, all obersving their Bible Club Rally Day. Then there are lesser days of visiting Bible Clubs in the City of Seoul; speaking to the children in groups of 50, 100, 500, and even 1,200. There are also week-end days of all-day Bible Club Leaders' Conferences to improve the work, with 75 Leaders meeting monthly in Inchun; 80 in Seoul; 130 in Taegu; 30 in Taejun; 30 in Chungju. These special days do not take care of the budget problems, endless requests, Club problems, leader problems, Church problems, or the issuing of the Leader's Monthyl Magazine.

Korean Thanksgiving was a Memorable day to share in the Service of some 3000 Refugee Christian Academy boys and girls almost raising the roof with singing, "All Hail the Power of Jesus' Name", and giving thanks to God for the blessings of life; like the day another Refugee Academy gathered its students in a freezing cold room to Celebrate the Birth of Him Who was born in a heatless stable; like the evening of the Day the Bible Clubs were given the chance to demonstrate the work of the Children and to present the claims of the Bible Club Movement to the Korean Presbyterian General Assembly; or the Day of the Bible Club Union Graduatation Worship of hundreds of children in the Seoul Area together.

- 3 -

Then there are the precious days spent preaching the Gospel in the Korean Churches. Take a day in the week-long Presbytery Bible Class Revival of the Kun San Presbytery in the city of Eria, South Korea. It is now said that half the population of this City of 80,000 professes the Christian Faith. Meetings were held each day, beginning with the Day Break Prayer Meeting at five a. m.; Bible Study Classes in the morning; special activities and interviews in the afternoon, including a City-wide Union Church Service Sunday afternoon, a broadcast recording with the local Church Choir, and the Evening Evangelistic Service for over a thousand people each night, and all in a large and beautiful white Stone Church built entirely by a congregation that did not even exist ten years ago.

I would report one more day: the day I started to write my Annual Report. That was interrupted by a caller, then by a trip to the Soong Sill Refugee Academy to preach the sermon, short to be sure, in the ground-breaking ceremonies for a new Recitation Building, and from there to a country Church to preach at the Ordination Service of a Presbyterian Elder, and from there to the Seminary to teach two afternoon hours, and then home to lunch at 4:30, without a Annual Report for the Station Meeting later that day. Like I say, it's all in the day's work.

Personal Report of Francis Kinsler 1955-1956

This is the Day of Continuing Opportunity in Korea. It is the Day of Continuating Rehabilitation after the Korean Tragedy that began June 25, 1950. It is the Day of Continuing Apprehension with the communist threat poised in suspense in North Korea, just thirty miles away, in this unexplored atomic age. It is the Day of Continuing Grace, with the Korean people responsive to the Christian Gospel with wide open hearts and minds. It is a time to quote the prayer of the prophet Habakkuk:

"O LORD, I HAVE HEARD THE REPORT OF THEE,
AND THY WORK, O LORD, DO I FEAR.
IN THE MIDST OF THE YEARS RENEW IT,
IN THE MIDST OF THE YEARS MAKE IT KNOWN,
IN WRATH REMEMBER MERCY."

We are immeasurably grateful for what this Day of Opportunity brings to us of life, and health, and friends and associates in the service of the Lord for the hastening of the coming of His Kingdom, and for the encouragements that come to us in the faith and devotion of our Korean friends and fellow-believers.

It is my cherished privilege to teach in the Theological Seminary of the General Assembly of the Presbyterian Church in Korea. What a privilege it is to associate with the faculty and the more than 600 students and to study with them the truth as it is in Jesus Christ. My teaching includes courses in the Prophecy of Isaiah, the Minor Prophets, New Testament Introduction, Gospel History in the Synoptic Gospels, the Gospel of John, the Epistles to the Romans, the General Epistles, the Revelation, The Christian Church and Contemporary Problems. I have been assigned the general oversight of the Practical Christian Service of the Study Body, in which every student is required to give at least two hours to some kind of practical Christian work. On returning from last summer's vacation seminary students practical work reports yielded the following figures: 28,544 Korean homes visited in evangelistic work; 10,852 evangelistic meetings held, 943,030 people counted in attendance at meetings; 17,786 decisions to believe in Christ. 30 seminary students give their service in Bible Club work each evening and earn their board and keep in the Seminary, many hold small Churches. The school year has been brightened by such happy occasions as three-day revival meetings, many special chapel speakers, including Board Secretaries, Moderator of the Presbyterian Church U. S. A., General Secretary of the Taeland Church, army chaplains, the Korea missionary to Taeland on the day before his departure, the annual picnic, senior trip, athletic contest in volley-ball, graduation exercises, and conveniently frequent vacations. Many books have been added to the library, but the problem of securing a permanent site and erecting adequate classroom and dormitory buildings remains unsettled.

The work of the Bible Club Movement has continued unabated during the past year. This work calls for constant supervision, the receiving and the checking of reports, answering of letters, inspection visits of Bible Clubs in action, the planning of programs, the direction of the faith Bible Club District Leaders in every area in South Korea, and Cheju Island, and even North of the Thirty-Eighth parallel. There are problems of leader-teachers, student Club-members, supplies, repairs, buildings, repairs, churches, and so on. This new group needs a tent, that old group needs money for repairs, the other Church needs a loan to finish its Club class-rooms, this Leader is a widow who needs someone to go talk to government officials and tell them not to build a townhall on the Bible Club property, that young man from a far away mountain village needs someone to ask the vice-minister of Education to tell the local officials to let his Bible Club alone. There are many callers from all parts of Korea needing advice, encouragement, the chance to file complaints, and more substantial forms of assistance. There are the problems of securing and holding property for Bible Clubs, relationships with local Churches, Presbyteries, and the Korean government. Many visits must be made to Bible Clubs, to special Bible Club meetings such as District Rallies, Christmas programs, Founder's Day Exercises, and Annual Graduations, and to escort interested visitors from abroad who want to see the work, and take pictures. There are monthly meetings to attend, and to address, in Seoul, in Inchun, and when possible in Taejun, in Taeju, and in Pusan, and so on. There is the Bible Club monthly magazine called "The Leader" which goes to about a thousand Bible Club Leaders in every part of South Korea, a magazine who requires the writing of from five to eight different articles each month: articles on Bible Club Principles, Teaching Methods, Club Day Programs, Bible Studies, Games, the Year's Schedule, and the like.

During the past year my Commentary on the Gospel of John was published in Korean in the Presbyterian Church's 'Standard Bible Commentary' Series, and although the price is the equivalent of eight dollars, two thirds of the two thousand copy edition were sold in the first six months. Now I wish they would publish my commentary on Paul's Letter to the Romans.

This is also the Day of Continuing Opportunity for preaching the glorious Gospel of our Lord Jesus to all people. It is a wonderprivilege to attend Korean Churches large and small, hear them singing the hymns of the Church in their moving way, pray in their earnest way, and listen to the preaching of the Word in their way, on Sundays in the morning, and sometimes in the evening, and not so often on Wednesday evening, and even less frequently at their daily daybreak services. There are also special opportunities for speaking in the name of Christ to special groups: The Presbyterian Ministers' Conference in Seoul last summer; the Presbyterian Young People's Conference last summer, the national Presbyterian Sunday School Convention this Spring, students in different universities, the whole police force of one Province, Korean boys and girls in their Bible Clubs and their district Rallies, and Church Bible Conferences, as that of the Winter Bible Class of the First Presbyterian Church in Inchun.

It has been a pleasure to teach courses in Korean Grammar in the Union Language School for new missionaries. It has been a privilege to serve this year as the pastor of the Seoul Union Church, planning the Sunday worship services, the monthly church prayer meetings, the annual Thanksgiving Day SERVICE, the New Year's Eve Prayer and Fellowship Meeting, the annual spiritual conference, the quarterly communion services. It has also been a privilege to serve as chairman of the Seoul Presbyterian Minister's Association and to plan the monthly meetings.

- 6 -

In these days of post-war change in Korea one gratefully recalls the Biblical promise that while the earth remains seedtime and harvest, summer and winter, cold and heat will not cease. For certainly summer and winter still follow one another, and the cold and the heat remain, and it is still a land of seedtime and harvest in Korea to-day, even if one does not know what a day may bring forth.

An ordinary day and its work for me may begin with teaching in the Presbyterian Theological Seminary. It is for me a never-ceasing thrill to face classes of more than a hundred future ministers of the Gospel in Korea and deal with such Biblical subjects as the Prophecy of Isaiah, the Minor Prophets, the Introduction to the New Testament, The Life of Christ in the Synoptic Gospels, the Gospel of John, the Letter of Paul to the Romans, the Book of Revelation, and the Church and contemporary problems, including "Christianity and Democracy", and "The Christian Faith and communist faith." The ordinary day may also include for me an hour or two of teaching in the Language School, and an hour in Soong Sil University.

An ordinary day may also include a meeting or so, like that of the Faculty of the Seminary, a School Board of Directors, a Church Committee, or even the Church-Mission Conference, or the Executive Committee of the Mission.

Every ordinary day has its share of callers - Bible Club workers who come from far and wide for help and advice, pastors with this request or that, students who flunked an examination or who need a pair of trousers, or people who want to see my wife. And no day is complete without its joys and fellowship of home, including our little temporary daughter Helen.

Each new week also brings forth its high privileges. Practically every Sunday brings the opportunity of preaching and sharing in the worship of one or more Korean congregations. Most every week also brings the duty of conducting chapel and speaking to the seminary student body of over 600 members, and occasionally an invitation to speak at some other school chapel. It may bring some special event, like the not infrequent visitors from the States, who often need an interpreter for their chapel talks; or a trip to Wonju by two-seater plane to speak twice to the one hundred Korean chaplains of the first army, and return to Seoul the same afternoon. One week I was asked to perform the marriage ceremony of a Korean Chaplain and his bride, both of whom come from strongly non-Christian homes, and both of whom, when asked to sing solos at the wedding banquet before their many guests, mostly non-believing relatives, both sang Christian hymns, the brides being: "My Jesus, as Thou wilt."

Every new month also brings its opportunities. The Seoul Presbyterian Pastors' Association meets the first Monday after the first Sunday each month, and until the middle of this last year it was my duty to prepare the meetings and preside at them, and to thank my wife for getting the refreshments. The ROK Army Chaplains now hold a monthly meeting for spiritual refreshment, followship at our home the first Tuesday after the second Sunday of the month, and again it is my duty to thank my wife and the cook for getting the refreshments. On the Monday following the third Sunday of the month the Seoul District Bible Club Leader and I share in the monthly meeting of the Pastors and Bible Club Leaders' Association in Inchun, and give lectures on the Christian Gospel and Christian education to some 75 people. On the Monday following the Fourth Sunday of the month the Seoul area Bible Club leaders, from 60 to 90 in number meet in the compound club house for a two hour course of worship and instruction and fellowship, and again it becomes my duty to thank my wife and the kitchen force for providing the

- 7 -

necessary refreshments. Of course station meetings come each second Monday of the month, afternoon and evening, but on the fifth Monday of the month I would like to go fishing.

Each month includes for me two times of crisis: one is the deadline date for the payment of the Bible Club Leaders throughout the country, and the Presbyterian Chaplains in the Korean Armed forces with the Mission Supplementary payments; and theother deadline is that for getting the materials and that usually includes five or six articles by me and my wife, prepared for the official monthly organ of the Bible Club Movement, known as "The Leader."

Each recurring Season also brings its own precious events. We welcome the summer and a glorious month of relaxation at Taechun Beach. The summer also brings special conferences of different Church Groups, and it was my privilege to share last summer in the Conference of Bible Club Leaders and Sunday School Teachers in Choong Pook Province, the Chaplains' Retreat in Seoul, and a young peoples' conference.

The Fall of the Year brings a new school term with Revival Meetings, Volley Ball Tournament, Practical Student Work in the Seminary. The Fall also brings the thrilling Bible Club Rallies held in the large cities and some towns in all parts of South Korea, and during the seminary Fall vacation it was our privilege to attend such Rallies and share in them in Seoul, Taejun, Kunchan, Taegu, Andong, Kyungju, Inchun, and Pusan, and see thousands of Korean boys and girls visibly growing up in theChristian Faith and Life.

The winter brings a long school vacation in Korea, but also an opportunity to share more in the life of the Church. It was my privilege to conduct a typical Bible Class in a Korean Church located near the large Osan Airfield, where the congregation, including a number of young people who have learned much about the American way of life by working for the Americans on the airbase, attended the daily meetings at daybreak, for two hours in the morning, and the evangelistic meetings in the evenings. I also found it a most rewarding experience to visit the country Churches in one district near Inchun with the Korean pastor of the First Presbyterian Church, Inchun, holding services with Church-packing crowds in nine Churches in three days, including the congregation of some 200 lepers in thegovernment colony at Papyung, where we were moved to tears by the heart-felt singing and quick sermon response of the congregation. We would also note that most of these congregations are led by our own seminary graduates or undergraduates, and that these Churches give and gain much of their strength in the work of Bible Clubs. The winter season also included a week of long meetings of the Church-Mission Conference and the Mission Executive Committee.

Spring is first and foremost thetime of Graduation in Korea. It was a happy though tiring experience to share in a dozen different Bible Club Graduation Exercises, and to see hundreds of boys and girls completing their Christian education on the grade school level, and others, on the High School level, and to realize that in all South Korea over 2000 children received such graduation. It is always an uplifting experience to see the Graduation Exercises of theTheological Seminary, this year with 125 young men and women receiving their diplomas to go out to serve the Lord in His Church all their days.

Then The New School Year also begins in the Spring, and that includes for me one all-day long job of sitting down for a personal interview with applicants to study in the seminary, asking them about their Christian Faith, their call to the ministry, their willingness to obey the rules of the Seminary, and their ability (theoretical) to pay their school expenses. It also means the thrill of taking in thousands of new students into Bible Clubs in every place. Of course the ending of theold school year, and the beginning of the new also involves the handling in one way or another of hundreds of examination papers, and the preparing and improving of teaching courses, and Bible Club materials.

- 3 -

The year itself has its own particular events, including the several days and nights long Meetings of the General Assembly of the Presbyterian Church in Korea, the annual meeting of the Board of Directors of the Theological Seminary, the Annual Meeting of the Korea Mission of the Presbyterian Church U. S. A., otherwise to be known as the Missionary Fellowship, and for me this year, the preparation of a booklet on "Christian Faith and Democratic Life". Let me say that the year also brings a reluctant realization that the years are slipping by, and also an increasing faith and hope that the coming of Christ and His Kingdom is drawing nearer.

- 9 -

Personal Report of Francis Kinsler, 1957, 1958

The ancient prophet described his experience of faith first with an invitation to come to the Priceless Gospel:

"Ho, every one who thirsts, come to the waters;
And he who has no money, come, buy and eat!
Come, buy wine and milk without money and without price.

And then he describes his faith with a command to go out with the Gospel, and he writes,

"For you shall go out with joy, And be led forth with peace;
The mountains and the hills before you shall break forth into singing,
And all the trees of the field shall break forth into singing.

I would like to describe some of my Priceless Moments with the Priceless Gospel in the understandably more prosaic language of my Personal Report for the year 1957-1958.

To enter a classroom of the Theological Seminary, see a hundred or more students sitting on low, backless benches, with pens and notebooks ready to write steadily for fifty minutes while the pages of the Bible come alive with the heart-breaking love song of Hosea, the conscience shattering speeches of Amos, the golden oratory of the prophet of the exile, the bitter-sweet story of the Lord Jesus, the impassioned letters of Paul, and the mystic dreams of the Seer of Patmos; or to attend the daily chapel hour and to hear some five hundred future ministers of the Gospel sing the great hymns of the Church; or to watch a hundred or more of these young men and women receive their diplomas and go out as servants of Christ into all parts of Korea is to live some priceless moments with the priceless Gospel.

To enter a tent, or a Church, or a first-class class room and see fifty or eighty little boys and girls learning their Korean A B Cs, or to watch a Bible Club of some six hundred children meet together, recite Bible verses, offer sentence prayers, recite their Club Motto, and give the Bible Club salute and renew their pledge to believe in Jesus and grow up in Him after the example of His Boyhood Life on earth, or to see a New Bible Club formed in some city slum area, like Kum Sung, East Side, Seoul, or to hold a Bible Club Church School Directors for the 700 children in Kum Ho Dong and see the Church Leaders decide

- 10 -

to assume full responsibility for this enterprise, to spend two hours each month with some eighty or so devoted Bible Club Leaders studying the best methods of Christian Education, or to sit down under the unbelievable blue of an October sky and watch some five thousand children worship, and race and play together in a happy, Christian atmosphere for a whole day; or to share in the Union Baccalaureate Service of some 500 Bible Club graduating boys and girls, and to hear them and some two thousand more fourth and fifth grade Bible Clubers, singing – from the top of their lungs and the bottom of their hearts – such hymns, as "Standing on the Promises of God"; this is to live some priceless moments with a priceless Gospel.

To have part in the monthly meeting of the Presbyterian Chaplains of the ROK Armed Forces, or to preach in the Base Chapel before the President of the Republic of Korea, and other high military and civilian officials, the Good News of Jesus Christ, or to visit some front line Korean Army at the invitation of its Chaplain and preach on Easter Sunday on the Victorious Christ to a whole regiment of Korean soldiers and to receive as a gift a towel with markings at one end, "Anniversary of our Commanding Officer", and at the other end, "Jesus Christ has risen again", is to discover some priceless moments with the priceless Gospel.

To preach in the Korean Church, whether it is once a month in the Yun Dong Church during the General Assembly Moderator's Absence in the States, or frequently as associate pastor in the Sine Sung Dong Church during the pastor's sickness, or to preach in some poor little country Church in the Inchun Area, or two services in one morning at the Young Nak Church is to know many priceless moments with the priceless Gospel. And how many priceless moments with the Gospel are to be found in spending a week in a Korean Church Bible Class Conference? There are priceless moments while living, with the pastor elect, in his front-room and study, sharing the meals with his family, sharing the room with the visitors who come in to talk, talking with the young seminary

with his deep concern for the flock under his charge, an unruly officer, a way-
ward sheep, a struggling Presbytery, a troubled Seminary, and a divided Church,
and holding meetings with the congregation, whether with the faithful not too
few at daybreak, studying with the devoted and the interested during theforee-
noon, and preaching to the crowds in the evening, hearing the unforgettable
Korean singing of hymns like "Jesus, Preaious Jesus", seeing a tall, young
police official, and others, decide th become Christians, and the whole congre-
gation of young and old support such meetings for a week - all this is to
cherish some priceless moments with the priceless Gospel.

It must have been something like this that the ancient prophet had in mind
when he indicated that if you accept the invitation to come, buy wine and milk
without money and without price, in the Gospel, you will go out with joy and
be led forth with peace, the mountains and the hills shall break forth before
you into singing, and the trees of the field shall clap their hands.

- 12 -

PERSONAL REPORT OF FRANCIS KINSLER
1959

Coming to the end of our fourth term of missionary service in Korea we might wonder how Christian missionary work can endure in a world like this. We began our missionary work in 1929 in Pyengyang, at that time the biggest Presbyterian missionary station in the world, when almost every Station meeting ended like a revival meeting; but that term ended with the Japanese Shrine question falling like a shadow across the land of Korea, and Mission schools closing one by one. We began our second term by working in the Theological Seminary, the Bible Institute and the Bible Clubs, but it ended with all these institutions closed, missionary work halted, and the Second World War approaching. Our third term began in the early, eager days of Korean Independence, but it ended in the tragic, bloody days of the Korean War. Now our fourth term has been passed in the disturbing days of the cold war, the space rocket, and the hydrogen bomb. We take for our missionary motto this Biblical Proverb:

"He who regardeth the wind will not sow,
And he who watcheth the clouds will not reap."

Our work in the Presbyterian Theological Seminary in Korea these days has not been without its winds and clouds. A storm broke over this institution less than two years ago because of an administrative scandal. The President, and three other well-paid officials were forced to resign, the Board of Directors came at loggerheads, the faculty was disaffected, the student body dangerously divided, and the whole Church disturbed. As if that were not enough, the Government recently decided to blow off the top of South Mountain, where the Seminary has been located, in preparation for building a new parliamentary building there. But the Seminary has survived, all classes maintained, one hundred and five students graduated, more than a hundred new students received, the faculty united, the curriculum improved, one dormitory practically rebuilt, decent desk-chairs ordered from the States, a large and beautiful

site for a building program purchased, and the student body showing a fine spirit of cooperation. I prize most the continuing privilege of teaching the glories of the Gospel to classes including about a hundred future ministers of the Church in such courses as the Prophecy of Isaiah, the Minor Prophets, New Testament Introduction, The Syhoptic Gospel History of Christ, the Gospel of John, the Epistle to the Romans, the Revelation, and the Church and Contemporary problems. Due, however, to

- 13 -

special Area Conferences and Thirtieth Anniversary Rallies have been held in Seoul, Inchun, Kumchun, Chungju, Andong, Kyungju, Taegu, Pusan and elsewhere. The Bible Club magazine has been issued each month, and a fourth and enlarged edition of the Bible Club Leader's Manual is in preparation.

The Christian Chaplaincy was set up in the Korean Armed Forces by Presidential decree in the early days of the Korean war. It continues to function under considerable stress of wind and cloud. An adequate law to give the Chaplaincy legal status has not yet been promulgated, and the Korean Churches have not yet organized an adequate agency to support and direct this work of the chaplaincy, and the chaplains are left largely to themselves to conduct their work. There has been much personal friction and group antagonism in this work, and some of the leading chaplains have incurred very serious criticism of their work, and some people seem to favor the disbanding of the whole enterprise, but the work goes on and a majority of the chaplains are performing a faithful and fruitful work for Christ among the armed forces, reminding me of a letter a Korean doctor once wrote to me in English, saying in part, "My wife was sick to die, but to the disappointment she recovered to the health." Over three hundred Korean Christian ministers, a majority of them Presbyterian, continue to serve in the Korean army, navy, and air force. Highly successful preaching missions for service personnel have been conducted during the past two years under the direction of our Presbyterian Church's Department of Chaplains' Work. Monthly meetings for Presbyterian Chaplains are held in our compound club house, with as many as a hundred chaplains attending. The General Assembly's Department, now fully organized, is winning the support of Korean Churches, especially through Committees on Chaplains' Work set up in the Presbyteries. The

Interdenominational Chaplains' Commission has also been reorganized, and is now negotiating with the Department of Defense to establish the Chaplaincy on a more permanent basis.

It is a high privilge to share in the on-going life of the Church in seedtime and harvest, heat and cold. I have preached most every Sunday one or more times in large and small churches in city and country, rain or shine. I held Korean Church Bible Conferences, or Revival

- 14 -

Meetings in the Hongsung Church in the heat of July, in the Weisung Church in the dead of winter, and in the Chang Hang Church in the Spring. It was exciting there to watch the attendance climb from a full Church the first night, to about five hundred people, many standing outside the next night, and then less then exciting to see the congregation reduced to size the next day by a strong wind and rain blowing in from the sea.

For better or worse the weather never quite stops the flow of meetings such as the Seminary Board of Directors, its Executive Committee, its Faculty, the Board of Directors of Pierson Bible Institute, the Directors of Soong Sill University, Soong Sill Academy, Sung Wei Academy, Taekang Academy, Bible Club Area Meetings, The Advisory Committee of World Vision, the Chaplains' Commissions, Seoul Station and committees thereof, the local level Department of Cooperative Work, the Mission level Department of Cooperative Work; and when Kyungki Presbytery and the General Assembly of the Korean Presbyterian General Assembly meet the winds and the clouds are never far away. But then we remember the word of the Biblical Proverb:

"He who regardeth the wind will not sow,
And he who watcheth the clouds will not reap."

- 15 -

Personal Report, Francis Kinsler, 1960-1961

When Paul wrote "WE HAVE THIS TREASURE IN EARTHEN VESSELS" he might have spoken for all missionaries. His words conjure up the picture of the Midianite hordes encamped on the plain of Jezreel and Gideon's little band coming up with their trumpets and suddenly shattering their earthenware pitchers so that the lights within would shine out into the darkness of the night. During the last eighty years of the history of Korea through Chinese suzerainty, Japanese annexation, American and Russian occupation, communist infiltration, Korean corruption, student revolution and military take-over, the Christian movement has grown from a very small beginning to between one and two million Korean Christians.

The Church in Korea has had its share of divisions, battles, corruptions, and veritable revolutions. It can never forget that it has its treasure in earthen vessels. But what a thrill to find the treasure! With invitations to preach from one to three times each Sunday since returning from furlough last Fall, we have seen the treasure in the happy faces, the joyous singing, the earnest prayer, the quiet attention of Korean congregations large and small. Invited to conduct Bible Classes in the Sung-wang Presbyterian Church in Seoul, the First Presbyterian Church in Onyang, and in the Central Presbyterian Church in Andong, we have seen this treasure in daybreak prayer meetings, in morning Bible study periods, and in night evangelistic meetings. We have found this treasure in the fellowship of the Choong Sin and the Sung Kwang Churches in Seoul where we have been invited to become associate pastor. We have enjoyed this treasure while holding services in eight Churches during a Spring trip in the country area below Inchun. That trip ended at a small, new Church located in a pinetree grove on a low ridge dividing a long valley of rice paddies edged by mountain ridges to the North and the South. The Church was filled that night with young men in Western style clothes and young women with American style hair-dos, but who live in age-old villages with houses of mud walls and thatched roofs. A mixed quartette rendered fine music, and the young Church leader owns a factory in Inchun, studies theology in a night seminary in Seoul, and runs his Church week-ends. On leaving the Church we saw a brilliant flood-light shining down from the mountain tops to the North and were told by the villagers that it came from a very new and secret Missile Base there. Then while we were walking through the pinegrove in the moonlight, the Southern sky suddenly flushed up with a bright crimson glow and the local country people assured us it was only an explosion at a munitions factory located at the foot of the mountains. That we have this treasure in earthen vessels is a most ancient story and a most modern drama.

The fine new concrete and steel recitation building of the Presbyterian Theological Seminary might seem to reverse our figure of the treasure in earthen vessels. But difficulties, and differences, and threats of resignation, and withdrawal of teachers in the faculty, and administrative crises have disturbed the work of the Seminary during the year and involved hours and hours of meetings and consultations. But we have found much treasure in teaching over 250 Korean young men training for the Christian ministry — courses in the Prophecy of Isaiah, New Testament Introduction, Synoptic Gospel History, the Gospel of John, the Epistle to the Romans, the Revelation, and contemporary Christian problems in "Church and Society." We have also had the opportunity of speaking at Soong Sill, Yunsei, Kyung Hi Universities (the latter once a month), the Korean Army Military Academy, and the General Assembly Night Seminary's Annual retreat. We have also had many contacts with the Korean Military Chaplains and are glad to report that eleven of the NAE Chaplains have returned to the 'Ecumenical' fold.

The Bible Club Movement has suffered from the national and the ecclesiastical difficulties of the times, as well as from its own innate weaknesses. But we rejoice in the treasure we see at such exciting moments as the monthly meetings of about 100 Bible Club Leaders in Seoul; of about 60 in Inchun; and the meetings of about 40 Seminary student Bible Club leaders; the annual Bible Club Rallies, as when 5000 boys and girls met in the Fall Rally in Seoul; as when some 700 students received their grade school Bible Club diplomas and met for their Baccalaureate in Young Nak Church. Recently the president of the Junior Class in the Seminary begged for Bible Club help in his poor country Church. He said he knew the value of the work because he had graduated from a Bible Club and out of the twenty-four members of his graduating class twelve are now studying for the Christian ministry in Theological Seminaries in Seoul.

- 16 -

While writing my Annual Report and searching for treasure in earthen vessels this morning I was interrupted by a Korean caller. He has been a Bible Club leader for some ten years. Last year he entered the Seminary and made the highest grades in his class. Then he gave up his seminary career – against my strong advice and strong financial assistance – saying that his Bible Club work was so important he had to give full time to it. He came, he said, to ask for Christmas cards, and preaching tracts, and musical instruments because he and the Alumni Association of his Bible Club had planned to evangelize a country village that has no Church. He said he had visited the Village Mayor, and found that he had become a Christian through the chaplains' influence while serving in the Korean army, but that he had not been active at it since he returned home because there was no Church in his village. But the Village Mayor said that he would be glad to cooperate if the boys and girls from the Bible Club Alumni Association would come and preach with their Christmas cards (which I provided), and the preaching tracts (which I promised), and the musical instruments (which are still to be forthcoming). God bless them as they go forth in the glorious tradition of Gideon and his three hundred against the Midianites encamped on the plain of Jezreel in the darkness of the night long ago.

What more shall I say? For time would fail me to tell of the treasures of missionary life in the home, like Dorothy, and Debbi, and honored guests like Nancy May, and colleagues in the work, and fellow-believers, of whom, perhaps the world is not worthy.

Personal Report of Francis Kinsler 1961-1962

The idea of a new frontier of racial integration, international cooperation, and space exploration has caught the imagination of Washington. The excitement of a new frontier of governmental revolution, economic development, and the penetration of Western civilization deep into the life of the age-old orient has stirred the land of Korea. But the call of life's real frontier still haunts us in the cry of Jesus: "THE KINGDOM OF GOD IS AT HAND, REPENT AND BELIEVE IN THE GOSPEL."

We have felt something of the excitement of this frontier in preaching the Gospel from one to three times each Sunday (except vacation) during the year in Churches in Seoul and elsewhere; in conducting Bible Conferences in Churches in Choonchun, Sungju, and Namhaedo ("South Sea Island"); and in speaking at the National Conference of Presbyterian Ministers, the National Conference of Presbyterian Men; at special Sunday night services conducted by the Seoul Christian Endeavor Association; at student meetings in Kyunghi University, Seoul National University, the local Agricultural University, the ROKA military academy.

It is exciting to come to this Gospel frontier with hundreds of young men of Korea preparing for the Christian ministry in the classrooms of the Presbyterian Theological Seminary; because the courses I teach are all right on this frontier: The Major Prophets; New Testament Introduction; the Synoptic Gospel History of Jesus; the Gospel of John revelation of the Son of God, the good news of Justification through Faith alone in the Letter to the Romans; the vision of the land beyond in the Book of Revelation; a frontier course on Christianity and the Contemporary including the history of the Ecumenical Movement, Christianity and Democracy, Christianity and Communism, Christianity and the life of the world to-day; and a course on Practical Christian Education in the Bible Club Movement.

The Bible Club Movement brings the excitement of the Christian Frontier of Life to tens of thousands of eager, but underprivileged Korean boys and girls. The past year has seen a great surge of life in the Bible Clubs of the Junior High level all over the country. We have shared in this excitement in taking part in the monthly meetings of Bible Club leaders in Seoul and Inchun; in Bible Club Leaders' Training Institutes in Seoul, Andong, Chunju; in visits to Bible Club work in Taejun, Chungju; in the frequent meetings of the Bible Club Headquarters' Committee in Seoul, and in less frequent meetings of the Bible Club sub-committee of the Department of Christian Education of the Presbyterian General Assembly; and especially, in Bible Club Rallies, Graduation Exercises, and individual Bible Club special meetings. The purpose of the Bible Club movement is to lead youth of Korea into a personal faith in Christ and then to grow up in Him in the four-fold Christian Life intellectual, physical, spiritual, and social, as described in the Gospel of Luke at the Christian Frontier of life.

The Christian Chaplains' Corp is bringing the Christian Frontier of Life to all the officers and men in the armed forces of Korea. It has been my privilege to share in a small way in this effort, serving as Chairman of the Presbyterian General Assembly's Department of Chaplains' Work, vice-chairman of the Interdenominational Chaplains' Work Commission; sharing in meetings of Presbyterian Chaplains held occasionally on our compound, speaking in the Chaplains' School at the Korean Army Headquaters, also at the Korean Army's School of Information; and in meetings of officers and soldiers held at divisional and regimental headquarters organized under the title of "Religious Lectures", better known perhaps as evangelistic meetings for the preaching of the Gospel of Him Who said, "THE KINGDOM OF GOD IS AT HAND, REPENT AND BELIEVE IN THE GOSPEL."

- 18 -

Personal Report of Francis Kinsler   1962-1963

The duty of writing an annual report of missionary work offers the tempta-
tion to tell what things one has done for the Lord, but I remember the command
of Jesus: "Go and tell what things the Lord has done for you," and I think
His words sum up the task of the missionary. For in the Gospel of His Son
the Lord has done everything for our salvation, and therein He calls us and
sends us out into the world and provides for our needs. He has built the
Church that supports us from our homeland, and He has established the Church
that shares our task on the frontier. He has given us a land of wide open
doors and held back the onslaught of communist tyranny and atheism.

We thank God for the privilege of preaching the Gospel each week in Korean
Churches large and small, far and wide, morning and evening; including special
services in the downtown Puksun Church in Pusan, the Central Church in Chinju,
the compound Church in Kwangju, the First Church in Taejun, and Presbyterywide
meetings in the Kwangju and Kyungju areas.

We are happy to share in the work of the Presbyterian Theological Seminary
with the daily chapel service and the deeply moving experience of hearing the
room packed full of students singing the hymns wholeheartedly, with the class-
room periods with the students quietly intent on taking full notes in their
large notebooks, a quiet interrupted by an occasional question, or a quiet
chuckle, a gentile laugh, or something like a clap of thunder when you wonder
whether the students are laughing with you, or to you, or at you. But this
God-given privilege comes alive when you study the fiery indictments of Amos,
the heartbroken sobs of Hosea, the thrilling songs of salvation echoing out of
the Babylonian captivity in courses on the Major and the Minor Prophets, or
when you study the enthralling story of Jesus of Nazareth as it is recorded
in the Synoptic Gospels and in the Gospel of John, when you learn more of
the riches of that Gospel as Paul discloses it in his Letter to the Romans,
or when you consider together with the future pastors of the Church in Korea
the challenging problems of the Christian Church and Contemporary Society,
or Practical Christian Education in the Bible Club Movement.

We thank God for the gifts He has bestowed on the Bible Club Movement, --
beginning, of course with the Lord Jesus Himself both in His saving grace,
and in His perfect example for all youth in His own years of boyhood when He
grew in wisdom and in stature, and in favor with God and man, and set the
one complete pattern for Christian Education physical, intellectual, spirit-
ual, and social - the ideal of all Bible Club Education from the beginning.
We thank God for the devoted Korean Christian workers: Rev. Kim Chan Ho, and
Choi Chang Young in Bible Club Headquarters; Elder Kim Chun Kyu, in Kyung Sang
Province, giving of his time and substance for years now; Elder Cho, Moon Ki,
who refused a pastorate in an attractive Seoul Church to return to labor among
the village Bible Clubs in the Andong area; Elder Kim, Ok Pong, storekeeper and
Bible Club servant in the Chinju area without remuneration for years; the bright
young Seoul lawyer, Kim Chong Yul, building up a Bible Club of almost 400 boys
and girls in a Seoul Suburb, the Taekwang Academy teacher who gave up his posit-
ion to establish a BibleClub complete with building and grounds for over 200
Junior High Students in the rural area between Seoul and Inchun; the young Church
worker who called yesterday from far in the South to tell how he had gotten his
education in a Bible Club and had dedicated his whole life to the work, and sem-
inary graduates like Kwun Ke Su who went to Choong Nam Province to build up the
Bible Club work there and integrate it with the local Presbytery Bible Institute
for the purpose of having a High School level outlet for Bible Club graduates,
and of training future Bible Club leaders for rural areas.

Our gratitude includes also our God-given fellow workers in this missionary
task in the Churches, the Presbytery, the Assembly, the Departments of Cooper-
tive work, the Union Church, the Mission, the Station, and most of all, in our own home.

- 19 -

Personal Report of Francis Kinsler   1960-64

In order to save your time and mine I will limit my annual report to a list of the work I have been trying to do — without embellishment.

First term teaching courses in the Theological Seminary: Synoptic Gospel History; The Gospel of John; the Epistle to the Romans; the Minor Prophets; The Problems of Church and Society; Practical Christian Education.
Second Term teaching courses in the Seminary: Synoptic Gospel History; New Testament Introduction; the Major Prophets; The Problems of Church and Society; Practical Christian Education.
Occasional Chapel service preaching, student counselling, teaching in the Summer School of the Seminary.
One term 70 minute long period of teaching in the Night Theological Seminary of the General Assembly of the Korean Presbyterian Church.

Preaching in Korean Churches: most every Sunday morning, occasionally, Sunday evenings, and less frequently, Wednesday evenings.
Serving as associate pastor, Sunghwang Presbyterian Church, Ansho Presbyterian Church; moderator, First Presbyterian Church, Ungang, Seoul.
A Church Bible Conference, in the port of Mokpo; city-wide evening Church meetings in series of three evenings each, in Kwangju, Kyungju, and Chungju.

Frequent appointments in the office of the Bible Club Headquarters; occasion meetings of the General Assembly's Department of Education Bible Club Committee; monthly meetings of the Bible Club Headquarters' Committee; monthly Leaders' Meetings in Seoul; Bible Club Leaders' Training Institutes in Seoul (twice); Kyungju, Kwangju, Chunju, and Chungju, with lectures on "THE IDEAL OF CHRISTIAN EDUCATION"; THE PRINCIPLES OF THE BIBLE CLUB MOVEMENT; "THE CHRISTIAN TEACHER", And BIBLE CLUB METHODS AND ACTIVITIES."
One hour a week in Pierson Bible Institute on Bible Club Leadership Training, thruout the year; various Bible Club meetings including a number of Graduation Exercises, Opening Exercises, Union Baccalaureate Service; monthly articles for the Bible Club Magazine.

Meetings of the Interdenominational Chaplains' Work Commission, more meetings of its Central Committee, the Presbyterian General Assembly's "heplains' Work Committee, the Assembly's Department of Evangelism; the conduct of three Korean Military Chaplains's Retreats at the Eighth Army Chaplains' Retreat Center; preaching for Chaplains, such as four services yesterday (May 10) at the very front lines; this work including the activities of Prison Chaplains; preaching Easter Sunday to 3000 prisoners in the Anyang prison when no one left the room during the service, and no no went very far after the service.

The routine meetings of the Mission, the Station, the Presbyterian Council; meetings of the Seoul D. C. M.; the Mission D. C. M.; the Center D. C. M.; and especially the Joint Committee on Church-mission relations. General Assembly; Presbytery;
Monthly meetings of the Pen univ Committee of the Bible/Society; the indequent meetings of the Inter-mission Language Committee, Seminary Faculty and committee's meetings; at the annual meeting of the NCC I received the rare, totally unexpected and undeserved title of THIRD VICE PRESIDENT;
Board Meetings of the Taekwang, Kyungin, Seongsei, Insung Academies, and Soong-sill University;
And I was a member for the third and last year of the Seoul Station Property Committee.

This report involves an awareness of the privilege of teaching bright, eager young seminary students; the opportunity Ad sharing in the life and work of the Korean Churches; the excitement of having a part in the Bible Club Movement, the possibilities of the Chaplains' work, the dream of winning Korea for Christ.

- 20 -

The gateway is perhaps the most appealing symbol in the Land of Korea to-day.
It identifies the humble dwelling, the imposing temple, the large palace, the modern city.
It lends individuality, privacy, dignity to the surroundings.
Korea was once the 'Hermit Nation' with its gates tighly closed to the rest of the world.
America once rang with the plaintive song, 'Open the door, Richard.'
But the missionary came to Korea with a much more glorious message:
"LIFT UP YOUR HEADS, O YE GATES, AND THE KINGDOM OF GLORY SHALL COME IN."
Or to put the message more plainly in the words of the King Himself:
"BEHOLD, I STAND AT THE DOOR AND KNOCK, SAYS THE LORD: IF ANY MAN OPENS THE DOOR
I WILL COME IN AND SUP WITH HIM, AND HE WITH ME."
And to-day the gates of Korea have been thrown open wide to the Gospel of the King.

The Church in Korea to-day is the Church of the Open Door.
This missionary has received invitations to preach in Korean Churches each Lord's Day.
We preached each week for a month in the Sungkwang Church, when the pastor was away.
We preached once each month in the Kumho Church in a crowded refugee community.
We shared in evening meetings in the Mason Presbyterian Church.
When the congregation all met together after thirteen years of bitter division.
We shared in city wide Church evening meetings also in the cities of Yesoo and Cheju.
We saw eighty-two people come forward confessing Christ during Passion week in the Sorim Church.

The Korean military establishment has opened its doors wide to the Christian Gospel to-day.
We shared in three Retreats for the three hundred Korean military chaplains during the year.
It was a privilege to share in a welcome service for the Korean army's new Chief of Staff,
And to hear this general in charge of have a million men acknowledge the rule of God Himself.
This open door is an invitation to establish Service-men's Centers in Korea.
The Korean navy chaplains have already established their own Center at the Chinhae navy base.
The army authorities at the Nonsan army training center are requesting a center.
The commanding officer and head chaplain at the Taejun Airbase are doing the same.
Plans are also under way to establish service men's centers also near the front lines.
The Korean military authority, the Eighty Army Chaplains, and the Chaplains' Commission
of the Korean civilian Churches are cooperating to promote this whole program.
These service men's centers will open their doors to all military personnel.

The doors of the Mission-founded Christian Schools of Korea are wide open to the Gospel.
We have had the privilege of speaking to the students of Yunsei, Soongsill, Kyunghi Universities
We have attended Taekwang, Kyungsin, Soongwei, Insung School Boards of Directors meetings.
We have shared in the Bible Club Leadership Training program in Pierson Bible Institute.

The Theological Seminary represents an open door for students seeking to enter the ministry.
The eagerness, the openness, the desire of these students is itself an open door.
We never tire of entering the classroom and facing the students with the Gospel of God.
It is the Gospel of the open door of the Kingdom of God that we teach in our courses:
Courses in the New Testament, in the Prophets, in Church and Society, and Christian Education.
During the year we have been in charge of the Seminary library, and the daily chapel services.
We have had oversight of some sixty seminary students doing Bible Club work during the week.

We are grateful for the open door of the Bible Club work in this Land of Korea.
It is an open door that leads into the hearts and lives of thousands of Korean youth.
Our work includes Bible Club Leadership training in monthly meetings and area Institutes.
During the year we participated in Institutes in Seoul, Masan, Yesoo, Cheju, and Taechum.
The work includes the preparation of the Bible Club monthly magazine 'The Leader.'
It includes occasional visits to Bible Clubs in the Seoul, and in other, Club Areas.
During the year the Bible Club movement observed the thirty-fifth anniversary of its founding
Present and former Assembly Moderators, pastors, graduates, former leaders attended.
Appreciation for the past, and hope for the future of this work was voiced by many.
We offer this report in honor of Him Who said, "I set before you an open door."

- 21 -

Korea Mission — Presbyterian Church, U.S. A.

Personal Report of Francis Kinsler   1966-1967

The critical word in the Far East to-day is "Escalation" - as
it refers to the war in Viet Nam. It might also refer to the
work of Christ and the role of the missionary in Korea at this hour.
The missionary has always accepted the concept of escalation as
John the Baptist expressed it in his relation to Jesus long ago:
"He must increase, but I must decrease."

We have cherished the privilege of sharing in however small and
decreasing way in the life of the Church in this land. During the
past year we have been invited to preach in Churches large and
small, rural and urban, including a Union Easter Sunrise service
in Seoul suburban Churches, a Christmas day service in a strong
city Church, a tenth anniversary service in another Seoul Church
which included a magnificent musical program by a large young peo-
ple's choir, a first anniversary service of a growing Church in a
squatters' resettlement area where there is a Bible Club of some
400 children; a good, old-fashioned Bible Class in the First Pres-
byterian Church of Wonju; meetings of university students at Seoul
University Engineering School, Soong Sill and Severance Medical
Colleges, a university group in the To Won Church, a faculty re-
treat of Kyung Sin High School; and giving reports on the Berlin
Congress on Evangelism in the Young Nak Presbyterian Church, the
Presbyterian Theological Seminary, Seoul Union Church, and on the
Christian Radio Broadcasting Station in Seoul. Time was spent in
attending meetings of the Department of Cooperative Work, the Seoul
Presbytery, the Korean Presbyterian Church General Assembly, and at
Board Meetings of Soong Sil University, and of the Presbyterian A-
cademies of Kyung Sin, Sung Wei; and of the Central and Headquarters'
Committees of the Bible Club movement.

I have participated in the increasing work of the Chaplains' Work
Commission of the Korean Churches. The Commission shared in four
Korean Chaplains' Retreats at the U. S. Eighth Army Chaplains' Re-
treat Center in Seoul during the year. It has undertaken the set-
ting-up of ROK Serviceman's Centers, beginning at the great Korean
Army Training Center at Onsan. A site has been selected, a build-
ing begun, the support of a full-time evangelist by the Young Nak
Presbyterian Church, for this project. This center will serve the
recruits as they enter the Korean army, hundreds of these men usually
having to wait usually four days with nothing to do and no place to
go while they are being processed, homesick and apprehensive; it
promises to be a strategic place of Christian witness and service
by the Churches of Korea to the young men entering the military
service of their country. Similar centers are in the planning and
dreaming stage for the great Korean Marine base at Pohang, and o-
ther places of strategic importance.

Our Department of Cooperative Work has moved to increase its sup-
port of evangelistic work in the government penitentiaries and provin-
cial hospitals in view of the wide open door of opportunity in this
direction.

(over)

- 22 -

Annual Report - Francis Kinsler - May, 1968

A recent magazine article says: "You must look at the world around you not as a collection of ready-made objects and past events, but as something that is happening now. One should not ask, 'What's this?', but rather, 'What's going on here?'" In this report on missionary work the past year I would like to go on from the first to the second of these questions.

My teaching in the Presbyterian Theological Seminary includes courses in New Testament Introduction, Gospel History, the Acts and the Letters, the Revelation, New Testament Theology, and a course in Bible Club Christian Education -that's it, but what is going on here? It's an intensive study of the whole wondrous person and work of Jesus of Nazareth with the many dedicated young men and women of Korea who have heard the call of Christ and are preparing to go out and serve their people in His Name all their days.

The Bible Club Church School movement involves work in the Headquarters' Office most every day, visits every week to take part in worship hours, dedication services, graduation exercises, special occasions; supervision of some 40 seminary students participating in the work in the evenings; speaking at leaders' monthly meetings, writing articles for the monthly magazine, planning semi-annual nationwide Leaders' Training Institutes, facing increasing opportunities with decreasing budgets, attending meetings of the Bible Club Committees of the Presbyterian Church and of different Bible Club Boards of Directors - that's it, but what is going on here? Almost 40,000 boys and girls from the poorest and mostly non-Christian homes are attending some 470 Bible Club Church Schools and receiving their education for life after the ideal of the Boy Jesus Who "increased in wisdom and in stature, and in favor with God and man" and reciting the Bible Club Motto in their student conducted worship each week: "You shall love the Lord your God with all your heart, and soul, and strength, and mind; and your neighbor as yourself."

It is our missionary privilege to share in the work of Korean ministers serving as Chaplains in the Korean army, navy, marine corp, and air force, and in the penitentiaries, and provincial hospitals, and the national police department, and in the Korean serviceman's Centers at the army's great training center and the Marine Corp's main base at Pohang - that's all, but what is going on here? The missionaries and the Church are presenting a united Christian witness to countless thousands of Korean people in places of special human need and evangelistic opportunity.

At the invitation of Korean Churches the opportunity comes to preach at Sunday services morning and evening, at special evening meetings during the week - and its routine, but what is going on here? Multitudes of people young and old are gathering week after week to worship the living God, to hear His word, and to dedicate themselves in the Name of Christ to the life of faith and service, in a land that was altogether non-Christian but eighty years ago.

A missionary's work might seem to be but an endless round of meetings: Station meetings, Mission meetings, Presbytery meetings, General Assembly meetings, Department of Cooperative Work meetings local and national; National Christian Council meetings, Chaplains' Work Commission meetings; Seminary faculty meetings; Boards of Directors' meetings of Soongsil College, Kyungsin, Taekwang, Sungwoi, Insung, Yunkwang, Seikwang, Sungsin Church Academies - but what is going on here? It is the people of Jesus Christ carrying on His work of preaching the Gospel, teaching the people, helping the sick and the needy and the lost, and hastening the Day of the coming of His Kingdom.

Fran Kinsler

- 23 -

Personal Report - Francis Kinsler - 1968-1969

There is much talk about change in the world to-day.
But the Christian Gospel has had more to say about change from the beginning.
And it has most to say about unchanging reality in this changing world.
And we rejoice in the privilege of sharing in the transforming power of the Gospel.

The Gospel's power to change shows up in the life and work of the Korean Churches.
It is manifest in the fervent singing, the earnest prayers, the preaching of the Word.
For there is a new faith, and hope, and love in the lives of these Church people.
We have preached at least once each Sunday during the year in Church services.
We have participated in young people's meetings, ordination services, were asked to
speak in two different Presbyteries, and taught the Bible hour in the three day cel-
ebration of the fortieth anniversary of the Women's Missionary Society.   (age.
I had taught some of the women present forty years ago in the Women's Higher Bible Col-
Granted there were some changes in us all, we share the same faith in the unchanging Lor
We participated in a memorable Church occasion on the Island of Namhae in the Spring.
The senior pastor was being retired, his young successor installed, and the new wing
to the old Church dedicated as the old and the new mingled in significant change.

The changing and the unchanging vie with each other in the Presbyterian Seminary.
The Dean of the Curriculum has given new names and new numbers to the courses of study.
But as Richard Neibuhr observed in his report on theological education some time back:
"Topics and teachers may change, but the substance of theological education stays the sa
We are grateful for the continuing privilege of teaching courses in the New Testament.
My ideal is the householder who brought out of his treasure things new and old.
The project of some 40 seminary students doing Bible Club work continues through the yea
But there is continual change in the generations of seminary and Bible club students.

The Bible Club movement is observing its Fortieth Anniversary this year.
It has probably survived as many outside interruptions as any movement anywhere.
But the original principles of Bible Club Christian education for life remain the same.
Some activities go on from the beginning; others were undreamed of a few years ago.
We have visited Bible Clubs in Seoul and spoken at many different kinds of meetings.
We conducted tours of a number of Bible Clubs in the two Cheong Chung provinces.
It is inspiring to see the devotion of the teachers and the progress of the students.
We are grateful for this work, among other reasons, for what it does for us.
It helps us bridge the generation gap, satisfy the desire to do something for the
underprivileged, participate in the modern struggle for education, enter into the
secular world with the love of Christ, witness the transforming power of the Gos-
pel, and obey the command of Jesus to let the little children and growing youth to
come to Him.

The Korean military chaplains observed the eighteenth anniversary of their work this year
It has been a privilege to observe the improvement in their efficiency and to share
in the establishment of three servicemen's center in cooperation with them through
the Chaplains' Work Commission of the Korean civilian Churches and Christian missions.

Reflecting these changing times the Department of Cooperative Work is undergoing dras-
tic changes at this time. But it has done much to preserve the continuity of mission-
ary work in Korea. During the last two years it has initiated evangelistic work in
18 government penitentiaries, 12 provincial hospitals, participated in the establish-
ment of the three servicemen's centers, and in the development of some fifty new
Church schools out of the Bible Club movement.

Our family life has undergone a happy change during the year in the addition of a
new member, our lovely daughter-in-law Sue, increasing our affection for the whole
Korean people.

- 24 -

Personal Report of Francis Kinsler 1969-1970

As we approach the end of our years of missionary service in Korea we are haunted by a question that Jesus put to His disciples at the end of His public life on earth: "Did you lack anything when I sent you without purse, or bag, or sandals?". They answered, "Nothing." But just suppose that question had been put to me at the beginning of those years in the future tense: "Will I lack anything?"

Depressed by the barren hills surrounding the harbor of Pusan when I first arrived in Korea I said to my sister who met me there: "Well, let's go get a bowl of rice." But she took me to a full course breakfast of bacon and eggs at the railroad hotel, and it has been something like that ever since. Thanks to God, and the Commission, and many good people we have been blessed with a full family life and now have one son serving as a chaplain in Vietnam; another, as a seminary teacher in Guatemala, and a daughter living with her family in California, and seven grand children in addition.

Memory of my first experience of preaching in the Korean language after six months in the country still brings me embarrassment. Did I lack anything? Only vocabulary, grammar, pronunciation, not to mention content and even the wit to say, "No, not yet, thank you just the same." In spite of the continuing and persistent lack we have been privileged to preach the Gospel from that day to this in Church services, Bible conferences, ministers meetings, prison and hospital services, and at military posts. It was a special privilege to speak at the sixtieth anniversary of the South Gate Presbyterian Church in Seoul last Fall.

During our first term in Korea I was assigned to teach English and Bible in Union Christian College; then during the summer before our return to the field I received a letter asking me to teach in the Seminary beginning in the Fall with courses in the Prophecy of Ezekiel; the Prophecy of Ezekiel; the Minor Prophets; and new Testament Greek. Did I lack anything? Wow! But the Lord stood by me, and strengthened me, and believe it or not, I have been teaching in the Seminary ever since; including four days of four hours each in the Honam Seminary one week this Spring. At the Sunday night meeting of the last General Assembly of the Korean Presbyterian Church it was mentioned that I had shared in the teaching of over a thousand ministers of the Gospel, including some twenty Moderators of the General Assembly.

During our second winter in Korea on a cold winter night we gathered six beggar boys from the streets to sleep by a stove in the attic of the Christian Book Store, and this began the Bible Club Movement in Korea. Did we lack anything? Only a budget, a classroom, equipment, teachers, a program, a philosophy of education, any idea of how to conduct a school. But inspite of interference from the Japanese imperial government, the darkness of the second world war years, communist uprisings, the devastation of the Korean war, the poverty of the students, the expectations of the parents the work grew and last year the Fortieth Anniversary was celebrated with a Bible Club Teachers' Confention of some 400 experienced men and women from every part of South Korea; a Bible Club Rally of some 12,000 boys and girls in the Seoul area in a day-long program of worship and athletic events. In December the annual union baccalaureate service was held in the Young Nak Church for some 3,000 boys and girls graduating from Junior-High Bible Club schools in this area. I managed to get pretty good mileage out of a pretty poor talk by speaking at fourteen different Bible Club school graduating exercises. We can but thank God that through this most unpretentious work some six hundred thousand Korean boys and girls from poor, and mostly non-Christian homes with little or no other opportunities to receive an education have heard something of the love of Jesus and received some training for living the Christian life.

But the question still haunts me: "Did you lack anything?" The answer might be one of vast embarrassment to me and one of vast weariness to you. I would rather leave it with these words from the New Testament: "Not that we are sufficient of ourselves to claim anything as coming from us: our sufficiency is from God. Such is the confidence we have through Christ toward God."

- 25 -

Mission to Korea

There was a time when Korea was known as the Hermit Nation. The little kingdom prided itself on keeping aloof from the rest of the world. Even seventy years ago any foreigner who presumed to cross its borders was given the death penalty. The ancient Korean with his topknot, his flowing white robes, and his dream-life of isolation seemed like a hopeless anachronism on the stage of modern history. But what the nations have done to Korea during the last half century makes the age-old Korean mistrust of the foreigner seem like a keen foresight into things to come.

Actually the old Empire of China exercised a kind of loose, benign suserainty over little Korea for ages. In the year 1122 B. C. the famous Chinese Premier Keja met political misfortune in Peking, and fled with some followers to Pyeng-yang, Korea. They brought the arts and culture of China to the Korean people. Since that time the Chinese calender, the Chinese characters, and the Confucian way of life became an accepted part of Korean life.

Foreign invasion of Korea began in earnest with the rise of modern Japan. The issue of Far-Eastern supremacy was settled for a time by the battle of Pyengyang in the Sino-Japanese war of 1894. The Chinese hordes came down from the North with their umbrellas, their fans, and their bottles of strong drink. A handful of modernly equipped and trained Japanese troops came up from the South, and entering the city by a small gate in the wall, routed the Chinese and won the day.

Japanese domination of Korea began with this victory and went on to a greater climax in the war with Russia in 1904. That war was precipitated by the power of Russia pushing down from the North, and the power of Japan pushing up from the South in Korea. The victory of Japan over Russia prepared the way for aggressive Japanese political intrigue in Korea culminating in the Annexation of Korea by Imperial Japan in 1910. From then on Japanese law, business, and culture was impressed more and more on the life of Korea. The program of the Japanese militarists really got under way with the Manchurian incident of 1932. Korea was controlled by its foreign rulers more and more to further the Japanese dream of Far Eastern and even world conquest. It became a crushing burden on the Korean people. They were permitted to known nothing of political or economic freedom. Then the Korean economy was subjected to the bitter demands of the Japanese war effort during the dark years of the second world war.

Then came the end of the war and the liberation of the people of Korea. With vast relief and expectation the Korean people welcomed the victorious armies of America, and of Russia. The Red troops occupied the land down to the 38th parallel, and the Americans took up their positions South of that line.

All seemed well at first. Many Koreans had liked the idea of Communism at a distance. But within six months the methods of the occupying forces in the North began to change. Authority became more and more dictatorial and ruthless. Life for the Koreans became more and more insecure. Then began the flight of the Korean people from the North to the South. They left their homes, and land, and possessions, and businesses, and even the members of their families when that was necessary. They crossed the 38th parallel at the risk of their lives. They faced the bleak prospect of beginning life anew, empty-handed, and without jobs in already overcrowded South Korea. But they preferred this hard choice to the alternative of continuing to live under the Communist regime in the North. They had had their taste of Communism and it was too bitter for them. One hundred and fifty thousand Russian troops had been quartered in and around Pyengyang, in North Korea, and when they withdrew in the summer of 1948 they left a force of a thousand Russian "advisers" to direct every part of the political, economic, social, and even religious life of the Korean people. They gave the people every opportunity to learn what Communism really is. They have showed how much they like it by the hapless flight of from one to two million Korean refugees from the North

- 1 -

to the South across the 38th parallel. This whole-sale flight of the Korean population has been greatly swollen by the more recent flight of a large part of the remaining population before the advancing Red armies in the present war. The modern Korean has shown that if he cannot keep the Communist outside his country, he will flee from him as far as he can inside his country. It is generally agreed in Korea that only force, intimidation, and false propaganda have been able to maintain the Northern Korean army.

The American occupation of Korea was also established during this time. A democratic, sovereign Republic of Korea was established with free elections under UN direction in May, 1948. The new regime was bolstered by the Korea Military Advisory Group of the American army, and the American Mission in Korea. The Korean people accepted this situation with simple, eager faith. But their country was cut in half and its economic life strangled by the 38th parallel. The South was overburdened by the influx of refugees from the North. The public officials were inexperienced in democratic experience. The government was rife with the ancient, oriental system of graft. Fear of what the Communists might do had its debilitating effect on the new Republic. It was woefully unprepared for the sudden invasion of the North Korean armies across the 38th parallel in June, 1950.

The present war in Korea has already wrought an overwhelming devastation on the land. The number of Korean young men killed on both sides of the fighting reaches into the hundreds of thousands. It is estimated that perhaps a million civilian Koreans have been killed directly and indirectly by the war. Perhaps as many as two million people have been uprooted from their homes in the upheaval of the last five years. The see-sawing of modernly equipped armies up and down the Peninsula threatens to blot out the national life of this ancient people. Many villages have been wiped out. One town of a thousand houses has only sixty houses still standing to-day. The capital city has had large sections turned into rubble, and it stands to-day empty and silent, like a city of the dead. Economic activity is almost at a standstill. The people are helpless to do anything. Has not the ancient Korean, with his topknot and his flowing white robes been fully justified in his intuitive apprehension of what the foreigner might do to his land?

There is, however, one more Mission to Korea that has been conducted in modern times. It began in 1884 with the coming of the first Protestant Christian Missionaries to Korea. They met a ready response from the people. Individuals believed the Christian message, Churches were organized, and the Christian movement thrived on every hand. With the Churches came schools, hospitals, orphanages. The whole enterprise received a mighty impulse in the revival movement which began in the Central Church of Pyengyang in 1907. The number of believers multiplied through the years until now between five hundred thousand and a million adherents to the Protestant Faith are claimed. The Churches are well-organized, self-governing, self-supporting, self-propagating institutions. They have often become the most influential organization in the local community.

During the forty years of the Japanese occupation of Korea all democratic freedom was ruthlessly supressed among the people, except within the Christian Churches. In individual congregations, in district organizations, and in nation-wide Church Assemblies Christian leaders enjoyed the unique opportunity of conducting their Church affairs along truly democratic lines. They elected their own officers and settled their own problems by free discussion and majority vote. Thus the Christian Church became the seed-bed of leadership for a democratic Korea. The freedom which the Churches long enjoyed has now been transferred to the whole nation, and Christian leaders have come to the fore in the management of national affairs.

The Christian Church is proving its strength in the present crisis. It is the one indigenous organization that has rendered outstanding service to the people. The Churches in many areas have become refugee centers. Refugee Christians have organized themselves and looked after their needs more effectively than other groups. The Christian pastors have taken the initiative in entering army units, military hospitals, and prisoner-of-war camps and bringing a Christian ministry

- 2 -

to the Korean soldier. A Christian chaplaincy has been established as an integral part of the South Korean army. The President of Korea and his Prime Minister belong to Christian Churches. Nine out of twelve cabinet ministers are professing Christians. The Minister of Education received his education in Church affiliated schools. After advanced study in the United States he became President of the Chosen Christian University, from which office he was called to the Ministry of Education. On every hand the Korean people are accepting the Christian Faith in large numbers. The turning toward the Church may become a mass movement after the war.

The widespread devastation of war in Korea may turn out to be the death of old Korea and the birth-pangs of a new Korea. It is not likely that the old ways, the old customs, the old ideals will survive the present holocaust. The old religions have lost their hold on the nation. The people have had a bitter enough experience of communism to want no more of it. The Koreans themselves tell you that not more than five percent of their people favor a communistic regime. In the midst of their ruins the Korean people have nowhere to turn except to the democracies of the West and to the Christian movement that has already become firmly rooted in the life of the nation.

In his A Study of History A. J. Toynbee has pointed out the historical fact that religions do not arise out of civilizations so much as that civilizations arise out of religions. When the Roman Empire fell before the advance of the barbarians it seemed that civilization would be destroyed forever. The Roman society did collapse from outward attack, and also inward corruption, but the newly established Christian Church withstood the shock of the upheaval, conquered the conquering barbarians, and laid the foundation for a new civilization in Europe.

The old Korea is gone forever. The ancient Korean with his topknot and his flowing white robes belongs to the past of his Hermit Nation. The destruction of war has broken up the ancient ways of this people. The millions of refugees and soldiers will return not only to broken homes but to a society that has been disrupted. A new Korea will have to arise out of the ruins of the old. It is the faith and hope of the Christian that the new Korea will shaped by the growing number of believers, the increasing influence of the Church, the service of its Christian leaders, and the power of the Gospel of life out of death, and restoration out of destruction, and the power of Him Who lived, and died, and rose again. In their bitter experience of the present tragedy in Korea its people are being called as never before th learn the meaning of these familiar Christian words: "If any one is in Christ, he is a new creation, the old has passed away, behold, the new has come."

- 3 -

Our Christian Mission

We are happy to be here as your missionaries to-day, especially as we are about to return to the missionary work in Korea. It means that you and we together have a special Christian Mission. This word "Mission", or missionary has come to be used in many places to-day. There are industrial firms that send out "missionaries" to represent their business and drum up trade. Before the Korean war there was an "AMERICAN MISSION IN KOREA", called AMIK, with many Americans working there to assist in the economic recovery of that country. Many of those Americans said, "We belong to the American Mission", but we are not missionaries! During the war the word Mission was much in use in the Air Force, where the pilots flew their "Missions" over the enemy lines. I was surprised one day to discover that the Greek detachment of troops in Korea used the word "apostle" for the word missionary. That is because it is "One Who is Sent." So we are speaking to you to-day as the Missionaries, or the ones who are sent on a Mission in this Christian Church. In speaking of a Missionary we want to know if one is sent, FROM WHOM, AND TO WHOM, AND BY WHOM HE IS SENT."

We are, then, the Missionaries sent from this particular Christian Church. When we go to Korea again we go as the missionaries of this, your Church. We represent you in that land, doing your work in the name of Christ, seeking to share the glories and the blessings of our Christian Faith with other people far away. It has been a very happy experience for us to serve this congregation as its minister, and now as its missionary, and I think the connection is a very logical one. I was a minister of the Gospel here to make witness of the love of God in Christ to all men, and what could be more natural then to follow that with a missionary call to go to people in another land to bear witness in a very literal way to what I had been saying here. In fact, I often think that the best thing that I could ever have done for this Church is to have left it to go out to Korea as your Christian Missionary. Shakespeare says of one of the characters in his plays: NOTHING IN HIS LIFE SO BECAME THE LEAVING IT, and nothing can ever take the place of Christian people giving themselves to the cause of Christian Missions to carry the Gospel of Jesus Christ to the far corners of the earth. So as we return to Korea we return as your Missionaries, representing your Church, and believe me, we do count on your interest and your friendship, your prayers, and your giving, as we together live to fulfil the Mission in life that God has given to us in His Son.

And, again, we are your Christian Missionaries to the people and the Christian Church in Korea. You have heard much in the news about the war in Korea of the courage and faith, the poverty and the suffering, and the great need of this people in Korea. It is inconceivable that we, in our wealth and plenty, our faith in Christ, should not have a Christian Mission in Korea to-day, but that we should pass by that afflicted and deeply wounded nation. Unless we deny the love of Christ we simply must share our Christian blessings in these days with the people of Korea. But as we return to Korea, it is not to a strange nation, but to many familiar friends. We have already received a letter saying that the many children with whom we work in the Bible Club movement that they are planning big welcome meetings for us in most every place from the island of Cheju in the South to the City of Seoul right below the thirty-eighth parallel. What excitement it will be to see thousands of boys and girls growing up with a decent education in the Christian Churches and becoming real Christian young people because of

- 4 -

what has been made possible for them in our, yours and our, Christian Mission in Korea. Then we will be invited to visit some of the orphanages that we have shared in setting up: the "Faith and Works" orphanage, by the side of a lake near Taegu, with over 60 child ren growing up happily with a Christian homelife, because of our Christian Mission; the Bai Yuk Children's Home, of over 60 children, also taken from the streets and brought up daily in the happiness of a Christian homelife; and the Boys' Home, two of them, where about a 100 boys are growing up clean and strong and with a real Chrisyian faith, because of our Christian Mission together in Korea. Then when we get to Seoul, every day I will have to go to the Presbyterian Theological Seminary and face perhaps a hundred Korean young men and women to teach them something of the riches of the Gospel of Christ, our Christian heritage, so that they will finish their training and go out to all towns and villages in Korea to minister to the people there in the name of Christ, again, because of our Christian Mission in Korea. Then on Sundays, and at special meetings it will be my p rivilege as your Missionary, to visit Korean Christian Churches large and small, as your Missionary, sharing in their genuine Christian faith and fellowship and looking with them for our only hope the coming of Christ and His Kingdom — this is our Christian Mission in Korea, to serve the people there in the buildingup of a common Christian fellowship pre-paring for the coming of His Kingdom.

But in the last analysis we have a Christian Mission because we are sent out BY GOD HIMSELF. This is my text: AS THE FATHER SENT ME, SO SEND I YOU, this is the heart of the Christian Mission, the great, divine bus-iness of sending. If it were not for this there would be no Mission in the world, no world-wide fellowship, no love of Christ in the hearts of men. Our missionary calling goes back to the great central truth of our faith, that "GOD SO LOVED THE WORLD THAT HE GAVE HIS ONLY-BEGOTTEN SON THAT WHOEVER BELIEVES IN HIM SHOULD NOT PERISH BUT HAVE ETERNAL LIFE." Once a person has believed this Christian Gospel, put his trust in God, the Father of our Lord Jesus Christ, and found in Him all his hope for this world and the next, then the Christian Mission belongs to Him. It is our faith in the infinite and redeeming love of God the Father, our faith in Jesus Christ, not just as the finest of men, but the unique Son of God Who died for our sins, and rose again from the dead to give us a living hope, that we find any purpose in life, any sense of Mission, and then alone do we begin to understand the meaning of Jesus' words: AS THE FATHER SENT ME, SO SEND I YOU... this is our Christian Mission, yours and ours. God bless us in it in the years to come!

- 5 -

Webster's Dictionary defines evangelism as "preaching or promulgation of the gospel, esp. in revival services."

In my evangelistic work I have spoken to a few taxi drivers, a few students outside of class, a few needy people, but I have been occupied more with the preaching of the Gospel in the pulip and the classroom.

Since furlough I have had invitations to preach the Gospel once, or twice, or three times every Sunday except for summer vacation time. During the last half year I have preached the Gospel in Bible Classes in Churches in Chunchun, Sungju, and South Sea Island. These classes usually last five or six days, and involve speaking four times each day.

It has been my privilege to preach the Gospel in different Conferences, such as the National Presbyterian Ministers' Conference in the summer, the Presbyterian Women's Meeting, and in various Church services conducted by the Seoul area Christian Endeavor group. Opportunities have also come to speak in Kyunghi University, Seoul National University Medical School, the Korean Army's Military Academy chapel.

The Bible Club movement may be considered a direct evangelistic effort to preach the Gospel day after day in all its applications to the underprivileged boys and girls of Korea. My evangelistic opportunities in this work come primarily with the Bible Club Leaders, in their monthly meetings in Seoul and Inchun, where I have a period each month; and in semi-annual Leaders' Conferences, where I have spoken in such meetings in Seoul, in Andong, in the Chunju area. Opportunites also come to address the Club Members at Bible Club Rallies, Union Baccalaureate Service, and Graduation Exercises.

There are opportunites for evangelism in the Chaplains' Corp of the Korean Military Establishment. We have had the privilege of preaching the Gospel to Chaplains' meetings, to regimental and divisional headquarters meetings, and in the central Officers' Information School in Seoul.

There is evangelism by addition - winning people one by one; and there is evangelism by multiplication - training others to go out and multiply the effort many times. This last term I taught the Gospel fourteen hours a week, including chapel hours, in the faith that the ministerial students will go out to multiply the work of the Gospel manyfold in the future.

- 6 -

Some Orphanages in Taegu, Korea

The Hope Orphanage (Boy's Home). 50 orphans. Manager, Rev. Choi Chang Young. Constitution, Board of Directors, fine new house, large site, and $500 land endowment given by the Mission. Seminary students have worked under Rev. Mr. Choi to conduct the orphanage. The 25th Evacuation Hospital people contributed a lot to the present plant, digging a well, building a toilet and storeroom. They bring large food supplies to the orphanage frequently, and pay the expenses, up to one hundred dollars a month. Most orphans attend Bible Club, some in B. I., schools.

The New Hope Orphanage. 50 orphans, Manger, Rev. Choi Chang Young. Constitution, Board of Directors, fine new house now being constructed on fine site, next to $500 land endowment of its own, and that of the Hope Orphanage. Seminary student (Han Oung, and wife) and Cha, with cook and helper do the work. The Chevy Chase Presbyterian Church has given the money for the plant, and $50 a month for maintenance. The Mission has given clothes, food, and so on to these orphans. The orp hans mostly attend the daily Bible Club, a few in B. I., other schools.

The Sin Hang (Faith-works) Orphanage. 50 orphans. Manager, seminary student Elder Chang Sun Kwan; helped by seminary student Kwak. Constitution, Board of Directors. Two dormitory style buildings, and one frame building for class-room and worship, and storage. Land given by local deacon, and endowment land ($500) promised by Mission. 91 Engineers give truck loads of trash to Orphanage for income almost every day. Dr. Bob Pierce has given largely of funds for the new dormitory, the frame building. Bible Club classes conducted daily. Three orphans attend Bible Institute. Mission has given all children's clothes, much food, organ. K - 2 Chaplain has contributed gifts, sewing machine, food.

The Kyung San (Ae Yuk) Won Orphanage. 63 orphans. Manager, Mrs. David Kim. Constitution, Board of Directors. Mission has secured fine large building and grounds, and purchased endowment land ($350), with some help from the Roxborough Presbyterian Church. Bible Club program is conducted regularly, although all children of school age go to public schools. The home is kept very clean, and practical projects such as raising checkens and pigs are conducted successfully. The Mission and home Churches have contributed generously of clothes, food, games, candy, etc. Help is received directly by the Orphanage Manger from American Churches and individuals.

The Christian Children's Training Home (Yei Yuk Won). 64 orphans. Manger, Elder Chung Cong Yun. Constitution, Board of Directors. Elder Chung has dedicated his own home and all his property, including truck and rice mill to form a Juridical Person. The Mission has promised $500 for endowment land. A Seminary student lives and works in the Orphanage to manage the children. Bible Club program is conducted. Mission has given much relief in form of clothes, fire wood, food, organ; U. S. chaplain outfits have helped some.

The Zion Orphanage. 71 Orphans. Manager, Elder Sin Young Min. Located temporarily in rich man's villa outside city by river. Constitution, Board of Directors. Fine orchard lurchased for endowment by Mission grant of $600 plus private gifts secured by Manager Sin. Seminary student Kim Hang Sung works for training of children with Bible Club program, but many of children attend public school. Much relief in the form of clothes, food has been given. G. I. outfits have helped spasmodically.

- 7 -

Pak Ea Won Orphanage. Now desiring to draw up Constitution, organize Board of Directors under the Church. 80 orphans, Manager Seminary student Yun Ko Sung. Good buildings and property, almost enough to establish a Juridical Person. The Bible Club program excellently conducted by Seminary student Kim Hang Kyu, although children attend public schools. Little help given by Mission. Well supported by Christian Children's Fund.

Presbyterian (Ae Yang Won) Orphanage. 90 children. Manager, Rev. Pak Pyung Hoon. Good plant, many buildings, including Church. Constitution, and sufficient resources to form Juridical Person. Land endowment purchased for $1,000, gift by Dr. Bob Pierce. Richly supported by Christian Children's Fund, World Vision, Inc. and various G. I. Outfits. Relief packages sent from Pierce supporters.

Ae Sang Won Orphanage. 130 orphans. Manager, Deacon Chun. Orphanage in two separate plants, both owned by Deacon Chun, a prosperous nursery man. Constitution, Board of Directors. Excellent Bible Club program, conducted by seminary student Choi Chang Su. Occasional relief help from Mission. Deserve Land endowment from Mission.

Eden Orphanage. 45 orphans. Manager, Miss Lee Sin Wok. Orphanage conducted in her own home. Attitutional property given by G. I. Masons. children attend public schools. Masons give monthly financial assistance. Constitution and Board of Directors. Relief by Mission in form of fuel, not much else.

Immanuel Orphanage 40 orphans. Manager, Rev. Lee Su Chul. Constitution and Board of Directors. Located near Kim Chun. Big building, good country site. Mission has assisted with grant for building, some relief. Manager favors the new split-off Presbytery, causing disruption in the functioning of the Board of Directors, but he will listen to the advice of the Mission. I would suggest offering Mission gift of endowment land if he submits to the direction of theBoard of Directors, and puts property in name of committee of Manager, Chairman of Board, and one Mission representative, Rev. Bob Rice.

Ae Kyung Won Orphanage. 145 Orphans. Manager, Pang Sung Won. Long established but not too well run orphanage, connected with Old People's Home. Old Saints' Home has been separated by Mission gift of new home property. Board of Directors, and Constitution. Informally connected with West Gate Church, Taegu. Good Bible Club program conducted by Seminary Student Pak Sung Sin, although chilren attend public schools.

Il Min Won Orphanage. 167 Orphans. Manager Lee Kam Chul. No Board of Directors, no Constitution, no good management. Large tract of land, new buildings beside the river just beyond KMAG officers billets. Good Bible Club program conducted by Seminary student Ea Kee Sung. KCOMZ Chaplain Estes has granted $1000 to be used for food and other necessities, to be administered on monthly basis for one year through Seminary student Ea Kee Sung. May be encouraged to organize with Directors and have connections with the Church, although manager's husband is not yet believer.

Bethany Orphanage. 60 orphans. Manager, widow of Elder from North. Constitution, Board of Directors. Good property and land endowment purchased by Mission in Myrang. Fine Bible Club program, clean orphanage.

Children's Home (Orina Cheep). 48 orphans. Manager, Eee, Eek Whan, minister's son. Good building, like Hope Orphanage, b ilt by Mission contractor. Orphanage established and financed by 822 Batallion Engineers. Board of Directors.

So Yun Hoo Won Orphanage. 147 Orphans. Manager, Cho Chong Yuk. Long-established institution, with adequate buildings. NonChurch connections, and apparently no Board of Directors. Constitution. Good Bible Club program, conducted by Seminary student Choi Chang Su. Mission has given very little relief help.

Sam Yuk Hoo Won. 170 Orphans. Manager, Elder Pak Tae Jun. Government supported institution of untainted children of lepers, with adequate school program for the children. Christian affiliations.

Sang Ju Orphnage. Over 200 children. Manager, able Church Deacon with farm land. No adequate Board of Directors, Cnhstitution, or Church connections. Seminary student with a little Bible Club program. Mission assistance of money ($300?) in past and some relief like milk.

Kyungju- Ee Sung Orphanage. About 100 children. Manger, Seminary student Sin Chin Ook. Main buildings in Kyung Ju burnt to the ground last winter. Orphans now located mostly in Taegu, with some in Ee Sung and a few in Kyung Ju. Adequate resources in personal property for Juridical Person. Now ready and willing to form Constitution, Juridical Person, and come under the Church. Need financial assistance to rebuild what lost in fire, but desire to locate in Taegu permanently.

Children's Detention Home. About 100 children. Government owned and operated for delinquent children. Excellent Bible Club program conducted by Seminary student Choi ChangSu.

Ee Sung Orphanage

- 9 -

Mission Connected Relief Projects in Taegu

The Taegu School for the Blind and Deaf. 150 students including day students. Manager, Pastor Leo, Sung Eok. Constitution, Board of Directors, with property to come finally under Presbytery, now in name of a holding committee. Until recently no housing or property, except one building loaned by the City Government used for classrooms and dormitory rooms at the same time. Now a new Dormitory building is being erected on new site outside the City on the West. Land granted by the City Government. $5,000 donated by Third U. S. Army; $5,000 Presbyterian Mission Relief Money gift, and building materials by C. A. C.

The Old Saints' Home. 20 male and female former Church workers. Constitution, Board of Directors. Land and present building purchased by the Mission. Manager, Elder Pang Sung Won. Mission relief in form of clothes, food, occasional personal visits.

The Ae Kyung Old People's Home. Male and female old people living in same compound with Ae Kyung Won orphans, in somewhat over crowded conditions. The West Gate Church has an interest. Constitution. Board of Directors.

Bethany Widows' Work Home. 30 widows. Manager, Pastor Cha Tae Wha. Houses purchased near "Gospel Hall" down town, and sewing machines (7) provided, and rope making machine, and spinning machine, with a few more promised. Mission has purchased home, provided machines, with UNCRA funds. Relief given in form of food and clothes.

Tae Myung Refugee Center Widows with Children. Four large relief buildings reserved for widows (47) with children. Building improved by Mission relief funds. Supplies of clothing and food granted occasionally bh Mission.

Pook Boo Widows' Work Project. 12 widows work in room provided by Mission and Pook Pu Church for the purpose. 3 Sewing Machines loaned by Mission, more needed. Large factory started in compound under direction Pook Poo Church to give widows (up to 30) employment. A Church Committee headed by the pastor controls the whole project. A Mission loan of $700 is to be returned in six months, with the idea it may be reapplied to assist widows there if an adequate plan is developed.

Tae Myung Day Nursery. Manager, Nurse Han See, under Church direction, and helpers. 100 children, mostly of war widows fed, slept and cared for all day, given training in praying, Bible verses singing.

Pook Boo Day nursery. 85 children day, under direction war widows Mrs. Cho, and Mrs Sunoo, under the Church Committee.

Sun O Church Day Nursery. 40 children, conducted under same plan as above.

Don't forget the 20 other Bible Clubs conducted in and around Taegu.

- 10 -

The Korean Mission rejoices in the strong and independent development of the Korean Church. The Mission recognizes the growing significance of the relationship between the Korean Church and the American Church and all sister Churches in this day of increasing ecumenical consciousness. In order to assess its part in the ecumenical mission of the Church of Christ the Mission, in reviewing the history of the work of the Mission and the Growth of the Church in Korea, recognizes the following realities.

(1) The (Presbyterian) Church in Korea is a completely independent and autonomous Church. The Korean members of this Church exercise complete control of all the Church Courts of the General Assembly, the Presbyteries, and the local Congregations. It also exercises complete control over all Church-relation institutions, such as schools and hospitals, through governing Boards of Directors subject to the Courts of the Church and as defined by their own constitutions, and all such Boards of Directors have at least a majority of Korean members.

(2) Missionaries assigned to work in the Korean Church are subject to appointment and direction in their work by the Korean Church expressing its will through its Courts and Institutional Governing Bodies. The only case in which a mission may may serve as head of an institution, or in any other capacity, is when the Korean controlled governing Court of Body, makes such an assignment.

(3) The Mission has a minor and decreasing place in the life and work of the Church and functions in a temporary capacity by cooperating with the Church only as long as that Church desires, and until the Church reaches that degree of sufficiency in material and personal resources when it no longer needs assistance in such resources in any significant degree.

(4) The Church-Mission Conference on the General Assembly-Mission and Station-Presbytery (ies) levels, is the organizational means for expressing the full significance of the ecumenical fellowship of the American and the Korean Churches. It is only through such a conscious agency as this that the significance of two sister Churches cooperating in Ecumenical Mission is given full expression, and is far more than the individual witness of isolated missionaries giving themselves in devotion to their particular assignments of work.

(5) In the present development of the Korean Church this ecumenical fellowship is conveyed largely through the gift of personnel and funds from the American Church to the Korean Church, and these two elements of personnel and funds are but one gift and belong together, and lose much of their significance as the expression of the ecumenical concern of the American Church for its sister Church in Korea. It is the experience of the Mission through the history of the development of the Church that money used in separation from life and personality fails to represent the witness of the American Church to the Korean Church, works against the free and natural development of the national Church through effort, presents abnormal temptations to people in responsible positions, and that a separation of the gift of money and of personnel from the American Church to the Korean Church would tend to become a backward step from the ecumenical fellowship. An independent, self-reliant Church alone will enjoy the full promise of true ecumenical fellowship of the one body of Christ. It was Robert Speer who said, "self-governing Church MUST be self-supporting."

- 11 -

....."Suddenly I heard it - the lovely ... ... of a child's voice singing. It was a bitter cold winter morning and I was taking the short cut out to church, hurrying along the dike road by the river bed. I was wondering about the families living in the shacks and makeshift shelters along the dike, under the bridges or in the river bed itself. What homes! tiny and dark and crowded; yet the children were always friendly and often greeted me, "Hello, very cold!" But this windy Sunday morning, the little huts looked quite deserted; not even a child to be seen along the paths where usually a few mothers at least were preparing food over smoky charcoal fires. I slowed my steps as I heard the sweet voice singing and recognized the song, "Where Jesus Is, 'Tis Heaven There". With a lump in my throat I hastened on, wondering how many of the thousands of such refugee shelters could be bits of heaven."......

......"It is for this very reason - the traditional lack of student participation in the class room - that the Bible Club program fills a need in Korea. Children from the grades through high school all know how to conduct business meeting, debate impossible as well as possible subjects, conduct elections and worship without the assistance of their teachers. I've seen a 14-year old chairman do very well keeping order in a business session of 300 boys and girls and with all composure deciding what to do with an amendment to an amendment. Of course, it is not just for mental and social training but for day to day living with the Lord Christ that we assist and promote these Bible Clubs for the children of Korea"...............

......"At the Academy I have been and still am teaching English conversation. In the past year I have taught almost three hundred school hours. I have been the recipient of many letters and notes from my students with all sorts of suggestions and requests. Here is an example of one of the better written ones: "To my conversation dear teacher: Please pray for me. After school I will soldier become and do my duty to my fatherland. I want to be a good soldier. So now I must study diligently. Help me to pray. Will you pray for me? Your darling student..." After more than two years of teaching English, one major accomplishment is that only one half of the students still address me (a woman teacher) as 'Sir'"........

......."The baby feeding clinic at the hospital has had a good year. Nothing is more satisfying than seeing puny, undernourished babies respond to the formulas prescribed and made up for them here. Each week as they are brought in for weighing and a check up by a pediatrician, we are glad to be able to do this for these little ones. There are about 60 babies on formula now. A new project soon to be started, we hope, is the employment of a public health nurse to do home visitation and conduct mothers' classes"...........

......."The young people of the I-moon-dong church asked me to speak four Saturday nights to them on certain Christian doctrines. On one of these nights, as I was driving out to the church, I suddenly saw, in an intersection outside East Gate, a doll made out of rice straw, and promptly remembered that this would be the night of the 14th of the first lunar month of the old Korean calendar. I got out and picked it up, for it was a "chey-yong", the little straw figure of a man which non-Christians threw out at the crossroads on this night, each year. Anyone who picked it up would bear the troubles of the family for the coming year. In the old days, pennies in the figure's head attracted beggars, who felt they were so bad off that a few more troubles wouldn't harm them. This figure had a number of paper money bills tucked into its head, arms and legs. I took it on out to the meeting, where I was speaking on "Who is Jesus?" At the end of the message, I held this figure up and reminded them that this was the best that Korea used to have, but that we now have something much better, in Christ".......

- 12 -

......"We are always interested in learning of the lives our amputees lead after they leave the V.T.C., although we lose contact with the majority of them. Recently I took a short trip with two helpers to visit former patients in the Chongju area. In a mountain village far back from the main roads we found Kim Chin Kon, 23 years old, one arm gone below the elbow, wearing an artificial arm he had received at the Center. He is an earnest Christian, deacon in the little village church, and leader of a Bible Club which enrolls 30 to 40 pupils. Thus we find encouraging results from the three and a half years' work of the Amputee Rehabilitation project. On a similar trip last fall, we found one of our 'alumni' earning his living as a woodsman, working with a logging crew in the mountains"..........

......"Our Christian Broadcasting Station, HLKY, has begun its second year and has increased the time on the air from five to seven hours daily. All of Korea is clearly our objective, and through devious means it has been learned that the Radio Voice of the Church in Korea was heard on the banks of the Yalu River and in Pyengyang, the capital of communist North Korea. .... A moving letter from a ROK chaplain stated, "I am sure that no one listens to the Sunday morning "Radio Church" with more attention than the ROK soldiers along the front lines. We find it almost impossible to have worship services for the separated units, since the men must always be on the alert against sudden enemy attack, but through the radio they can have a fine worship service, with a rifle in one hand, a Bible in the other, and a heavy helmet on their heads. The music and messages give them much inspiration and comfort".......Dr. Ott Decamp - Now in the Health Center in W & was responsible of

....."December really marks a high point in the year's language struggle--my first attempt at a talk in Korean. Fortunately, the ladies' aid societies of Korea seem to be made up of saints of the same fortitude as those who face the lions in the arena. Of course, just before I made my attempt, the pastor warned them of what was to come, urging them to be lenient and take the spirit's efforts rather than the weakness of the flesh, remembering how poorly they would do if they had to make a talk in English after only two years of language study. It was only slightly comforting that he spoke before rather than after my debut. It was a wonderful feeling though to be able to get across a few words of blessing from God's word and to feel warm handshakes of appreciation afterwards. Korean people know how to be gracious!"............

....."It is a privilege to be able to help our own American service men whom we meet and who often come with special needs and spiritual problems. The Back Home Christian Fellowship conducted each Tuesday evening by the missionaries, has now a branch meeting up at the Front on Sunday evenings in different units. Many young men of the armed forces have found Christ and have given good witness both by transformed life and testimony. Some express the intention of entering Christian service as a result of seeing what God is doing in many places and in many phases of Christian work out here. We have entertained the Presbyterian chaplains in this area at luncheon and provided a tour of the city to show them points of interest in our work!

..."During the year, the Korean army unit which had been occupying part of the school property moved out, in December, leaving the school free to expand its program. The very bedraggled old factory was cleared of old iron and useless equipment which filled it and this building has been made into a very presentable chapel. On either side of the recessed platform there is a huge oil painting, the work of the school art instructor, copies of famous paintings from the life of Christ. As my previous visit to the school to speak at chapel had been a memorable day when the thermometer stood close to zero and a bitter wind was blowing as we met (standing) on the athletic field, for lack of any suitable enclosure, the sight of the students assembled in this very much remodeled old monstrosity of a building was most heartening"......

- 13 -

A CHURCH GROWS IN KOREA

The PResbyterian Church in Korea is preparing to celebrate the seventy-fifth anniversary of the coming of the Christian Gospel to Korea in 1959. Seventy-five years ago there were no Christian Churches in Korea. It was against the law for a Korean to become a Christian. Any citizen of this land was subject to the death penalty if he received Christian Baptism.

To-day there are more Presbyterian Churches in the City of Seoul than in any other city in the world. Most of these Churches hold a daybreak prayer meeting every day in the year. The Young Nak Presbyterian Church in Seoul has an adult attendance of some four thousand people each Sunday morning. The largest Presbyterian Theological Seminary in the world is located in Seoul. THE Soong Sill University, of the Korean Presbyterian Chufch, is located there also. There are six Presbyterian High School Academies in Seoul, with an enrollment of ____ Korean boys and girls. There are some thirty Church Day School Bible Clubs and some kindergardens conducted daily in these City Churches.

The Korean CHurch has not grown up without bitter opposition. Korean society was at first strongly set against the innovation of this new, foreign religion, upsetting ancient religions and idolatry. Then the Imperial Japanest Government that governed Korea for thirty-five years used all its force and cunning to block the growth of the Church. Then the Communist occupation of North Korea and its invasion into South Korea threatened the very existence of the Christian Church in this land. This fact is eloquently witnessed by the blood of more than five hundred Korean Christian ministers. During these disturbed years the Presbyterian Church in Korea grew to include more than three thousand organised Churches and over three hundred thousand baptized members, and a following of a million people. The influence of this Church extends far beyond its own numbers. Half of the Chaplains in the Korean Armed Forces are Presbyterian ministers. This Korean Church is to-day supporting four of its own Korean Foreign Missionaries in the country of Tailand. The President, the Vice-President, a majority of the Cabinet, and about one third of the National Assemblymen of the Republic of Korea profess the Christian Faith.

What is the secret of the growth of the Church in this land? Believers in Korea agree that it is primarily the power of theGospel of Jesus and His love. Of course other factors such as Korean history and characteristics, the international situation, and dire human need all enter into the picture. But it is the conviction of Korean Church leaders and missionaries that it has been the free and unobstructed Life of the Spirit among the Korean Christians that explains the growth of this Church. From the beginning of Protestant History in Korea the goal of a self-governing, self-supporting, and self-propagating Church was established. Korean Christians have always conducted their own worship, lived their own Christian lives, and developed their own Christian work and service.

The first class of seminary students was graduated in 1907, and already these students, soon to become ordained as Christian Ministers, took charge of Korean Congregations. Among these first graduates was Pastor Kil Sun Doo, who was called to the pulpit of the very strategic Central Presbyterian Church, of Pyengyang, in North Korea. While he was conducting a Bible Class for his people the great Korean Revival broke out in the meetings, and then swept all over the country. This mighty movement of the Spirit among the Korean People purified the young Churches, strengthened the believers, and won many converts for the Faith, and continues to exert its influence in the life and CHURCH of Korea to-day. Here was dramatic evidence of the life and power of the Spirit in this truly free and unfettered Korean Church.

- 14 -

In 1912 the General Assembly of the Korean Presbyterian Church was organized and has continued to guide the life of the Church from that day to this. Before that date Korean Presbyteries had been formed, and both Korean pastors and missionaries have always worked under the authority of these CHURCH judicatories. For a long time now missionaries have been a very small minority in these Presbyteries and the Korean General Assembly. There are to-day seven missionaries in the Kyungki (Seoul) Presbytery in a total enrollment of some two hundred Korean pastors and elders. Some Presbyteries have only one, or no missionary member.

The institute ns of Church work, such as the Presbyterian High School Academies, have been administered from the beginning by Boards of Directors under the authority of the Church. At first the institutions founded by missionaries had a majority of missionary representation on their Boards, but this majority was gradually reduced in number as a matter of policy, with a corresponding increase in the number of Korean representatives. By 1935 the representation on most school Boards had become equally divided between Korean and missionary members. Now the Korean representation on all Presbyterian School Boards far outnumbers the missionary membership. For instance there are only five missionary members on the Board of Directors of the Presbyterian Theological Seminary, which has a total of thirty Korean members. Missionaries working in these institutions have always been subject to the control of the Boards, and now they are subject to the Korean administration of the institution as well.

Although missionaries have been subject to the Church Judicatories in their Church work, and to the School Boards in their school work, the Korea Mission of the Presbyterian Church U. S. A. continued to function in assigning its missionary personnel and funds to their proper place in the work of the Church. In 1948 a Church- Mission Conference was organized with an equal Korean and missionary representation for full consultation on this assignment of missionary personnel and funds to the work of the Church. In 1956 the Mission Executive Committee moved to make the Church-Mission Conference the final authority in the assignment of the annual Mission Work Budget.

At its Annual Meeting the Korea Mission in 1956 drew up the following points in a "statement of position" regarding its place in the life of the growing Korean Church: (1) The Presbyterian Church in Korea is a completely independent and autonomous Church; (2) Missionaries assigned to work in the Korean Church are subject to appointment and direction by the Korean Church in their work; (3) the Mission as presently organized has a minor and decreasing place in the life of the Church. It functions in a temporary capacity of cooperating with the Church for as long as the Church desires and until the Church reaches the degree of sufficiency in material and personnel resources when it will no longer need assistance in these resources in any significant degree; (4) the organizational means for expressing the full significance of ecumenical fellowship between the Korean and the American Churches during this period is the Church-Mission Conference. It is not only the individual witness of isolated missionaries doing their particular assignments of work, but also the conscious functioning of this inter-church body that gives full meaning to ecumenical fellowship and cooperation between sister Churches.

In this year 1957 one more step has been taken in the history of the Korean Church in its relation to the Korea Mission. The Church-Mission Conference and representatives of the Board of FOREIGN Missions of the Presbyterian Chjrch, U. S. A. drew up a document of Mutual Agreement by which the Mission will no longer serve as an administrative body, that is in the assignment of missionary personnel and funds to the work of the Church, but this function will be performed by the Church-Mission Conference itself, now to be known as the Board of Missionary Cooperation in the Korean Church. This agreement has been unanimously approved already by the Korea Mission and the Korean General Assembly.

- 15 -

This document of mutual agreement begins with the following statement of the principles that have governed missionary work in Korea from the beginning: (1) Personnel and funds given by one Christian Church to another are essentially a single expression of inter-church fellowship and much of this value is lost if they are separated; (2) self-government, self-support, self-propagation are essential to the spiritual vitality and integrity of any Church; (3) a Christian Church must support financially its own governing body, its own officers, offices, and ecclesiastical activities to remain a vital and independent Church; (4) Funds from sister Churches must be administered so as to encourage and stimulate, rather than discourage, sacrificial giving; (5) A sovereign, independent Church has the right to decide for itself when aid from sister churches is no longer needed. As long as that aid is continued, however, personnel from the sister Church shall participate on the Church Committee which assigns work and disposes funds provided by that sister Church.

This inter-Church agreement recognizes that the Church Judicatories are the final authority, under God, for the control of all work, institutions, and projects conducted in the Name of the Presbyterian Church in Korea. It also provides that the relations between the General Assemblies of the Korean and the U. S. A. Presbyterian Churches shall be conducted through the Department of Cooperative Work of the Korean General Assembly. It also makes provision for the continuation of a Missionary Fellowship to be conducted by the missionaries for the oversight of affairs pertaining to themselves and their living in Korea. This mutual agreement, when finally ratified by the three participating bodies of the Korean Presbyterian Church, the Korea Mission, and the Foreign Board of the Presbyterian Church in the U. S. A., will go into effect when the Korean Church celebrates the seventy-fifth Anniversary of the coming of the Christian Gospel to Korea.

At the beginning of the first term of the second year of the General Assembly's Theological Seminary in Taegu three professors suddenly found it impossible to teach their courses due to reasons of health and business. Dr. Campbell found it necessary to make some rearrangements in the teaching staff. He went to Pastor Oh Tai Whan of the FirstChurch Taegu and requested him to take one course of two hours in Church Government in the Senior Class. Pastor Oh demurred on the grounds of being too busbpesand also unprepared to teach the course. But Dr. Campbell urged it on him that it was a sudden emergency and that it was Church government which is simply teaching the Constitution of the Presbyterian Church in Korea. Pastor Oh reluctantly agreed to take the course, but he could not begin his teaching for a week due to engagements in his own Church work.

When Pastor Oh came one morning, Tuesday, May 13, to meet the Senior Class, he arrived early and waited for the class to begin, but nobody said anything to him. After the roll was called and he prepared to teach, one of the students asked him if this was the course in Church Government, and Pastor Oh answered that itwas. (It had already been published in the curriculum schedule for the term). Then the student told Pastor Oh that the students would not accept his teaching. But Pastor Oh said that he had been asked by the president of the institution to teach the course and had come in good faith, the student again said that they would not accept his teaching. When Pastor Oh said he would like to know the reason, so that he could discuss it, the student replied that there was no need to discuss the reason, that either Pastor Oh would leave the room, or that the students would leave the room. So Pastor Oh left the room.

It seems clear that in this action the students made a serious mistake on at least three points. In refusing to accept Pastor Oh as their teacher at that hour, they rejected the authority and appointment of the President of the Seminary, and this without anyprevious word to him on the subject at all. It would therefore seem to be an act of deliberate insubordination to the administration of the Theological Seminary on the part of the students of the Senior Class. Such an action, of course, is a direct violation and defiance of the Church Government of the Presbyterian Church in Korea which these future ministers of the Church are under every obligation to observe.

It also seems clear that the students of this class defied and rejected the proper authority of the whole Presbyterian Church of Korea of which they are members. Pastor Oh whom they rejected as unqualified to be their teacher on Church Government is a member in good standing of the Kyung PukPresbytery. He is also the pastor of the First Church of Taegu, in good standing, with his Church Session supporting him in his office. He has also been a teaching in the Bible Institute of the Kyung Pook Presbytery for over a year. It might be po8nted out that Dr. Campbell of the Theological Seminary has also been president of this Bible Institute and had had Pastor Oh as a teacher there for a year or more and found him satisfactory.

It must also be pointed out that the students of this class sat in judgment and condemned Pastor Oh as unqualified to be a teacher in the Church when they rejected his teaching the first time he appeared before them. They did not have the authority to examine and condemn pastor Oh, but they summarily refused to accept him in this position and thereby

- 17 -

condemned him as unqualified to serve as their teacher. This they did
in defiance of the aull authority of the Theological Seminary, the
Kyung Puk Presbytery, and the First Church of Taegu, in recognising Pas-
tor Oh as a minister in good standing of the Presbyterian Church of Korea.
They also violated the teaching and the Spirit of Jesus Christ when they
condemned Pastor Oh untried and unheard, although they are but students
in the position of learners in an institution of the General Assembly
of the Korean Presbyterian Church. They have transgressed the teaching
of Christ who said, JUDGE NOT, THAT YOU BE NOT JUDTED." Also the teach-
ing of the New Testament, as the words of the Apostle Paul: "WHO ART THOU
THAT JUDGEST THE SERVANT OF ANOTHER? TO HIS OWN LORD HE STANDETH OR FALLETH.
XXXXXXXXXXXXXXXXXXXXXXXXXXXXXXXXXXXXX.

The Bible Club Church School Movement has passed beyond a period
of decrease in the number of grade school level groups to an increase
in the number and strength of its Junior High groups. There are now
over 37,000 Korean boys and girls daily attending some 475 Bible Clubs
in all parts of South Korea. For the first time in its 37 year his-
tory a three day Conference of Bible Club workers from every area of
the country was held in the winter with a review of the history, meth-
ods, and principles of this form of Christian Education for life, plus
a survey of the problems, opportunities, and objectives of the work in
the future. With the help of a modest item in the UP Fifty Million
Dollar Fund, a campaign of establishing one or more 'Model Bible Club
Church Schools' in each of the 17 different areas of the work was
launched. The standards for the Model Schools include: full local
Church support, legal ownership of land and grounds; full conduct of
the Bible Club Christian Education program; more than 100 students in
daily attendance; at least three full-time teacher-leaders; a build-
ing project to enlarge the educational facilities. The response has
been quite encouraging.
Time would fail to tell of the multitudinous activities of these
hundreds of clubs and thousands of Korean boys and girls, with area
all day 'Bible Club Rallies', Graduation Exercises, Leaders' Training
Institutes, Leaders' Monthly Meetings, emergency problems, personal
interviews, headquarters' business hours, Bible Club monthly magazine
articles, anniversary celebrations, and a full and complete fulfil-
ment of the Scriptural text: "The poor you have with you always."

This Bible Club business is definitely on the increase. It is estab-
lished on the motto-text that "Jesus increased in wisdom and in stature,
and in favor with God and Man", and it seeks to fulfil its purpose of
directing the growing lives of these Bible Club boys and girls into a
full, four-fold Christian life and faith. We believe there is an im-
provement in the quality of the educational activities of the teachers
and the students, in the facilities of grounds and classrooms, in the
support by the Churches, in the understanding of the Ministry of Educa-
tion. The "Yunkwang" Bible Club has grown to an enrollment of 1,100 stu-
dents in a Seoul suburb, received a government private school charter,
conducts the full Christ-centered program of the Bible Club pattern,
and this year received the government's cash award of W150,000 among
400 government schools for its 'practical, life-centered educational
work.
As in previous years we have taught 12 hours each week in the Presby-
terian Theological Seminary, courses in N. T. Introduction, Gospel History,
Pauline Epistles, General Epistles, Revelation, N. T. Theology, practical
Christian Education (Bible Club principles and practices), and new classes
in the Graduate Department of the Seminary. We are profoundly grateful
for the privilege of sharing in the ministerial training of the many dedi-
cated Korean young men and women as they grow up to go out and serve the
Lord in His Church all the days of their lives.

- 19 -

The Bible Club program is made possible in Korea to-day by the leadership of many young Christian men and women. Many of them are Seminary students and Seminary graduates. Others are school teachers and university students unable to continue their former careers because of the dislocations of the war. Many of them are war widows who have lost husbands and homes and now devote their lives to this training of many children in the Christian Life. This project has been made possible by the generous gifts of people in the Churches at home to the Relief Budget of the Presbyterian Mission in Korea.

There are some remarkable Christian Leaders in this movement. One is Pastor He Sun Kim who heads up the Bible Club Movement on Chejudo Island among both refugees and islanders. Few children there knew anything about the Christian Life two years ago, but there are now over 3,000 of them meeting daily in Bible Clubs. Pastor Kim has direct responsibility for one group of over 700 children and the general supervision of all the others. He learned the Bible Club work before the World War, and suffered for more than a year in a Communist coal mine, being forced to work 20 hours every day. The Bible Club work under his direction has brought these children and many of their parents into the Life of the Church. When special programs are held the Governor of the Island-Province and other high officials attend, and praise the work highly.

Mrs. Soon Sun Pak is also a remarkable Club Leader. She received her own first education in a Bible Club about twenty years ago. She lost her husband and her home in the Korean War and fled with her children to the Southern City of Kyungju. There she has organized Bible Clubs and directs the work for some 200 children, rallying the Churches to their support. Pastor Chan Ho Kim was a public school teacher in Sinwiju on the Northern border of Korea until he had to leave his wife and children and flee for his life under the Communist occupation. He has heard nothing of his family for more than five years, but after graduating from the Presbyterian Seminary he devoted his life to the Bible Club Movement and now directs the work for over 7,000 children in the Seoul area. Young Pastor Chang Young Choi, also a recent graduate of the Seminary, has organized a Church, directs the work of three Bible Clubs, a Day Nursery, an Orphanage, and a Widows' home in the largest refugee Center in Taegu. It is consecrated young Korean leaders who have made possible the Bible Club Movement in Korea to-day.

There are now Bible Clubs in every part of Korea, and the Movement is growing. There are over 7,000 children in Bible Clubs in the Seoul area, 1,200 in the Chungju area; 2,000 in the Taegu area, 1,500 in the Pusan area, 3,000 on Chejudo Islan d, 2,000 on Kujedo Island, 1,500 in the Inchun area. The total number of Korean children receiving training in the Four-fold Christian Life in the Bible Clubs is now more than 25,000. Experienced Church leaders are saying that five or ten years of such work will do much for the evangelization of Korea in this generation. These children are growing up within the Church learning the things of the Christian Life, and will one day become strong leaders in the Church. They are already bringing their parents into the Church in large numbers. It is our hope and prayer that "A Little Childr will lead them" into the Kingdom of God through this Christian Movement in Korea to-day.

Sincerely yours,

Francis Kinsler

The Bible Club Movement - 1968

The Situation

Statistical reports last fall indicated about 475 Bible Clubs in operation throughout the country: 3 with over 1,000 students; 7 over 500 students; 17 over 300 students; 30 over 200 students; 7? over 100 students; 162 over 60 students. Reports this spring indicate record size enrollments of new students: 100, 200, 300, and even 400. The large number of students in some Bible Clubs suggest a new development in the Bible Club Movement. The great majority of Bible Clubs are on the Junior High Level; there are still some on the Grade School Level, and a few have entered the Senior High level. There are courses on Bible Club Teacher Training in one Bible Club and in a few Bible Institutes.

Each Bible Club is organized and operated with the approval and support of the local Church Session (or Officers' Association). The Bible Clubs in each area operate under the guidance of an Area Committee, which is required to submit regular reports to the local Presbytery. The whole work is conducted under the guidance of a Bible Club Headquarters' Committee; and its work is subject to the oversight of the Bible Club Committee of the Educational Department of the General Assembly. For some years an annual report of the Bible Club work has been presented to all the Commissioners to the General Assembly.

The Educational Work of the Bible Club Movement is patterned after the example of the growing boy Jesus, who "INCREASED IN WISDOM AND IN STATURE, AND IN FAVOR WITH GOD AND MAN" (Luke 2:52), and seeks to train the students in the four sides of the Christian life, intellectual, physical, spiritual, and social. The four principles of this educational program are: (1) education after the example of Jesus; (2) education for the whole of life; (3) education centered in the student and his activities; (4) education through group activities. The weekly "Club Day" activities of five periods: (1) the Worship Ceremonial; (2) the Music Period; (3) the Business Meeting; (4) the Physical Training Period; and (4) the Weekly Program seek to demonstrate and apply this Christian Education with its four principles to the lives of all the students. There are daily periods of worship, physical exercises, and classroom work in the required subjects of general education, in which classes the text-books issued by the Ministry of Education are used.

A campaign to establish fully-developed, self-supporting Bible Clubs as permanent Chruch Schools has been made possible by a modest item in the Fifty Million Dollar Fund of the United Presbyterian Church, U.S.A. A final financial appropriation is made, as the budget allows, to Bible Clubs fulfilling the following conditions: (1) The affirmation of local Church control and support; (2) The organization of a Board of Directors by the Church Session; (3) The securing of clear title to the property; (4) the enrollment of over 100 students and the employment of at least three full-time teachers; (5) the full conduct of the Bible Club Christian Education principles and programs; (6) a program of scholarship aid for the poorest students; (7) a firm assurance of future permanence; (8) a classroom building project for which financial assistance is needed. Thirteen permanent Bible Club Church Schools were established according to this plan last year, and a similar number more will probably be added in the near future.

- 21 -

The Problems

There is a problem in the use of the title "Bible Clubs." It was used in the days of the Japanese occupation when it was not permitted to use the term "school". The name came to have significant meaning and is still in common use. But when Bible Clubs secure government permits as "Kodung Kongmin" schools, the name "school" is necessarily used, although all Bible Club related institutions continue to use the title "Bible Club" for the student activities. A more comprehensive title to cover the whole situation might be desirable.

There is the problem of adequately trained leadership in the Bible Clubs. Because of lack of funds to provide a living wage for teachers, many of them serve Bible Clubs for very short periods of time, and others serve but part time while earning their living elsewhere. To assist in leadership training Monthly Meetings are held in some areas; large Leaders' Conferences are conducted in vacation periods; the monthly magazine, "Leader" are employed, but the problem is not at all adequately met. Leadership training courses in Bible Institutes, and in one Bible Club train some leaders for future service in Bible Clubs.

With the development of some independent Bible Club Church Schools the need arises to maintain some degree of inter-dependence and communication among them, through such channels as text-book usage; leadership-training, teacher conferences, student Bible Club group activities; and perhaps an Association of Independent Bible Club Church Schools.

The great continuing problem is the great poverty and very limited resources of the vast majority of Bible Clubs operating in rural areas or crowded city slums. The mission subsidy for Bible Club work appropriated through the Department of Cooperative Work has decreased so much through the years that the present figure is less than ONE-THIRD the original yearly amount.

The Agenda

Studies for the support and advance of the Bible Club Movement should include: (1) providing sufficient financial means to enable the Bible Clubs that need it to conduct an adequate program of Christian Education for life to the boys and girls of the poorest classes of society; (2) providing more effective programs of leadership training for both present and future Bible Club teacher-leaders; (3) providing more useful materials of educational value for both teacher-leaders and students; (4) establishing a more direct relationship between the Bible Club Movement and Presbytery-conducted Bible Institutes and Lay Leadership Training Institutes.

- 22 -

"KOREA - THE SHRIMP AMONG WHALES"

I. ONE KOREA - FOR 2,000 YEARS

The Koreans have a proverb, "When the whales fight, the shrimp suffers." Commenting on this one Asian scholar, David I. Steinberg, says: "The Koreans have likened themselves to a shrimp enmeshed for over two thousand years in the power network of the major governments of East Asia. A study of Korean history bears out that proverb. It is a study of foreign influence and pressure, of threats and invasions. The continued maintainance of the Korean nation is a testimony to the resilience and cultural strength of the people."

Korea is a penninsula located at the crossroads of East Asia; it is barely eight hundred miles from north to south, and only one hundred and fifty miles from east to west. The whales that encompass Korea are China, Japan and more recently Russia. Over many centuries China and Japan have taken turns invading Korea and exacting tribute from her. The Sino-Japanese War in 1894-1895 China for a time, and the Russo-Japanese War of 1904-1905 left Japan temporarily the victorious "whale." After that war the Japanese army remained in Korea and in 1910 Japan officially annexed Korea, making it a part of the Japanese Empire. Korea, the suffering "shrimp", was down, but not out.

II. TWO KOREAS - SINCE 1945

As World War II was winding down the big three, Roosevelt, Churchill and Stalin met at Yalta on the Black Sea to plan post-war strategy. They decided that as soon as Japan surrendered the Russian army would move into the northern half of Korea to disarm the Japanese forces, while the U. S. would do the same in the southern half of the country; the 38th parallel would be the boundary between the two Koreas - temporarily - until all the people could elect the government of their choice.

But because South Korea had twenty million people to about twelve million in the North the Russian puppets, all Communists, opposed all talk of a national election. As a result in 1948, under U. S. and U. N. auspeces, the Koreans in the South elected Syngman Rhee the first President of the Republic of Korea with Seoul as its capitol. The same year the Communists established a state on the Russian model in the northern half of the country; they called it the Democratic Peoples Republic of Korea and made Pyeng Yang the capitol, and to this day Kim Il Sung has ruled as its head of state. The world knows little of life in Kim Il Sung's "Peoples" Republic, but they have learned enough to know that it is one of the cruelest and most repressive nations on planet earth.

Three things are worth noting about what life is like among nearly forty million citizens in South Korea.

- 23 -

1. South Koreans are the world's most strongly anti-communist people. From the day the Russians took over North Korea tens of thousands began making their way across the 38th parallel into South Korea, many of them risking their lives to do so. From 1945 to 1950 at least four million left all they owned and fled south.

When the North Korean armies invaded and overran most of South Korea in the summer of 1950 the rest of the country had a first-hand taste of Communist repression. Fortunately MacArthur's Inchon landing put an end to Kim Il Sung's plan to reunify both Koreas under his rule. It also gave all South Koreans an experience they would rather die than see repeated.

2. The South Koreans are among America's staunchest allies overseas. Unlike most third world countries that were made colonies of western powers, who often exploited them, Korea has suffered from Asian powers, primarily China and Japan. The one nation which has befriended Korea repeatedly has been the United States, a western and largely white nation. During the last one hundred years the help that the missionary movement has given Korea cannot be overstated. This missionary contribution to the once "Hermit" Kingdom has made an indellible impression in the fields of education, medicine, science and in raising the status of women. Then the nearly forty years of repressive Japanese rule was terminated by force of U. S. arms, and the North Korean Communist bid to enslave South Korea was foiled - once again - by U. S. help in the Korean War. The deep gratitude of South Koreans is understandable.

3. The South Koreans are not only anti-Communist and pro-American, they are determined to rebuild their half of the penninsula into a viable and prosperous nation. Seoul, their capitol, has nine million people with skyscrapers and an extensive subway system. Per capita income has risen since the Korean War from $100 to $1,700. Of some one hundred third world countries South Korea ranks second only to Taiwon in the success of its economic achievements. And now the Republic of Korea is looking forward to hosting the 1988 Olympic Games.

South Korea, at least, is quite a "shrimp."

- 24 -

마은지

숭실대학교 사학과 박사(서양사)
숭실대학교 기독교학과 박사수료(기독교 역사학 및 문화학)
Visiting Lecturer, Politics and International Relations, University of Kent, UK
현재 숭실대학교 한국기독교문화연구원 HK+연구교수

주요 저서로 『내한선교사 킨슬러 가족의 한국에서의 삶』, 『킨슬러 선교사의 사진 자료집 – 성경구락부 활동』, 『Cultural Metamorphosis of Korea and Hungary at the Turn of the Twentieth Century』(공저), 『프랑스를 만든 나날, 역사와 기억 2』(공저), 『전쟁과 프랑스 사회의 변동』(공저), 『민족주의의 재발견: 바레스의 민족주의』, 『프랑스 민족주의: 1789 이후의 계급과 민족』(공역)이 있고, 주요 논문으로 「냉전과 태평양 횡단 기독교 네트워크 – 전후 전쟁고아와 미국선교사」, 「한국의 성경구락부 형성과정에서 권세열의 역할」, 「한국전쟁과 성경구락부 운동」, 「킨슬러(Francis Kinsler), 평양을 담다 – 평양선교 기록(1928~1941): 프랜시스 킨슬러 가족 컬렉션의 선정과 구축」, 「옥호열 선교사의 한국의 기억 – 기록 고찰」, 「한말 기독교의 성경번역과 성경 민족주의에 관한 고찰」 등이 있다.

메타모포시스 번역총서 07

킨슬러 선교사의 한국선교 기록 1947~1970

2025년 4월 25일 초판 1쇄 펴냄

편역인 마은지
발행인 김흥국
발행처 보고사

책임편집 이순민
표지디자인 김규범

등록 1990년 12월 13일 제6-0429호
주소 경기도 파주시 회동길 337-15
전화 031-955-9797
팩스 02-922-6990
메일 bogosabooks@naver.com
http://www.bogosabooks.co.kr

ISBN 979-11-6587-851-1 94910
      979-11-6587-145-1 (세트)
ⓒ 마은지, 2025

정가 26,000원

이 저서는 2018년 대한민국 교육부와 한국연구재단의 지원을 받아
수행된 연구임(KRF-2018S1A6A3A01042723)